W0325193

GRAND PRIX 96

live miterlebt

Formel 1
Weltmeisterschaft

6. Jahrgang

ZEITGEIST VERLAG

© 1996 by

ZEITGEIST VERLAG
Düsseldorfer Straße 49
40545 Düsseldorf
Tel. 0211-556255
Fax 0211-575167

Im Vertrieb des

Motor buch Verlag

Motorbuch Verlag
Postfach 103743
70032 Stuttgart

Redaktionsschluß Mitte April 1996

Alle statistischen Angaben entsprechen dem Stand vor dem Beginn der Weltmeisterschaft 1996.

Herausgegeben von
WILLY KNUPP
im Auftrag von RTL Television

6. Jahrgang

Autoren:
Achim Schlang (AS)
Chefreporter rallye racing
Christoph Schulte (Teams)
Lukas T. Gorys (Strecken)

Fotos:
Lukas T. Gorys
Sutton Motorsport Images
u.a. (Bildnachweis Seite 197)

Grafiken:
Jim Bamber

Konzeption und verantwortlich für den Inhalt:
Hubert Bücken

Redaktion und Produktion:
Jörg Beckmann

Lithos:
publishing partners, Bochum

Druck:
Mohndruck, Gütersloh

Printed in Germany
ISBN 3-613-01736-9

STORIES

	Seite
Vorwort **Niki Lauda**	6
Klassenfoto 96 Gruppenfoto der Saison	10
Neue Spielregeln Das 96er Reglement	12
Die Dampfmacher	76
Reservebank	80
Hohe Hürde Formel 1	82
Mythos Ferrari	86
Il Commendatore Portrait Enzo Ferrari	90
Sperrzone Fahrerlager	92
Dicke Gummis	96
Gewinner und Verlierer 1995	102
Saison 1995 Alle Rennergebnisse im Überblick	104
Deutsche Autos in der Formel 1	186
Teures Spielzeug Formel 1 Wie muß ein Rennstall kalkulieren?	192
Jackie Stewart Die Legende kehrt zurück	198
Statistik	204

TEAMS

	Seite
Ferrari	20
1 Michael Schumacher	22
2 Eddie Irvine	22
Ersatzfahrer **Nicola Larini**	24

Benetton-Renault	26
3 Jean Alesi	28
4 Gerhard Berger	28
Ersatzfahrer **Vincenzo Sospiri**	30

Williams-Renault	32
5 Damon Hill	34
6 Jacques Villeneuve	34
Ersatzfahrer **Jean-Christophe Boullion**	36

McLaren-Mercedes	38
7 Mika Häkkinen	40
8 David Coulthard	40
Ersatzfahrer **Jan Magnussen**	42

Ligier-Mugen-Honda	44
9 Olivier Panis	46
10 Pedro Paulo Diniz	46

TEAMS

	Seite
Jordan-Peugeot	48
11 Rubens Barrichello	50
12 Martin Brundle	50
Sauber-Ford	52
14 Johnny Herbert	54
15 Heinz-Harald Frentzen	54
Ersatzfahrer Norberto Fontana	56
Arrows-Hart	58
16 Ricardo Rosset	60
17 Jos Verstappen	60
Tyrrell-Yamaha	62
18 Mika Salo	64
19 Ukyo Katayama	64
Minardi-Ford	66
20 Pedro Lamy	68
21 Giancarlo Fisichella	68
21 Tarso Marques	68
21 Takachiho Inoue	69
Forti-Ford	70
22 Luca Badoer	72
23 Andrea Montermini	72

SCHAUPLÄTZE

Berichte vom Großen Preis von...

			Seite
Australien	1. Lauf	10. März 1996	108
Brasilien	2. Lauf	31. März 1996	118
Argentinien	3. Lauf	7. April 1996	124

Vorberichte auf den Großen Preis von...

			Seite
Europa	4. Lauf	28. April 1996	130
San Marino	5. Lauf	5. Mai 1996	134
Monaco	6. Lauf	19. Mai 1996	138
Spanien	7. Lauf	2. Juni 1996	142
Kanada	8. Lauf	16. Juni 1996	146
Frankreich	9. Lauf	30. Juni 1996	150
England	10. Lauf	14. Juli 1996	154
Deutschland	11. Lauf	28. Juli 1996	158
Ungarn	12. Lauf	11. August 1996	162
Belgien	13. Lauf	25. August 1996	166
Italien	14. Lauf	8. September 1996	170
Portugal	15. Lauf	22. September 1996	174
Japan	16. Lauf	13. Oktober 1996	178

Strahlende Gesichter: Damon Hill hat nach seinem Sieg beim Saisonauftakt allen Grund zur Freude. Doch die Konkurrenten Jacques

Villeneuve, Mika Häkkinen und Michael Schumacher demonstrieren in Melbourne gesundes Selbstbewußtsein. Die Saison ist lang…

Liebe Freunde der Formel 1,

fast zu jedem Saison-Beginn wird behauptet: In diesem Jahr ist die Formel 1 spannend wie nie. Aber selten hatte die Feststellung soviel Berechtigung wie 1996.

Michael Schumacher, der zweifache Weltmeister, hat die Herausforderung gesucht – und er bekommt sie: Statt mit Benetton möglicherweise der dritten Weltmeisterschaft in Folge entgegenzufahren, leistet er bei Ferrari Aufbauarbeit. Das erfolgreichste Team der Formel 1 will nach 17 Jahren ohne Titel endlich wieder ganz nach oben, dem angegilbten Mythos neuen Glanz verleihen. Man ist hochmotiviert und dennoch realistisch: Auch der beste Rennfahrer der Welt kann keine Wunder vollbringen. Deshalb wird der zehnte WM-Titel offiziell für 1997 angestrebt. Aber der Vizetitel ist jetzt erreichbar.

Durch Michaels Wechsel wurden die Karten völlig neu gemischt. Gerhard Berger und Jean Alesi müssen Antwort auf die Frage geben: War Benetton in den vergangenen Jahren so gut dank Michael Schumacher? Oder war Michael Schumacher so erfolgreich dank Benetton?

Damon Hill ist sicherlich, wenn nichts Unvorhersehbares geschieht, der Favorit für die Weltmeisterschaft. Er kann nach zwei Vizetiteln in diesem Jahr endlich das Championat gewinnen. Der gefährlichste Konkurrent mag ihm dabei im eigenen Stall erwachsen. Mit Jacques Villeneuve hat Bernie Ecclestone nicht nur ein neues Talent in die Formel 1 gebracht, sondern gleich auch einen ernsthaften Weltmeisterkandidaten.

Den Williams-Piloten sitzen mindestens drei weitere ehrgeizige Top-Teams im Nacken. Eddie Jordan kann in diesem Jahr den Durchbruch in die First Class erreichen. Ron Dennis und der McLaren-Stall wird endlich dorthin zurückkehren müssen, oder man bekommt ernsthaften Druck von den Financiers. Und Peter Sauber droht zumindest seinen Starpiloten Heinz-Harald Frentzen zu verlieren, wenn er 1996 nicht ziemlich weit vorne landet.

Zum sechstenmal begleitet dieses RTL-Buch die Zuschauer durch eine spannende Rennsaison. Ich wünsche Ihnen, liebe Freunde der Formel 1, viel Spaß beim Blättern und Lesen. Die vielen geballten Informationen werden wiederum eine wertvolle Ergänzung der aktuellen Reportagen und Übertragungen bei RTL sein.

Herzlichst
Ihr

Niki Lauda

Das RTL-Studio 3 in Köln. Von hier aus moderieren Florian König und Niki Lauda mit ihren Gästen die Formel-1-Übertragungen

Bei RTL live dabei

Immer mehr Zuschauer, immer mehr Service: Die Formel-1-Übertragungen von RTL haben inzwischen mehr Zuschauer als große Fußballspiele oder Tennismatches. Deshalb hat RTL in diesem Jahr die Berichterstattung rund um die spannenden Rennen weiter ausgebaut.

Das Bewährte bleibt: Wie in den vergangenen Jahren kommentieren auch 1996 Jochen Mass und Heiko Waßer die Rennen live von der jeweiligen Rennstrecke. Reporter Kai Ebel jagt Fahrern und Teamchefs in der Boxengasse erste Kommentare ab. Die Leitung des gesamten RTL-Einsatzes vor Ort liegt bei Fußball- und Tennis-Freak Ulli Potofski.

Neu aber ist der Rahmen: Moderator Florian König hat seit Anfang der Saison ein eigenes Formel-1-Studio zur Verfügung. Aus dem Kölner RTL-Sendezentrum präsentiert er die Vorberichte und die „Highlights" mit der Analyse des Rennens. Mit dabei ist ein schlagfertiger und sachverständiger Kommentator: Niki Lauda, dreifacher Weltmeister und Ferrari-Berater, kommt von den Rennstrekken direkt ins Studio und antwortet auf aktuelle Fragen.

Rund 200 Zuschauer finden im Studio Platz. Sie können das Rennen auf einer großen Video-Leinwand verfolgen. Wenn Sie dabei sein wollen: Karten für das Studio gibt es unter

Tel. 02233-963640
Fax 02233-9636444
oder schriftlich:
TV Ticketservice
Vogelsanger Weg 14
50354 Hürth
Eintritt DM 15,–

Fehlstart: Mit drei Ausfällen – Alesi in Melbourne, Berger in São Paulo und Buenos Aires – ist Benetton in die 96er Saison gegangen.

Wenn das Weltmeister-Team von 95 bei der Titelvergabe mitreden möchte, darf Alesi künftig nicht nur Badoers Forti überrunden

KLASSENFOTO 96

Hintere Reihe von links:
Gerhard Berger
Martin Brundle
Giancarlo Fisichella
Ricardo Rosset
Mika Häkkinen
Eddie Irvine
Damon Hill
Mittlere Reihe von links:
David Coulthard
Andrea Montermini
Pedro Lamy
Jos Verstappen
Luca Badoer
Pedro Diniz
Jean Alesi
Olivier Panis
Vordere Reihe von links:
Ukyo Katayama
Heinz-Harald Frentzen
Mika Salo
Michael Schumacher
Jacques Villeneuve
Rubens Barrichello
Johnny Herbert

In Melbourne beginnt am 10. März 1996 die 47. Formel-1-Saison. Traditionell stellen sich alle Fahrer vor dem Rennen zum Gruppenfoto auf. In diesem Jahr greifen nur 22 Piloten ins Lenkrad. 14 von ihnen müssen sich in ein neues Team einarbeiten, darunter ist auch Doppelweltmeister Michael Schumacher. Die Saison 1996 verspricht eine der spannendsten der letzten Jahre zu werden. Durch die zahlreichen Cockpit-Wechsel gibt es gleich ein halbes Dutzend Favoriten auf den Weltmeistertitel. Allen voran Damon Hill, der sich als einziger der Top-Fahrer nicht an eine neue Umgebung gewöhnen muß. Doch ihm erwächst mit Jacques Villeneuve aus dem eigenen Lager harte Konkurrenz. Dazu kommen junge Talente wie Verstappen oder Lamy, bekannte Namen, die ihre zweite Chance in der Formel 1 wittern.

NEUE SPIELREGELN

Nach den tödlichen Unfällen im Frühjahr 1994 wurden die Sicherheitsbestimmungen für die Formel-1-Autos radikal umgekrempelt. Für die 96er Saison wurde nochmals ein wichtiger Schritt zur Verbesserung des Schutzes der Piloten getan. Ganz besonders fallen die größeren Cockpits ins Auge. Und: Die Piloten müssen sich mit einer Mindestzeit für das Rennen qualifizieren.

Ein Blick auf den neuen Williams-Renault FW18 macht's deutlich: Der Bolide gleicht dem Vorjahres-Modell sehr stark, weil sich die Reglement-Änderungen Jahrgang '96 in überschaubaren Grenzen halten.

Alle Modifikationen der Baubestimmungen – ob sichtbar oder nicht – verfolgen zwei Ziele. Erstens widmeten sich die Funktionäre dem Sicherheits-Aspekt, zweitens den hohen Kurvengeschwindigkeiten. Diese werden zwar auch 1996 weiter ansteigen, doch nicht in dem Maße, wie es ohne die Paragraphen-Bremse möglich gewesen wäre. Daß PS allein nicht der Schlüssel zu hohen Durchschnitts-Geschwindigkeiten sind, zeigt ein kurzer Rückblick in die GP-Historie: 1950 hatte der Sieger in Monaco 370 PS unter der Haube und fuhr die Gesamtdistanz mit 98,7 km/h. Elf Jahre später erlaubten an derselben Stelle 154 PS einen Schnitt von 113,7 km/h...

Neben der Kraft des Motors ist die Aerodynamik für das Tempo entscheidend, und hier setzte die FIA erneut den Hebel an. So gibt es seit Saisonbeginn im Bereich der Hinterräder eine 40x30x50 cm große „Sperrzone" für aerodynamische Hilfsmittel. Sämtliche „Öhrchen" – kleine Zusatzflügel – und andere Abtriebsflächen müssen weiter vorn angebracht werden, wo sie weniger effektiv arbeiten.

Aus Sicherheitsgründen gelten auch für den Bugbereich neue Baubestimmungen. Die „Nasen" der Boliden dürfen nicht mehr gefährlich spitz sein. Eine rundere Konstruktion und dikkere Endplatten der Frontspoiler sollen das Aufschlitzen gegnerischer Reifen verhindern. Diese senkrechten

Tabuzone Hinterräder: Aerodynamische Hilfsmittel – kleine Zusatzflügel wie bei Arrows 1995 – sind in der Saison 96 verboten

Am deutlichsten sind die „Nasenbestimmungen" bei McLaren sichtbar. Links die spitze 95er Variante, rechts die stumpfe Version

Endplatten waren bis Ende 1995 geradezu rasierklingenscharf. Jetzt müssen sie eine Mindeststärke von 10 Millimetern aufweisen.

Am auffälligsten sind die vorgeschriebenen Veränderungen im Cockpit-Bereich. Statt bisher 65x42 cm, beträgt die Größe der Öffnung jetzt 77,5x52 cm. „F1-Riese" Gerhard Berger schwärmte bereits nach den ersten Testfahrten: „So komfortabel saß ich noch nie in einem GP-Auto." Tatsächlich gilt: Je „bequemer" der Arbeitsplatz, desto geringer ist die Ermüdung des Piloten – die Unfallgefahr aufgrund konditionell bedingter Konzentrationsschwächen sinkt.

Weil es trotzdem aus unterschiedlichen Gründen immer wieder einmal krachen wird, verordnete die FIA zusätzlich hochgezogene Cockpit-Wände, die deutlichsten Merkmale der F1-Rennwagen Jahrgang 1996. Die Seiten müssen mindestens bis auf 22 cm an die gedachte Linie reichen, die den vorderen mit dem hinteren Überrollbügel verbindet. Darüber

1997 kommt der Airbag

hinaus ist das Cockpit im Kopfbereich der Fahrer durch ein „Kissen" gepolstert. Dieser Aufprallschutz – 1997 soll zusätzlich der Airbag kommen – besteht aus einem Spezial-Schaumstoff und einer Keramik-Struktur, die sich bei einem Crash energieverzehrend verändert. Mehr als 30 Prozent der Bewegungsenergie sollen auf diesem Weg vernichtet werden.

Neu festgelegt wurde auch das Gewicht der Boliden, die jetzt inklusive Fahrer und TV-Onboard-Kamera (oder Ballast) mindestens 600 Kilogramm auf die Waage bringen müssen.

Unverändert blieben die Vorschriften für die Konstruktion des Motors. Nach der Hubraumreduzierung von 3.500 auf 3.000 ccm im Winter 1994/95 standen weitere Neuregelungen allerdings auch nicht zur Diskussion. Es bleibt bei maximal zwölf Zylindern – 1996 geht keiner der Hersteller an dieses Limit – und dem generellen Verbot von Diesel-, Turbo-, Wankel-, Turbinen- und Zweitaktmotoren.

Die maximale Anzahl der Räder beträgt vier, nur die Räder einer Achse dürfen angetrieben werden. Auf den ersten Blick erscheint dieser Passus unnötig, aber auch in der Formel 1 gab es bereits Rennwagen mit Vierradantrieb, und auch solche mit sechs Rädern.

Die Radbreite ist auf 381 mm limitiert. Ebenso

Die 96er Cockpits sind größer. Die Polsterung an den hochgezogenen Wänden schützt den Kopf

gibt es strenge Direktiven, was die Breite der Autos zwischen Vorder- und Hinterachse (max. 1.400 mm), den Bugüberhang (max. 1.200 mm), den Hecküberhang (max. 500 mm), die Frontspoilerbreite (max. 1.400 mm) sowie Breite und Höhe des Heckspoilers (1.000 mm bzw. 800 mm) betrifft.

Das Paket der Sicherheitsvorschriften schließt Sicherheitsgurte, Rückspiegel,

Benzin muß EU-Richtlinien entsprechen

Feuerlöscher, Überrollbügel, Sicherheitstanks, Stromkreisunterbrecher, Rückleuchten und Knautschzonen mit ein.

Das verwendete Benzin muß allen Gesundheits- und Sicherheitsrichtlinien der EU entsprechen. Eine Probe des verwendeten Sprits muß vor Saisonbeginn bei der FIA hinterlegt werden. Spezialisten kontrollieren die bleifreie (max. 0,005 Gramm Blei pro Liter) Mixtur und nehmen einen „chemischen Fingerabdruck". Bei jeder Kontrolle während des weiteren Saisonverlaufs muß das Benzin in seiner Zusammensetzung mit der hinterlegten Probe identisch sein. Falls die Benzin-Partner der Teams ihr Produkt verändern, muß eine neue Probe zur Kontrolle nach Paris gesandt werden.

Die Tankgröße ist freigestellt, das Nachtanken während der Rennen – jahrelang strikt verboten – ist ausdrücklich erlaubt. Während der Boxenstopps dürfen außerdem die Reifen gewechselt werden. In diesem Punkt gibt es jedoch Einschränkungen: Jeder Pilot muß während des Wochenendes mit sieben Sätzen Slicks haushalten. Die Anzahl der profilierten Pneus ist nicht limitiert.

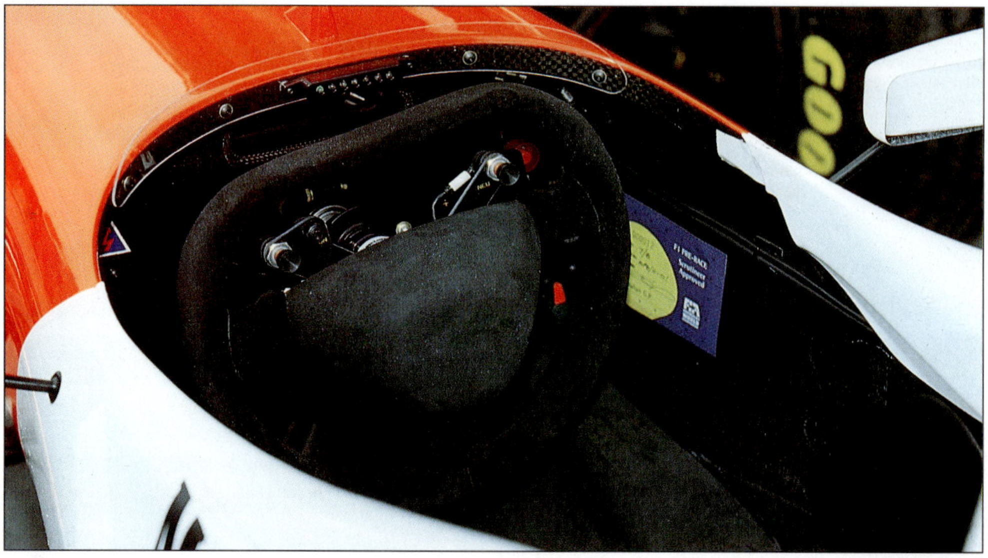

1997 kommt der Airbag. McLaren hat die Lenkräder bereits mit einem Aufprallschutz versehen

Der Sprit muß immer die gleiche Beschaffenheit haben. Anfang 95 gab es deswegen einen Eklat

Klassenausflug: In Melbourne wird den Formel-1-Fahrern das neue Startprozedere demonstriert

Die Forti-Piloten Luca Badoer und Andrea Montermini waren in Melbourne die ersten Opfer der neuen 107-Prozent-Regelung

Nur geringfügige Änderungen gibt es auch im Bereich des sportlichen Reglements. Das Qualifying, ausschlaggebend für die Qualität der Startplätze, findet nur noch samstags im Verlauf einer Stunde statt. Die bis Ende 1995 übliche freitägliche Sitzung wurde in ein freies Training umgewandelt. Wichtiger als diese Maßnahme: Das Reserve-Auto steht wieder uneingeschränkt zur Verfügung. Außerdem gibt es seit Saisonbeginn sogar echte Reserve-Piloten. Bis Ende 1995 war es so, daß jedes Team bis 18.00 Uhr am Vortag des Trainingsbeginns zwei Piloten für das Wochenende nennen mußte. Fiel einer dieser beiden Fahrer anschließend wegen Krankheit oder Verletzung aus, durfte er nicht ersetzt werden. Seit dem GP von Australien in Melbourne kann ein dritter Pilot gemeldet werden, der im Falle höherer Gewalt einspringen darf.

Was das Startprozedere betrifft, warten die Piloten seit Saisonbeginn vergeblich auf das Grünlicht der Startampel: Es darf Gas gegeben werden, sobald das Rotlicht erlischt.

Die interessanteste aller neuen Bestimmungen ist die sogenannte 107-Prozent-Regel. Sie ist Bestandteil der Qualifying-Regeln und besagt: Liegt die beste Rundenzeit eines Fahrers mehr als sieben Prozent hinter der des besten Piloten zurück, dann wird dieser Teilnehmer für den Start nicht zugelassen.

107%-Regel ein Gummi-Paragraph

Ein Beispiel: Pilot A fährt im Qualifying mit einer Zeit von 1.40,000 Minuten Bestzeit. X kommt lediglich auf 1.47,001 = 107 Prozent der Pole-Zeit – X darf nicht starten. Mit dieser Regel wurde allerdings ein echter Gummi-Paragraph in das Regelwerk aufgenommen, denn im Einzelfall entscheiden grundsätzlich die Renn-Kommissare, ob der 107er tatsächlich angewendet wird. Sprich: Michael Schumacher, Damon Hill oder Gerhard Berger scheitern an dieser Hürde, dann werden die Funktionäre beide Augen zudrücken. Das ist auch gut so. Wäre einer der Stars aufgrund eines kleinen Malheurs während des Zeittrainings sonntags nicht am Start, würden sich die Fans mit Recht betrogen fühlen.

Die Hinterbänkler von Forti haben die Auswirkungen allerdings schon zu spüren bekommen. Gleich beim ersten Rennen in Australien durften die Italiener sonntags zuschauen.

Die Paragraphen halten schließlich genau den Ablauf von Siegerehrung und Pressekonferenzen fest. Auch die „Größe" der Großen Preise ist im Regelwerk fixiert: Ein Grand Prix geht maximal über die Distanz von 305 Kilometern plus einer Runde. In jedem Fall wird allerdings die schwarzweiß-karierte Flagge nach 120 Minuten geschwenkt – die zu diesem Zeitpunkt laufende Runde muß jedoch beendet werden.

Hinter den Kulissen nimmt das Regelwerk für 1997 natürlich bereits Gestalt an. Was den sportlichen Teil betrifft, müssen sich die F1-Piloten auf eine „Führerschein-Prüfung" einstellen. Jeder, so plant es FIA-Boß Max Mosley, der ab 1997 die begehrte Superlizenz haben möchte, muß dann zuvor einen schriftlichen Test bestehen. Von jeweils mehreren vorgegebenen Antworten auf je eine Frage, muß die richtige angekreuzt werden. Der Sinn dieser Maßnahme wird schon jetzt bezweifelt und entsprechende Witze machen die Runde. Frage: Wie wird ein GP gestartet? Antworten: a) durch einen Böllerschuß; b) durch ein Rauchzeichen; c) durch die Startampel. **AS**

Sicherheit in ihrer schönsten Form: Designer John Barnard integrierte die hohen Cockpitwände perfekt ins Gesamtbild des Autos

Carrera®
YOUNGSTER COMPETITION
Carrera
FORMEL 3
Sponsor
arrera Century Toys GmbH • Waldstraße 36 • 90763 Fürth • Germany • Telefon 0911-7099-0 • Telefax 0911-7099-119

Ein nachdenklicher Champion vor dem berühmten cavallo rampante. Auf Schumacher ruhen die Hoffnungen von zwei Nationen

Technisches Wunderwerk: Fast alle Schalter und Anzeigen des „Armaturenbretts“ befinden sich auf dem Lenkrad des Ferrari

„Napoleon“ Todt und seine Mannen: Mit dieser Truppe will der Ferrari-Rennleiter (M.) endlich den langersehnten Titel holen

2 Eddie Irvine

1 Michael Schumacher

Ferrari

Ferrari S.p.A.
Casella Postale 589
41100 Modena
Italien
Tel. 0039-53-6949111
Fax 0039-53-6949501
Internet: http://www.ferrari.it

Sponsoren
Fiat (Auto)
Shell (Benzin/Öl)
Asprey (Schmuck)
Pioneer (HiFi, TV)
Marlboro (Zigaretten)

Etat
ca. 120 Millionen Dollar

F 310

Motor:	3000 Ferrari (046)
Zylinderanzahl/-Winkel:	V10/75°
Motorelektronik:	Magneti Marelli
Getriebe:	transversal, halbautomatisch, 6 Gänge
Länge:	4.355 mm
Breite:	1.995 mm
Höhe:	970 mm
Radstand:	2.900 mm
Spur (v/h):	1.690 mm/1.605 mm
Dämpfungssystem:	Ferrari
Bremsen:	Brembo
Benzin:	Shell

Alle statistischen Angaben entsprechen dem Stand vor der WM 1996

Michael Schumacher

Geburtstag, Geburtsort: 3.1.1969 in Hürth-Hermühlheim
Nationalität, Wohnort: Deutscher; Monte Carlo
Größe und Gewicht: 1,74 m; 68 kg
Familienstand: Verheiratet mit Corinna
Erlernter Beruf: Kfz-Mechaniker
Hobbies: Kart-Fahren, Motorradfahren
Freizeitsport: Laufen, Radfahren, Mountain-Bike
Erstes Kart: Mit 4 Jahren, erste Rennen 1983
Erster Rennwagen: Formel König
Erster Erfolg: Deutscher Junioren-Kart-Meister 1984
Schönstes Erlebnis: „Der Sieg in Hockenheim 1995"
Eink. 96 (geschätzt): ca. 25 Millionen Dollar

Weg in die Formel 1

1984-85 Junioren-Kartmeister
1986 Kart, DM u. EM, 3. Platz
1987 Kart-Europa- und Deutscher Meister
1988 F. König, Deutscher Meister, F. Ford 1600, 6. Platz
1989 Formel-3-DM, 3. Platz, Formel-3-GP Macau, 1. Platz
1990 Sportwagen-WM/Sauber-Mercedes, 1 Sieg, 5. Platz, Formel 3 Deutscher Meister
1991 Sportwagen-WM/Sauber-Mercedes

Formel-1-Chronik

1991 Jordan-Ford/Benetton-Ford, 6 Rennen ab Belgien-GP, 4 Punkte, 12. Platz
1992 Benetton-Ford, 1 Sieg, 53 Punkte, 3. Platz
1993 Benetton-Ford, 1 Sieg, 52 Punkte, 4. Platz
1994 Benetton-Ford, 8 Siege, 92 Punkte, Weltmeister
1995 Benetton-Renault, 9 Siege, 102 Punkte, Weltmeister

Formel-1-Bilanz

69 Starts • 10 Pole-Positions • 19 Siege • 303 WM-Punkte

Eddie Irvine

Geburtstag, Geburtsort: 10.11.1965 in Newtownards/Nordirland
Nationalität, Wohnort: Ire; Conlig/Nordirland
Größe und Gewicht: 1,78 m; 69,5 kg
Familienstand: Ledig
Hobbies: Fischen
Freizeitsport: Golf, Schwimmen
Erster Rennwagen: Formel Ford 1600, Crossle 50 F
Erster Erfolg: Sieger des Formel-Ford-Festivals in Brands Hatch 1987
Schönstes Erlebnis: „Der Sieg beim Formel-Ford-Festival in Brands Hatch"
Eink. 96 (geschätzt): ca. 2 Millionen Dollar

Weg in die Formel 1

1983-84 Irische F. Ford 1600
1985-86 Britische F. Ford 1600
1987 Britischer F.-Ford-1600-Meister, Sieger beim F.-Ford-Festival in Brands Hatch
1988 Britische F3-Meisterschaft, 5. Platz, Sieger 1. Lauf beim Formel-3-GP Macau
1989 F3000/Pacific, 9. Platz
1990 F3000/Jordan, 3. Platz
1991 F3000 in Japan, 7. Platz
1992 F3000 in Japan, 8. Platz
1993 F3000 in Japan, 2. Platz

Formel-1-Chronik

1993 Jordan-Hart, Ersatz für Emanuele Naspetti, 2 Rennen, 1 Punkt, 20. Platz
1994 Jordan-Hart, 6 Punkte, 16. Platz
1995 Jordan-Peugeot, 10 Punkte, 12. Platz

Formel-1-Bilanz

32 Starts • 17 WM-Punkte

Niki Lauda könnte recht haben: „Erst wenn Michael auch Durststrecken erfolgreich durchfahren hat, wird er ein kompletter und wirklich großer Rennfahrer sein." So gesehen ist dieses Engagement genau das Richtige für den Doppelweltmeister: ein Ferrari-Vertrag als ultimative Charakterschule.

Doch welche Alternativen hatte der Kerpener überhaupt? Die Koalition Benetton/Schumacher hatte sich totgesiegt. Gemeinsam ist man von 1991 bis 1995 alle Stufen der Erfolgsleiter nach oben geklettert. Ein weiteres Jahr in dieser Konstellation hätte Michael vielleicht den dritten Titel gebracht. Aber immer nur Schampus schlürfen ist auch fad.

Das Kapitel Ferrari wird in einer Weise angegangen, die signalisiert, daß hier der unumschränkte Branchenprimus zu Werke geht. 75 Millionen Mark für zwei Jahre ist selbst für all die eine Sensation, die die Senna-Verträge aus den fettesten Zeiten der Formel 1 kannten.

Für diese Summe bekommt Ferrari einen Extremisten: ultraschnell, messerscharf analytisch, presseerfahren und sponsorenorientiert, ehrgeizig und egoistisch bis an die Schmerzgrenze. Michael als perfektes Spiegelbild der Formel 1 Mitte der neunziger Jahre. Und vielleicht hat Lauda doch nicht recht. Vielleicht ist Michael bereits ein kompletter und wirklich großer Rennfahrer, weil er Durststrecken nicht akzeptiert?

Dieser Junge ist wirklich intelligent. Wer meint, die vielen irren Irvine-Aktionen seien Ausdruck eines schlichten Gemüts, hängt schon am Fliegenfänger. Man kann viel von Eddie Irvine behaupten, bloß nicht, er wisse nicht genau, was er tue. Es sei denn, er hat ein, zwei Guinness zu viel getrunken. Aber Eddie ist ein waschechter Ire und als solcher darf er das.

Eddie Irvine ist 69,5 Kilo schieres Racing-Talent. Inklusive jener 1,5 Kilo, die zwischen seinen Ohren schwappen. Dort sammelt sich seine ganze Exzentrik und Aggressivität, die er – ganz bewußt – als Markenzeichen pflegt.

Seine unabhängige „Denke" bewies der von Eddie Jordan gemanagte Irvine schon 1990, als er zwei Jahre Formel 3000 hinter sich hatte: Statt mit viel Geld von irgendwelchen Sponsoren zu versuchen, einen Platz in der Formel 1 zu ergattern, ging er nach Japan: „Entweder verdiene ich Geld oder ich fahre keine Rennen."

Schnell avancierte er dort zum Spitzenverdiener und plazierte seine Yen-Gagen lustvoll an den internationalen Börsen. Er wartete in Japan den Zeitpunkt ab, an dem man ihn in die Formel 1 rief: „Wer die Formel 1 für das allein Seligmachende hält, hat keinen Überblick", formulierte der Querdenker. Gut möglich, daß seine unorthodoxe Lebenseinstellung die beste Antwort auf den Extremisten Schumacher ist.

Teamchef

Luca di Montezemolo

Techn. Direktor

John Barnard

Man mag es kaum glauben: In den vergangenen fünf Jahren hat Ferrari exakt zwei Grand-Prix-Läufe gewonnen. 1994 in Deutschland, 1995 in Kanada. Das ist kaum mehr als Jordan oder Sauber vorzuweisen haben und eine „Strecke", die – wenn die Renntermine günstig liegen – Teams wie Williams oder Benetton in acht Tagen erlegen.

Doch Ferrari allein nach schnöden Kriterien der Statistik zu beurteilen, wäre ähnlich blasphemisch, als würde man beim Anblick des Petersdoms immer nur die Heizkosten kalkulieren.

Und in der Tat: Jeder, der auch nur ein Fünkchen Motorsportinteresse in sich trägt, ist gerne bereit, dem Team mit der größten Historie (seit 1950 ununterbrochen dabei), den meisten Siegen (105), und den meisten WM-Titeln (neun Formel-1-Weltmeister und acht Konstrukteurstitel) uneingeschränkten Mythosbonus einzuräumen.

Bis auf einen. Der heißt Michael Schumacher und schert sich einen Teufel um Historie. Was ihn interessiert, sind Siege und es sollten bitteschön seine Siege sein.

Ferrari steht mit dem Rükken zur Wand. Für das Team ist 1996 das ultimative Jahr, ein Jahr ohne Entschuldigungen angebrochen. Für eine selbst in der inflationären Formel-1-Welt beeindruckende Summe von 25 Millionen Dollar jährlich haben sich die Manager aus Maranello den besten Rennfahrer der Welt gekauft. Der Fahrplan ist klar definiert: 1996 Siege, 1997 den Titel. Alles darunter ist zu wenig.

Michael Schumacher kann sich einer Mannschaft bedienen, die seinem Level entspricht. Konstrukteur John Barnard, Motorenmann Osamu Goto, Rennleiter Jean Todt und Präsident Luca di Montezemolo sind Namen, die einen vor Respekt stramm stehen lassen. Dazu die Millionen der Konzernmutter Fiat und Edelsponsor Marlboro, das ergibt zusammen ein Paket, das die Konkurrenz völlige Dominanz befürchten lassen müßte.

Nur eins stört: Von Schumacher abgesehen, gibt es das Paket schon länger mit – siehe oben – bescheidenem Erfolg. Mit anderen Worten: Entweder bringt es jetzt der Doppelweltmeister oder keiner.

Chancen 1996

Alles steht und fällt mit der Zuverlässigkeit des neu entwikkelten Zehnzylinders. Wenn man an die vergangene Saison denkt und sich erinnert, wieviele Ausfälle es selbst mit erprobtem Material gegeben hat – von den Tankstopp-Pannen ganz zu schweigen – dann dürfen trotz des Schumacher-Engagements nicht viel mehr als Zufallssiege erwartet werden. Spannend wird das Zusammenspiel zwischen Michael Schumacher und Eddie Irvine. Beide kontrastieren wie Feuer und Wasser. Aber vielleicht ist diese Kombination genau das Richtige, damit die alte Lokomotive Ferrari wieder richtig Dampf in den Kessel kriegt.

Beachten Sie die große Ferrari-Story ab Seite 86

Teambilanz

Gefahrene GPs: 554
Pole-Positions: 114
GP-Siege: 105
Gesamt-Punkte: 1973,5
Titel (9): 1952, 53 (Ascari), 56 (Fangio), 58 (Hawthorn), 61 (Hill), 64 (Surtees), 75, 77 (Lauda), 79 (Scheckter)
Konstr.-WM (8): 1961, 64, 75, 76, 77, 79, 82, 83

Jahr	Motor	Platz	Punkte
1958	Ferrari	2	57
1959	Ferrari	2	38
1960	Ferrari	3	27
1961	Ferrari	1	52
1962	Ferrari	5	18
1963	Ferrari	4	26
1964	Ferrari	1	49
1965	Ferrari	4	27
1966	Ferrari	2	32
1967	Ferrari	4	20
1968	Ferrari	4	32
1969	Ferrari	5	7
1970	Ferrari	2	55
1971	Ferrari	4	33
1972	Ferrari	4	33
1973	Ferrari	6	12
1974	Ferrari	2	65
1975	Ferrari	1	72,5
1976	Ferrari	1	83
1977	Ferrari	1	95
1978	Ferrari	2	58
1979	Ferrari	1	113
1980	Ferrari	10	8
1981	Ferrari	5	34
1982	Ferrari	1	74
1983	Ferrari Turbo	1	89
1984	Ferrari Turbo	2	57,5
1985	Ferrari Turbo	2	82
1986	Ferrari Turbo	4	37
1987	Ferrari Turbo	4	53
1988	Ferrari Turbo	2	65
1989	Ferrari	3	59
1990	Ferrari	2	110
1991	Ferrari	3	55,5
1992	Ferrari	4	21
1993	Ferrari	4	28
1994	Ferrari	3	71
1995	Ferrari	3	73

Ersatzfahrer Nicola Larini

Geboren am 19.3.1964 in Camaiore/Italien
Wohnort: Camaiore
Größe: 1,69 m
Gewicht: 58 kg
Verheiratet mit Barbara
Kinder: Sohn Gabriele, Tochter Nicoletta
Hobbies: Kino, Musik, ferngesteuerte Autos
Freizeitsport: Skifahren, Mountain-Bike, Golf

Der Italiener ist den deutschen Fans vor allem durch seine Auftritte in der Deutschen Tourenwagen-Meisterschaft bekannt. Dort brachte er es 1993 auf einem Alfa Romeo 155 zu Meisterehren. Nachdem es in den vergangenen beiden Jahren für Nicola Larini nicht immer reibungslos lief, will er 1996 in der ITC wieder ganz vorne mitfahren. Nebenbei ist er seit Jahren bei Ferrari als Testfahrer beschäftigt.

Sein Formel-1-Debut gab Nicola Larini 1987. Für Coloni-Ford bestritt er ein Rennen. Danach schlug er sich bei Osella, Ligier und Lambo auf untauglichem Material durch, ohne auch nur einen einzigen WM-Punkt ergattert zu haben. Sein Talent blieb jedoch nicht verborgen, und Ferrari engagierte das Energie-Bündel als Testfahrer. In dieser Eigenschaft spult der Toskaner ohne erkennbare Konditionsprobleme zwei Renndistanzen hintereinander herunter. Seine sechs WM-Zähler holte er sich 1994 beim Unglücksrennen in Imola, als er den verletzten Jean Alesi vertrat und Zweiter wurde.

Weg in die Formel 1

1983 Formula Italia, 1 Sieg, Formel Fiat Abarth
1984 Formel Fiat Abarth, 3 Siege, 2. Platz
1985 Ital. Formel 3, 6. Platz
1986 Ital. F3-Meister, 5 Siege
1987 F3, F3000-EM, Tourenwagen WM auf Alfa Romeo
1992 Ital. Tourenwagen-Meister auf Alfa 155, 9 Siege
1993 DTM-Meister auf Alfa Romeo 155, 11 Siege
1994 DTM, 4 Siege, 3. Platz
1995 DTM, 6. Platz, ITC, 1 Sieg, 4. Platz

Formel-1-Chronik

1987 Coloni-Ford, 1 GP
1988 Osella
1989 Osella-Ford
1990 Ligier-Ford
1991 Lambo-Lamborghini
1992 Ferrari, 2 GP
1994 Ferrari, 2 GP, 6 Punkte, 14. Platz

Formel-1-Bilanz

44 Starts • 6 WM-Punkte

Irvine, Schumacher und Larini haben viel Testarbeit vor sich. Zu Saisonbeginn waren die Ferrari noch nicht sehr zuverlässig

Grand Prix Tickets
Grand Prix Tickets
Stehplatz-, Tribünen- und VIP-Tickets
für alle Formel-1-Grand-Prix!
Kostenlose Infos anfordern:
aus Deutschland: Tel. 0043-3512-709
Fax 0043-3512-73205
aus Österreich: Tel. 03512-709
Fax 03512-73205
schriftlich: Grand Prix Tickets
Sonnenring 1
A-8720 Spielberg

4 Gerhard Berger

3 Jean Alesi

Benetton-Renault

Benetton Formula Ltd.
Whiteways Technical Centre
Enstone
Chipping Norton
Oxfordshire OX7 4EE
England
Tel. 0044-1608-678000
Fax 0044-1608-678800
Internet: http://www.jtnet.ad.jp/mildsevenf1team/

Sponsoren
Mild Seven (Zigaretten)
Benetton (Kleidung, Sportartikel)
Kingfisher (Brauerei)
elf (Benzin)

Etat
ca. 60 Millionen Dollar
Motoren kostenlos

B196

Motor:	Renault RS8
Zylinderzahl/-Winkel:	V10/67°
Motorelektronik:	Magneti Marelli
Getriebe:	transversal, halbautomatisch, 7 Gänge
Länge:	Benetton machte hierzu leider keine Angaben
Breite:	
Höhe:	
Radstand:	
Spur (v/h):	
Dämpfungssystem:	Benetton
Bremsen:	Brembo
Benzin:	elf

Jean Alesi

Geburtstag, Geburtsort:	11.6.1964 in Avignon/Frankreich
Nationalität, Wohnort:	Franzose; Nyon/Schweiz
Größe und Gewicht:	1,70 m; 69,5 kg
Familienstand:	Getrennt von Ehefrau Laurence, Freundin Kumiko
Kinder:	Tochter Charlotte
Erlernter Beruf:	Karosseriespengler
Freizeitsport:	Ski, Golf, Tennis, Wasser-Ski
Erstes Kart:	Mit 17 Jahren
Erster Rennwagen:	Renault 5
Erster Erfolg:	Renault 5 Turbo Cup 1983 Nogaro
Schönstes Erlebnis:	„Mein erster GP-Sieg in Kanada 1995"
Eink. 96 (geschätzt):	ca. 6 Millionen Dollar

Weg in die Formel 1

1983 Renault 5 Turbo Cup
1984 Formel Renault
1985 Formel Renault, 2. Platz
1986 Franz. Formel-3-Meisterschaft, 2 Siege
1987 Franz. Formel-3-Meisterschaft/Oreca 7 Siege, Meister, Formel-3-GP Monaco, 2. Platz
1988 Formel 3000/Oreca, EM-Platz 10, 2. Platz in Pau
1989 Formel 3000/Jordan, Europa-Meister, 3 Siege

Formel-1-Chronik

1989 Tyrrell-Ford, 8 Rennen, 8 Punkte, 9. Platz
1990 Tyrrell-Ford, 13 Punkte, 9. Platz
1991-95 Ferrari:
91: 21 Punkte, 7. Platz
92: 18 Punkte, 7. Platz
93: 16 Punkte, 6. Platz
94: 24 Punkte, 5. Platz
95: 1 Sieg, 42 Punkte, 5. Platz

Formel-1-Bilanz

102 Starts • 1 Pole-Position • 1 Sieg • 142 WM-Punkte

Gerhard Berger

Geburtstag, Geburtsort:	27.8.1959 in Wörgl/Österreich
Nationalität, Wohnort:	Österreicher; Monaco und Söll (A)
Größe und Gewicht:	1,85 m; 76,5 kg
Familienstand:	Verheiratet mit Ana
Kinder:	2 Töchter (Christina, Sarah-Maria)
Erlernter Beruf:	Kaufmann
Hobbies:	Motorradfahren, Schlafen
Freizeitsport:	Skifahren, Eishockey
Erster Rennwagen:	Alfasud
Erster Erfolg:	Sieg im Alfasud-Rennen in Zeltweg 79
Schönstes Erlebnis:	„Der Sieg in Monza 1988 – nur vier Wochen nach dem Tod Enzo Ferraris."
Eink. 96 (geschätzt):	ca. 8 Millionen Dollar

Weg in die Formel 1

1981 Int. Alfasud Europa-Cup, 7. Platz
1982 Formel-3-DM, 3. Platz
1983 Formel-3-EM, 8. Platz
1984 Formel-3-EM, 3. Platz, Formel-3-GP Monaco, 2. Platz

Formel-1-Chronik

F1 ATS-BMW ab GP Öster.
1985 Arrows-BMW, 3 Punkte, 17. Platz
1986 Benetton-BMW, 1 Sieg, 17 Punkte, 7. Platz
1987-89 Ferrari, 36/41/21 Punkte, 5./3./7. Platz
1990-92 McLaren-Honda, 43/43/49 Punkte, 3./4./5. Platz
1993-95 Ferrari, 12/41/31 Punkte, 8./3./6. Platz

Formel-1-Bilanz

180 Starts • 11 Pole-Positions • 9 Siege • 337 WM-Punkte

Ausgewählte Rennen der Saison 1995 sind bestens geeignet, ein umfassendes Psychogramm des Franzosen sizilianischer Abstammung zu zeichnen. Man nehme nur den Großen Preis von Kanada. Seine Zitate nach dem Rennen waren herzerweichend: „Als ich merkte, daß ich endlich meinen ersten Grand Prix gewinnen kann, mußte ich so weinen, daß ich vor Tränen die Strecke nicht mehr sah."

Oder der Große Preis von Portugal, wo er vor Teamkollege Berger lag und den trotz Aufforderung durch Teamchef Jean Todt nicht passieren ließ. Da interessierte es Alesi auch nicht, daß Berger aufgrund einer anderen Strategie und eines wesentlich leichteren Autos einfach schneller sein mußte. Stattdessen nannte er seinen Teamchef eine „Ruine". Eine weitere Kostprobe war der Schumacher-Abschuß in Adelaide. Das Überholmanöver des Weltmeisters war so gut wie beendet, doch Alesi wollte sich nicht überholen lassen. Und schon krachte es. Jean Alesi kann nicht anders.

Mit soviel Gefühl, gepaart mit einer mehr spektakulären als perfekten Fahrzeugbeherrschung, hat man ein Abonnement auf die Zuneigung der Fans. Das wird bei Benetton allerdings nicht reichen. Ein ultraharter Flavio Briatore und ein disziplinierender Ross Brawn sind genau das, was Alesi auf dem Weg zu einem richtigen Spitzenfahrer noch braucht.

Der Österreicher hat seinem neuen und alten Teamkollegen letztes Jahr im Trainingsduell eine klare 12:5-Packung verabreicht. Nicht schlecht für den Formel-1-Grufti Berger.

Seine Formel-1-Karriere begann 1984 schlichtweg denkwürdig. Nach knapp 50 Rennen, die meisten davon auf einem Alfasud, fand sich das draufgängerische Talent in der Formel 1 wieder. Massiv unterstützt vom österreichischen BMW-Rennleiter Dieter Stappert und von einer österreichischen Journalistengang in den Himmel geschrieben.

Sein Erfolg gab allen recht. Schon im 35. Rennen ein erster Sieg und der Ruf ins legendäre Ferrari-Team.

Dann allerdings wurde Berger, der sich selbst einen „Gefühlsfahrer" nennt, größenwahnsinnig und wollte unbedingt einen Ayrton Senna auf gleichem Material schlagen. Die Folge waren drei Jahre zusammen mit Senna bei McLaren und eine ebenso lange Demütigung durch den Brasilianer.

Doch aus dem übermütigen Knaben wurde ein Mann, der nach Sennas Tod am ehesten geeignet war, der jungen Fahrergeneration eine Leitfigur zu bieten. Er setzt sich stark für Sicherheitsfragen ein.

Bergers Karriere neigt sich dem Ende zu. Und er hofft inständig, diese noch mit einem WM-Titel krönen zu können. Der Formel 1 würde ein solcher Champ gut zu Gesicht stehen.

Teamchef

Flavio Briatore

Techn. Direktor

Ross Brawn

Das schönste Kompliment für Benetton kommt aus dem Lager der Konkurrenz. Der ehrgeizige Eddie Jordan gesteht ohne Vorbehalt: „Ich bin nicht neidisch auf das, was Benetton erreicht hat. Ganz im Gegenteil, ich bewundere es. Es gibt mir die Hoffnung, daß wir das gleiche erreichen können." So gesehen ist Benetton das Vorbild all der Teams, für die Dabeisein nicht alles ist, die es aber noch nicht ganz nach oben geschafft haben.

Benetton hat es tatsächlich geschafft. Mit allen Rollen, die das Drehbuch „Formel-1-Startfeld" zu besetzen hat: Der viel belächelte „Underdog", der es wie einen Sieg feierte, wenn man gegen alle Erwartungen die Qualifikation schaffte und tatsächlich am Rennen teilnehmen durfte. Das „Mittelklasse-Team", das, wenn alles klappte, Punkte holen konnte und mit ganz viel Glück auch mal für einen Podestplatz gut war. Dann das „Team auf dem Sprung", das regelmäßig vorne mitfuhr und siegen konnte. Dem man aber den ganz großen Wurf dennoch nicht zutraute. Und schließlich „das Team, das es zu schlagen gilt."

Die Wende kam, als Flavio Briatore das Ruder übernahm. Man kann über den Italiener denken was man will, aber er hat aus der liebenswerten Truppe mit Super-Stimmung und bescheidenem Erfolg ein Spitzenteam geformt. Unvergessen, wie er den satten, leicht angefetteten Nelson Piquet in dessen dritten Frühling puschte: Von einer Mini-Gage abgesehen wurde Piquet nur für Punkte und Siege bezahlt. Das wirkte Wunder.

Briatore ließ die Konstrukteurs-Diva John Barnard ziehen und holte Ross Brawn und Rory Byrne. Und er hatte den Mut, auf Michael Schumacher zu setzen.

Flavio Briatore, der von sich selbst behauptet, zu Beginn seiner Zeit als Teamchef „keine Ahnung von der Formel 1 gehabt zu haben", hat wirklich nicht viele Fehler gemacht. Daß Schumacher nach zwei WM-Titeln auf einem Benetton das Team verließ, kann Briatore keiner ankreiden. Der Vertraute der Benetton-Familie reagierte schnell und zog mit Jean Alesi und Gerhard Berger die stärkste Fahrerkombinaton der Formel 1 an Bord.

Chancen 1996

Allein der zuverlässige und leistungsstarke Renault-Motor wird dafür sorgen, daß Benetton weiter Rennen gewinnen wird. Ein mit allen Wassern gewaschener Berger, der seine letzte Chance auf den Titel wittert und ein bis in die Haarspitzen motivierter Alesi, der es allen, besonders Ferrari zeigen will, werden das ihre dazutun. Auch die Präzision der Tankstopps wird in der „Nach-Schumacher-Ära" um nichts nachlassen. Zu zeigen, daß die Ergebnisse der Vergangenheit „Benetton-Erfolge" und nicht „Schumacher-Erfolge" waren, wird das Team zu Höchstleistungen treiben. Offen bleibt, wie die beiden Leistungsträger, Renningenieur Pat Symonds und Konstrukteur Ross Brawn, sich von ihrem Darling Michael auf Jean Alesi und Gerhard Berger umstellen können.

WM-Anwärter

Ersatzfahrer Vincenzo Sospiri

Wer lange fährt wird endlich gut. So könnte man das bekannte Sprichwort abwandeln, will man die Formel-3000-Karriere von Vincenzo Sospiri umschreiben. 1995 hat er es – im vierten Anlauf – endlich geschafft, Europameister in der Formel 3000 zu werden. Der Kuckuck weiß, warum der talentierte Italiener solange gebraucht hat. Sospiri trifft in der Formel 1 auf alte Bekannte aus F3000-Zeiten: auf Frentzen und Hill. Den hat er 1991, als beide im F3000-Middlebridge-Team fuhren, allerdings mal von der Strecke geschubst und damit um die Titelchance gebracht. Der Freundschaft war es nicht dienlich.

Jetzt hat Sospiri erstmals einen Vertrag als Formel-1-Testfahrer in der Tasche. Daß er beim amtierenden Konstrukteurs-Weltmeister Benetton sehr häufig zum Testen kommt, ist sicher. Schließlich will das Team seinen Titel verteidigen und den Vorsprung des Williams-Teams nicht noch größer werden lassen. Außerdem ist Jean Alesi nicht gerade als eifriger Tester bekannt. Er setzt sich in ein Auto und fährt gleich eine schnelle Runde. Insofern kann Sospiri Teamsenior Berger mit seiner Arbeit entlasten.

Geboren am 9.10.1966 in Forli/Italien
Wohnort: Monaco
Familienstand: Ledig

Teambilanz

(Von 1981-1985: Toleman)
Gefahrene GPs: 218
Pole-Positions: 13
GP-Siege: 26
Gesamt-Punkte: 663,5
Titel: 1994, 95 (Schumacher)
Konstr.-WM: 1995

Jahr	Motor	Platz	Punkte
1981	Hart Turbo	-	-
1982	Hart Turbo	-	-
1983	Hart Turbo	9	10
1984	Hart Turbo	7	16
1985	Hart Turbo	-	-
1986	BMW Turbo	6	19
1987	Ford Turbo	5	28
1988	Ford	3	39
1989	Ford	4	39
1990	Ford	3	71
1991	Ford	4	38,5
1992	Ford	3	91
1993	Ford	3	72
1994	Ford	2	103
1995	Renault	1	137

Motorsportkarriere

1981-87 Kart, ital. Meister 82, 83, 84, 86, Europameister 85, 86, Weltmeister 87
1988 Brit. Formel Ford 1600, 3. Platz, Sieger FFord-Festival
1989 Brit. Formel 3, Opel Lotus Euroserie
1990 Opel Lotus, Brit. Meister, 2. Platz bei EM
1991 Formel 3000
1992 Italienische Formel 3
1993-95 Formel 3000, Europameister

Das Benetton-Team muß 1996 beweisen, daß die Erfolge der letzten Jahre nicht nur auf das Konto Michael Schumachers gehen

Das Leben ist keine Gerade. Machen Sie sich einen Spaß daraus. Der neue Mégane Coach.

RENAULT INTEGRALES SICHERHEITSKONZEPT

Lassen Sie es mit dem neuen Mégane Coach doch mal so richtig rund gehen. Dank seines exzellenten Fahrwerks bleiben Sie dabei immer mit allen vier Rädern fest auf dem Boden der Tatsachen. Und darüber hinaus sorgt das in dieser Klasse einzigartige Programmierte Rückhaltesystem PRS mit Gurtkraftbegrenzer für zusätzliche Sicherheit und ungetrübtes Fahrvergnügen. Den neuen Mégane Coach sollten Sie sich nicht entgehen lassen! Genausowenig wie den Spaß am Leben.

RENAULT
AUTOS
ZUM LEBEN

Renault Mégane. *Move it.*

Williams-Renault

Williams Grand Prix Engineering
Grove
Wantage
Oxfordshire OX12 0DQ
England
Tel. 0044-1235-777700
Fax 0044-1235-764705
Internet: http://www.unipalm.pipex.com/
E-mail: info@unipalm.pipex.com

Sponsoren
Rothmans (Zigaretten)
Sanyo (HiFi, TV)
elf (Benzin)
Labatt (Brauerei)
Sonax (Autopflege)

Etat
ca. 75 Millionen Dollar
Motoren kostenlos

FW18

Motor:	Renault RS8
Zylinderzahl/-Winkel:	V10/67°
Motorelektronik:	Magneti Marelli
Getriebe:	transversal, halbautomatisch, 6 Gänge
Länge:	4.150 mm
Breite:	1.970 mm
Höhe:	950 mm
Radstand:	2.890 mm
Spur (v/h):	1.670 mm/1.600 mm
Dämpfungssystem:	Williams
Bremsen:	AP Racing
Benzin:	elf

5 Damon Hill

6 Jacques Villeneuve

Damon Hill

Geburtstag, Geburtsort:	17.9.1960 in London
Nationalität, Wohnort:	Brite; Dublin/Irland
Größe und Gewicht:	1,83 m; 71,5 kg
Familienstand:	Verheiratet mit Georgie
Kinder:	2 Söhne (Oliver, Joshua), Tochter Tabatha
Erlernter Beruf:	Kaufmann
Hobbies:	Gitarrespielen, Motorradfahren
Freizeitsport:	Golf
Erster Rennwagen:	Formel Ford 1600
Erster Erfolg:	Sieg FF1600 in Brands Hatch 1984
Schönstes Erlebnis:	„Meine Hochzeit!"
Eink. 96 (geschätzt):	ca. 8 Millionen Dollar

Weg in die Formel 1

1983 Motorrad, Trial/Rundstr.
1984 Motorrad, Rundstrecke 40 Siege, Formel Ford 1600
1985 Formel Ford 1600, 6 Siege, FF-Festival, 3. Platz
1986 Brit. Formel 3, 9. Platz
1987 Brit. F3, 2 Siege, 5. Platz
1988 Brit. F3, 2 Siege, 3. Platz, F3-GP Macau, 2. Platz, F3000-EM/GA Motorsports, 2 GP
1989 F3000-EM/Footwork nur 2. Saisonhälfte (Finanzen)
1990 F3000-EM/Middlebridge, 13. Platz
1991 F3000-EM/Middlebridge, 7. Platz

Formel-1-Chronik

1992 Brabham-Judd
1993-95 Williams-Renault
93 69 Punkte, 3. Platz
94 91 Punkte, WM-Zweiter
95 69 Punkte, WM-Zweiter

Formel-1-Bilanz

51 Starts • 11 Pole-Positions • 13 Siege • 229 WM-Punkte

Jacques Villeneuve

Geburtstag, Geburtsort:	9.4.1971 in St. Jean sur Richelieu (CAN)
Nationalität, Wohnort:	Kanadier; Monte Carlo
Größe und Gewicht:	1,71 m; 63 kg
Familienstand:	Ledig
Hobbies:	Computer, Lesen, Filme, Musik
Freizeitsport:	Skifahren, Roller-blading
Erster Rennwagen:	Formel Ford 1600
Erster Erfolg:	1992 in der japanischen Formel 3
Schönstes Erlebnis:	„Die IndyCar-Meisterschaft und der Sieg bei den Indy 500 1995!"
Eink. 96 (geschätzt):	ca. 5,5 Millionen Dollar

Weg in die Formel 1

1986 Jim Russel Racing Drivers School, Kanada
1987 Spenard-David Racing School im Formel Ford 2000
1988 Gruppe N Italien
1989-91 Formel 3 Italien
1992 Formel 3 Japan, 3 Siege
1993 Formel Atlantic, 5 Siege, Rookie of the year
1994 IndyCar mit Forsythe Green, 1 Sieg, 94 Punkte, 6. Platz, Rookie of the year
1995 IndyCar, 3 Siege und Sieg bei Indy 500, Champion

WELCOME TO THE CLUB

Make it or break it" nennen die Engländer, was in dieser Saison auf Damon Hill zukommt. Entweder wird er als strahlender Sieger oder als großer Verlierer enden – die Zeit der Zwischentöne und Graustufen ist endgültig vorbei.

Bislang vermag niemand einzuschätzen, was Hill wirklich kann. Einerseits verfügt er über eine sensationelle Leistungsbilanz (siehe Chronik), andererseits ätzt Kollege Schumacher, daß „ein Häkkinen oder ein Frentzen auf einem Williams härtere Konkurrenten wären."

Abgesehen von den zwei Rennen 1992 auf dem rennuntauglichen Brabham-Judd fuhr Hill während seiner gesamten Formel-1-Karriere stets in der Spitzengruppe. 1993, als Partner von Prost, glaubte jeder, daß er keine Schnitte kriegen würde. Drei Siege in Folge und eine Pole ließen aufhorchen.

Das war die Gesellenprüfung, den Meisterbrief machte er 1994, als er das durch den Senna-Unfall geschockte Williams-Team aus der Krise führte. Zu Saisonende lief er zu einer Form und Nervenstärke auf, die ihm keiner zugetraut hatte. Als deswegen 1995 von ihm Spitzenleistungen erwartet wurden, unterliefen ihm dagegen zahlreiche Fehler. Hill, auf seine Qualitäten angesprochen, kontert sarkastisch: „Ich habe gegen Mansell, gegen Prost und gegen Senna standgehalten. Gegen wen soll ich mich noch beweisen? Gegen Gott?"

Der Franko-Kanadier ist Sohn eines berühmten Formel-1-Rennfahrers, aktueller Meister der IndyCar-Serie und darf ohne Formel-1-Erfahrung auf Anhieb in eines der raren Topautos.

Richtig, das gab's schon einmal. 1993 stieg der amtierende IndyCar-Meister und Sohn von Mario Andretti, Mike Andretti, bei McLaren ein. Mit dem Ergebnis, daß Mike mit sich, den Nerven und der Welt eher fertig war als die Saison. Nach 13 Rennen wurde er von Teamchef Ron Dennis zum Wundenlecken nach Hause geschickt.

Trotzdem kann es für Villeneuve besser ausgehen. Als Kosmopolit fühlt er sich in einem europäischen Team wohler als der US-Boy Andretti. Dann durfte Villeneuve vor seinem ersten Grand Prix wesentlich mehr testen als sein Vorgänger. Hinzu kommt, daß 1996 fast alle elektronischen Hilfen verboten sind. 1993 war die Elektronik auf ihrem Höhepunkt und IndyCar-Autos und Formel-1-Boliden hatten kaum noch was gemeinsam.

Der wichtigste Unterschied ist aber, daß Villeneuve nicht neben einem übermächtigen Ayrton Senna, sondern neben einem Damon Hill antritt. Die vielen Testfahrten und die ersten Rennen haben gezeigt, daß Hill und Villeneuve wesentlich enger beieinanderliegen. Will sich der Kanadier allerdings einen – eigenen – Namen machen, sollte er schon deutlich schneller als Hill sein.

Teamchef
Frank Williams

Techn. Direktor
Patrick Head

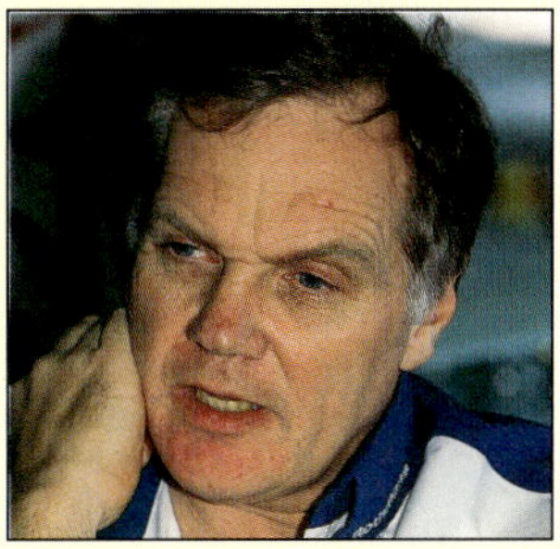

Der Rennstall gilt als perfekt organisierter Kühlschrank, in dem Piloten nur notwendiges Übel sind. Als Fahrer akzeptieren Teamprinzipal Frank Williams und sein 40-Prozent-Teilhaber, Konstrukteur Patrick Head, nur vor Selbstsicherheit strotzende Rambo-Racer wie Alan Jones, Keke Rosberg oder Nigel Mansell. Piloten, die auf und neben der Strecke lieber zur Axt als zum Florett greifen.

Ein Carlos Reutemann mit Hang zum nervösen Magen konnte da nichts werden. Auch der intelektuelle (und trotzdem hochprofessionelle und ultraschnelle) Thierry Boutsen war bei Williams fehl am Platz und wurde trotz seiner Siege gefeuert. Nachwuchsfahrer Jean-Christophe Boullion wurde gerne an Sauber ausgeliehen, weil für Patrick Head das Gesamturteil schon feststand: „He is good, but not magic!" Geprüft und nicht für gut befunden, denn unter einem „magic" tun es die Williams-Herren nicht.

Man kann einen Fahrer auch aufbauen, ihn unterstützen und bestärken, um so Leistungen herauszukitzeln, die der Pilot bislang selbst nicht für möglich gehalten hat. Allerdings wurde dieses Kapitel aus den Standardwerken der Psychologie bislang weder von Frank Williams noch von Patrick Head gelesen, geschweige denn angewandt.

Ein Paradebeispiel für mangelndes Einfühlungsvermögen im Williamsteam ist der „Fall" Damon Hill. Ex-Williams-Pilot Alain Prost, der den Briten „für viel, viel besser hält, als es die meisten glauben", bringt die Problematik auf den Punkt: „Die Art und Weise, wie Damon in den letztzen zwei, drei Jahren behandelt wurde, nicht nur von den Medien, sondern auch vom eigenen Team, war nicht gerecht. Damon mußte nicht nur gegen Michael kämpfen, sondern auch noch gegen seine unmittelbare Umwelt."

Noch etwas belastet die Atmosphäre bei Williams. In keinem Top-Team werden die Fahrer so unwillig bezahlt wie dort. Patrick Head steckt das Geld lieber in die Entwicklung der Autos als in die Fahrer und hat dafür ein plausibles, aber wenig aufbauendes Argument: „Es hat schon viele mittelmäßige Fahrer gegeben, die auf einem Spitzenauto gewinnen konnten. Aber noch nie einen Top-Piloten, der auf einer Gurke zum Sieger wurde."

Chancen 1996

Konzentration auf einen Fahrer und dementsprechende Stallregie sind in diesem Team Fremdwörter, weil für Frank Williams und Patrick Head der Konstrukteurstitel wichtiger ist als der Fahrertitel. Dieser Irrtum wurde 1995 so perfektioniert, daß es trotz des besten Autos weder das eine noch das andere gab.

Auch 1996 scheint Williams das schnellste Auto auf die Räder gestellt zu haben. Die ersten drei Rennen dominieren die blauen Boliden nach Belieben, vor dem Auftakt der Europasaison führt Williams die Weltmeisterschaft souverän an. Wichtig für anstehende Verhandlungen mit Renault, der laufende Vertrag endet 1996.

Teambilanz

(1973 und 1974 ISO)
Gefahrene GPs: 346
Pole-Positions: 85
GP-Siege: 83
Gesamt-Punkte: 1624,5

Titel (5):
1980 (Jones)
1982 (Rosberg)
1987 (Piquet)
1992 (Mansell)
1993 (Prost)

Konstrukteurs-WM (7):
1980, 81, 86, 87, 92, 93, 94

Jahr	Motor	Platz	Punkte
1973	ISO	10	2
1974	ISO	10	4
1975	Ford	9	6
1976	Ford	-	-
1977	– Kein Williams-Team –		
1978	Ford	9	11
1979	Ford	2	75
1980	Ford	1	120
1981	Ford	1	95
1982	Ford	4	58
1983	Ford*	4	38
1984	Honda T.	6	25,5
1985	Honda T.	3	71
1986	Honda T.	1	141
1987	Honda T.	1	137
1988	Judd	7	20
1989	Renault	2	77
1990	Renault	4	57
1991	Renault	2	125
1992	Renault	1	164
1993	Renault	1	168
1994	Renault	1	118
1995	Renault	2	112

* Letzter Lauf 1983 mit Honda Turbo

Ersatzfahrer Jules Boullion

Geboren am 27.12.1969
in Saint Brieuc/Frankreich
Wohnort: Oxford/GB
Größe, Gewicht: 1,71 m, 60 kg
Familienstand: Verheiratet mit Alexandra
Hobbies: Fußball, Golf
Freizeitsport: Tennis, Schwimmen

Rein äußerlich erinnert der kleine Franzose an Ayrton Senna. Der Abgeklärtheit und dem Speed des verstorbenen Champions hält der Vergleich jedoch (noch) nicht stand. Das wurde in der vergangenen Saison deutlich. Als frischgebackener Formel-3000-Meister bekam Jean-Christophe Boullion einen Vertrag als Testfahrer bei Williams. Die leiteten den Franzosen weiter zum Sauber-Team, wo er ab dem Großen Preis von Monaco Karl Wendlinger ersetzte. Bei Sauber traf er auf Heinz-Harald Frentzen, und der relativierte sofort sämtliche guten Eindrücke, die Boullion bis dahin hinterlassen hatte.

Für Jules Boullion ist es vor allem wichtig, weitere Erfahrung auf einem Formel-1-Auto zu sammeln. Insofern gibt es eigentlich keine bessere Adresse als das Aushängeschild Williams. Dort werden seit Jahren die anerkannt besten Formel-1-Renner gebaut. Vielleicht kann Boullion schon 1997 Damon Hill beerben, sollte es mit dessen drittem Anlauf auf den WM-Titel wieder nichts werden…

Weg in die Formel 1

1982-88 Kart
1989 Franz. Formel Ford 1600
1990 Franz. Formel Ford 1600, 9 Siege, 1. Platz
1991 Franz. Formel 3
1992 Franz. Formel 3, 3 Siege, 4. Platz
1993 Franz. Formel 3000
1994 Franz. Formel 3000, 3 Siege, 1. Platz

Formel-1-Chronik

1995 Testfahrer bei Williams-Renault; 11 Rennen für Sauber-Ford, 3 Punkte, 16. Platz

Formel-1-Bilanz

11 Starts • 3 WM-Punkte

Williams ist auch 1996 wieder das Maß aller Dinge. Das 95er Auto wurde kontinuierlich weiterentwickelt und erneut verbessert

Gewinnen wir –
gewinnen Sie!
Geschwindigkeit 270 km/h • Puls 180 • EKG Reden wir nicht drüber • Temperatur Kaum auszuhalten • Beruf Rennfahrer • Klasse ITC, Formel 1, Kart, Motorrad • Kraftstoffe Elf • Schmierstoffe Elf • Aufgabe Forschen, was der Tacho hergibt • Ziel Noch bessere Kraft- und Schmierstoffe • Gewinner Sie.
elf

8 David Coulthard

7 Mika Häkkinen

McLaren-Mercedes

McLaren International Ltd.
Woking Business Park, Albert Drive
Woking
Surrey GU21 5JY
England
Tel. 0044-1483-728211
Fax 0044-1483-720157
Internet: http://www.mclaren.co.uk/mclaren/

Sponsoren
Marlboro (Zigaretten)
Mobil (Benzin/Öl)
Loctite (Klebstoff)
Boss (Bekleidung)
TAG-Heuer (Uhren)

Etat
ca. 85 Millionen Dollar
Motoren kostenlos

MP4/11

Motor:	Mercedes-Benz FO110 – Phase 3
Zylinderzahl/-Winkel:	V10/75°
Motorelektronik:	TAG Electronic
Getriebe:	längsgestellt, halbautomatisch, 6 Gänge
Länge:	McLaren macht hierzu grundsätzlich keine Angaben
Breite:	
Höhe:	
Radstand:	
Spur (v/h):	
Dämpfungssystem:	Penske
Bremsen:	AP Racing
Benzin:	Mobil

Alle statistischen Angaben entsprechen dem Stand vor der WM 1996

Mika Häkkinen

Geburtstag, Geburtsort:	28.9.1968 in Helsinki/Finnland
Nationalität, Wohnort:	Finne; Monte Carlo
Größe und Gewicht:	1,79 m; 71 kg
Familienstand:	Ledig
Freizeitsport:	Skifahren, Schwimmen, Tennis, Jet-Ski
Erstes Kart:	Mit 6 Jahren
Erster Rennwagen:	Formel Ford 1600
Erster Erfolg:	Finnischer Kart-Meister 1981
Eink. 96 (geschätzt):	ca. 2,5 Millionen Dollar

Weg in die Formel 1

1974-86 Kart, fünfmal Finnischer Meister
1987 Formel Ford 1600, Finnischer, Schwedischer und Nordischer Meister
1988 Opel-Lotus Euroserie, Meister, Britische GM-Lotus-Serie, 2. Platz
1989 Brit. Formel 3, 7. Platz
1990 Brit. F3/West Surrey, Meister, Sieger F3-GP Macau

Formel-1-Chronik

1991 Lotus-Judd, 2 Punkte, 15. Platz
1992 Lotus-Ford, 11 Punkte, 8. Platz
1993 McLaren-Ford, 4 Punkte, 15. Platz
1994 McLaren-Peugeot, 26 Punkte, 4. Platz
1995 McLaren-Mercedes, 17 Punkte, 7. Platz

Formel-1-Bilanz

63 Starts • 60 WM-Punkte

David Coulthard

Geburtstag, Geburtsort:	27.3.1971 in Twynholm/Schottland
Nationalität, Wohnort:	Schotte; Monaco
Größe und Gewicht:	1,82 m; 68,5 kg
Familienstand:	Ledig, Freundin Andrea Murray
Erlernter Beruf:	Kaufmann
Hobbies:	Freunde treffen
Freizeitsport:	Golf, Schwimmen, Laufen
Erstes Kart:	Mit 12 Jahren
Erster Rennwagen:	Formel Ford 1600
Erster Erfolg:	Schottischer Junioren-Kartmeister 83
Schönstes Erlebnis:	„1991 den Macau-F3-GP zu gewinnen."
Eink. 96 (geschätzt):	ca. 1,5 Millionen Dollar

Weg in die Formel 1

1983-85 Kart, Schottischer Junioren-Meister
1986-88 Kart, Schottischer Open-Meister
1989 Brit. Formel-Ford-1600-Meister, McLaren/Autosport, „Nachwuchsfahrer des Jahres"
1990 Brit. Opel-Lotus-Serie, 4. Platz, Opel-Lotus-Euroserie, 5. Platz
1991 Britische Formel-3-Meisterschaft, 2. Platz (5 Siege), Sieger des Macau F3-GP und Europa-F3-Marlboro-Masters
1992 Formel 3000/Paul Stewart Racing, 9. Platz
1993 Formel 3000/Pacific, 3. Platz, 1 Sieg

Formel-1-Chronik

1994-95 Williams-Renault
94 14 Punkte, 8. Platz
95 49 Punkte, 3. Platz

Formel-1-Bilanz

25 Starts • 5 Pole-Positions • 1 Sieg • 63 WM-Punkte

Wenn Fachleute die künftigen Superstars der Formel 1 nennen sollen, fällt sein Name mit Sicherheit. Das liegt nicht nur an seinem lupenreinen motorsportlichen Werdegang, sondern auch daran, wie er seinen Einstand beim Spitzenteam McLaren mit einem Paukenschlag gab. Nach zwei Lehrjahren bei Lotus verdingte sich der von Ex-Weltmeister Keke Rosberg gemanagte Finne 1993 als Testfahrer bei McLaren und durfte noch im selben Jahr den glücklosen Mike Andretti ersetzen. Rotzfrech stellte sich Mika in der Startaufstellung zu seinem ersten Rennen vor Platzhirsch Ayrton Senna.

Mika ist im persönlichen Gespräch ein geistreicher und pointierter Konversateur. Auf der Strecke dagegen wirkt er trotz beeindruckender Schnelligkeit oft tumb und uninspiriert. Das Team sollte ihm verbieten, die Brechstange mit ins Cockpit zu nehmen. Andererseits hat ihm McLaren im vergangenen Jahr ein Auto zugemutet, das nur mit härtestem Einsatz halbwegs fahrbar war.

Damit aus dem großen Talent nicht das „ewige" Talent wird, ist es von immenser Bedeutung, welches Material ihm sein Team dieses Jahr stellt. Ebenso groß ist allerdings auch die Frage, wie gut Mika seinen Koma-Unfall beim Saisonfinale in Adelaide verarbeitet hat. Die Saison 1996 wird für den sympathischen Finnen zum größten Prüfstein seiner Karriere.

Es wird sich zeigen, ob sich David Coulthard einen Gefallen damit getan hat, ausgerechnet in das Team zu wechseln, wo der schnelle Mika Häkkinen aufgeigt. Eingedenk der langen Anlaufzeit, die Coulthard benötigte, bis er seinen ehemaligen Teamkollegen Damon Hill halbwegs im Griff hatte und des schlechten Images, das Hill als Fahrtalent hat, müßte Coulthard unüberwindbare Probleme mit seinem neuen Teamkollegen haben. Vielleicht ist Hill aber auch viel besser und Coulthard ein (stiller) Gigant. Und Häkkinen müßte akzeptieren, daß sein Herr und Meister einen Schottenrock trägt.

Die vergangene Saison hat reichlich Indizien für beide Möglichkeiten. Einerseits gewann Coulthard bereits seinen 21. Grand-Prix. Auch seine fünf Pole-Positions 1995 lassen eine gewisse Grundschnelligkeit vermuten. Andererseits machte er viele dumme Fehler und tat sich sehr schwer mit Hill.

Sicher ist, daß Coulthard ein Idealfall für Team und Sponsoren ist: Smart, höflich, intelligent, eloquent und mit einer Freundin liiert, die – falls überhaupt nötig – das letzte fehlende Zehntel Speed vergessen lassen würde. Ein Großmeister der PR hat bereits sein geneigtes Auge auf den Frischling geworfen: David Coulthard wird als Fahrer Nummer Eins für das 1997 antretende neue Formel-1-Team von Jackie Stewart gehandelt.

Teamchef

Ron Dennis

Techn. Direktor

Neil Oatley

McLaren-Boß Ron Dennis weiß, was die Stunde geschlagen hat. Entweder prasselt es 1996 Erfolge, oder es drohen Konsequenzen, die bis zur Entmachtung des Mannes an der Spitze reichen könnten.

Die Faktenlage bedrückt: 1966 vom neuseeländischen Grand-Prix-Piloten Bruce McLaren gegründet, stellte das Team in den vergangenen zwölf Jahren sieben Weltmeister und errang sechs Konstrukteurstitel. Aber die Bilanz der jüngsten Vergangenheit ist ernüchternd. Seit Ayrton Senna das Team 1993 verließ, hat man kein Rennen mehr gewonnen. Und die Formkurve zeigt trotz des niedrigen Niveaus weiter nach unten.

Eine enorme Belastung war der dreimalige Wechsel der Motorenpartner in den vergangenen drei Jahren. Nach dem Rückzug von Honda wechselte Dennis zu Ford. Ein überragender Senna gewann immerhin noch fünf Rennen – wie gesagt, die letzten.

Doch Dennis suchte einen Exklusiv-Partner, was Ford ihm wegen der Verbindung zu Benetton nicht bieten konnte, und wechselte zum Neueinsteiger Peugeot. Mit einem mehr als akzeptablen Anfangsergebnis: Acht Podiumsplätze und 42 Punkte waren eine Basis, auf der es sich gelohnt hätte, weiterzumachen.

Ron Dennis sah das anders. Als die Peugeot-Techniker mal wieder über einen dritten Platz jubelten, stänkerte er: „Solche Plazierungen wollen wir aber nicht zur Gewohnheit werden lassen."

Dem Mann konnte geholfen werden. Nach einem erneuten Wechsel, diesmal zu Mercedes, reduzierten sich auch die Podiumsplätze auf ein Minimum: Gerademal zwei zweite Plätze und magere 30 Punkte müssen in der Bilanz 1995 unter dem Stichwort Desaster gebucht werden.

Chancen 1996

Nicht allzuviel spricht dafür, daß die neue Saison besser wird als die vergangene. Alain Prost als Berater und Tester ist eine Verstärkung, ebenso der neue Renningenieur David Brown. Der kommt von Williams, wo er für Mansell, Prost und Senna zuständig war. Doch das Hauptproblem ist, daß McLaren nach dem Weggang von John Barnard über keinen wirklichen Starkonstrukteur verfügt. Dem Technischen Direktor Neil Oatley ist bislang noch kein großer Wurf gelungen.

Noch spannender als der Kampf auf der Strecke wird bei McLaren das Gerangel hinter den Kulissen werden. Hauptsponsor Marlboro (45 Millionen Mark) will endlich wieder Erfolge – oder das Engagement endet.

Auch Mercedes wird nicht ewig tatenlos zusehen. Die Motoren der Stuttgarter waren 1995 um vieles besser als die McLaren-Chassis. Kann McLaren nicht gleichziehen, werden die Untertürkheimer Mittel und Wege finden, die Mehrheit – Dennis gehören nur 40 Prozent „seiner" Firma – von McLaren zu erwerben. Mercedes könnte die Geschikke selbst in die Hand nehmen. Das ständige Hin-und-Her bei den Motorenpartnern hätte dann ganz sicher ein Ende...

häufig WM-Punkte

Teambilanz

Gefahrene GPs: 427
Pole-Positions: 79
GP-Siege: 104
Gesamt-Punkte: 1937,5

Titel (9):
1974 (Fittipaldi), 1976 (Hunt), 1984 (Lauda), 1985, 86, 89 (Prost), 1988, 90, 91 (Senna)

Konstrukteurs-WM (7):
1974, 84, 85, 88, 89, 90, 91

Jahr	Motor	Platz	Punkte
1966	Ford	7	3
1967	Ford	8	1
1968	Ford	2	51
1969	Ford	4	40
1970	Ford	4	35
1971	Ford	6	10
1972	Ford	3	47
1973	Ford	3	58
1974	Ford	1	73
1975	Ford	3	53
1976	Ford	2	74
1978	Ford	8	15
1979	Ford	7	15
1980	Ford	7	11
1981	Ford	6	28
1982	Ford	2	69
1983	Ford/Porsche	5	34
1984	Porsche T.	1	143,5
1985	Porsche T.	1	90
1986	Porsche T.	2	96
1987	Porsche T.	2	76
1988	Honda Turbo	1	199
1989	Honda	1	141
1990	Honda	1	121
1991	Honda	1	139
1992	Honda	2	99
1993	Ford	2	84
1994	Peugeot	4	42
1995	Mercedes	4	30

Ersatzfahrer Jan Magnussen

Geboren am 4.7.1973 in Roskilde/Dänemark
Wohnort: Silverstone/GB
Größe: 1,70 m
Gewicht: 58 kg
Familienstand: Ledig
Kinder: Sohn Kevin
Hobbies: Segelfliegen, Tontaubenschießen
Freizeitsport: Kartfahren

Er sieht aus, als hätte er gerade die Schule mit der mittleren Reife abgeschlossen. An jeder Diskothek wird man vermutlich nach seinem Ausweis fragen. Doch Jan Magnussen hat bereits einen Sohn im Alter von drei Jahren und eine Stimme, die an alternde Rockstars erinnert.

In Aida gab der 22jährige 1995 sein Formel-1-Debut, und es war ein wirklich guter Einstand. Er landete auf dem zehnten Platz und hätte beinahe noch seinen Teamkollegen Mark Blundell überholt. Die Königsklasse ist auch sein erklärtes Ziel. Die Voraussetzungen für den Dänen könnten zur Zeit nicht besser sein, hat er doch mit Alain Prost den prominentesten aller Testfahrerkollegen an seiner Seite. Von dessen Erfahrung sollte der schnelle Jan profitieren können.

Daß Magnussen sein Ziel erreicht, bezweifelt niemand, denn seine Karriere verlief ausgesprochen geradlinig: Kart-Weltmeister, Formel-Ford-Festival-Sieger, britischer Formel-3-Meister, McLaren-Testfahrer. Dazu kommt sein Engagement bei Mercedes, für die er 1996 im zweiten Jahr in der ITC an den Start geht.

Weg in die Formel 1

1984-86 **Dänischer Kart-Junioren-Meister**
1987+89 **Kart-Junioren-Weltmeister**
1990 **Kart-Weltmeister**
1991 **Brit. Formel Ford 1600**
1992 **Brit. Formel Ford 1600, 7 Siege**
1993 **Formel Opel, 4. Platz**
1994 **Brit. Formel 3, 14 Siege, 1. Platz**
1995 **DTM, 8. Platz, ITC, 1 Sieg, 2. Platz**

Formel-1-Chronik

1995 **McLaren-Mercedes**

Formel-1-Bilanz

1 Start • 0 WM-Punkte

Bitte lesen Sie auch Seite 81 „Reservebank"

Magnussens Kollegen Häkkinen/Coulthard jagen dem ersten Sieg seit 1993 nach. Damals gewann Ayrton Senna in Australien

AN SCHUMACHERS FERRARI

Konkurrenzlos leicht: das F-1-Rad von BBS aus geschmiedetem Magnesium

WO **LEICHTE TECHNIK** VORTEILE BRINGT:

AN IHREM AUTO

Modell-Athlet: Das RC-Rad wiegt mit 8,5 x 18 Zoll nur rund 8200 Gramm

In der Saison '96 geht Doppel-Weltmeister Michael Schumacher wieder mit den leichtesten Rädern von BBS ins Rennen. Sparen auch Sie sich an Ihrem Auto überflüssige Pfunde, und investieren Sie in Technik aus dem Motorsport: Unser neues RC-Rad ist dank spezieller Fertigungsverfahren gut 3 kg leichter als herkömmliche Leichtmetallräder. Mehr Informationen unter: 0 18 03-22 93 65. BBS Kraftfahrzeugtechnik AG, Postfach 11 52, D-77757 Schiltach.

BBS

RTS RIEGER TEAM

10 Pedro Diniz

9 Olivier Panis

Ligier-Mugen-Honda

Ligier Sports
Technopole de la Nièvre
58470 Magny-Cours
Frankreich
Tel. 0033-86606200
Fax 0033-86212296

Sponsoren
Gauloises (Zigaretten)
Parmalat (Milchprodukte)
Power Horse (Energy Drink)

Etat
ca. 22 Millionen Dollar

JS43

Motor:	Mugen-Honda MF-301H A
Zylinderzahl/-Winkel:	V10/72°
Motorelektronik:	Honda PGM-IG
Getriebe:	transversal, halbautomatisch, 6 Gänge
Länge:	4.335 mm
Breite:	1.995 mm
Höhe:	950 mm
Radstand:	2.935 mm
Spur (v/h):	1.693 mm/1.608 mm
Dämpfungssystem:	Ligier
Bremsen:	Brembo
Benzin:	elf

Olivier Panis

Geburtstag, Geburtsort: 2.9.1966, Lyon/Frankreich
Nationalität, Wohnort: Franzose; Grenoble (F)
Größe und Gewicht: 1,73 m; 71 kg
Familienstand: Verlobt mit Anne
Kinder: Sohn Aurélien
Erlernter Beruf: Mechaniker
Hobbies: Skifahren, Radfahren
Freizeitsport: Gewichtheben, Karting
Erstes Kart: Mit 13 Jahren
Erster Rennwagen: Formel Renault
Erster Erfolg: Formel-Renault-Sieg 1989 in Nogaro
Schönstes Erlebnis: „Gewinn der Formel-3000-EM 1993"
Eink. 96 (geschätzt): ca. 500.000 Dollar

Weg in die Formel 1

1981-87 Kart
1988 Paul-Ricard-Volant-Elf Winfield-Meister
1989 Franz. Formel-Renault-Meister, 5 Siege
1990 Franz. Formel 3, 4. Platz
1991 Franz. Formel 3, 5 Siege, 2. Platz
1992 Formel 3000 mit Apomatox, 10. Platz
1993 Formel 3000 mit DAMS, Meister, 3 Siege

Formel-1-Chronik

1994 Ligier-Renault, 9 Punkte, 11. Platz
1995 Ligier-Mugen-Honda, 16 Punkte, 8. Platz

Formel-1-Bilanz

33 Starts • 25 WM-Punkte

Pedro Paulo Diniz

Geburtstag, Geburtsort: 22.5.1970 in São Paulo/Brasilien
Nationalität, Wohnort: Brasilianer; Monaco
Größe und Gewicht: 1,74 m; 64,5 kg
Familienstand: Ledig
Hobbies: Reisen, Lesen
Freizeitsport: Jogging, Squash, Radfahren, Skifahren
Erstes Kart: Mit 17 Jahren
Erster Rennwagen: Formel Ford 1600
Schönstes Erlebnis: „Die vorläufige Pole beim F3000-Rennen 1994 in Barcelona."
Einkommen 96: Muß Geld mitbringen

Weg in die Formel 1

1987-88 Kart
1989 Brasil. Formel Ford
1990 Südamerikan. Formel 3
1991-92 Britische Formel 3
1993-94 Formel-3000-EM mit Forti Corse

Formel-1-Chronik

1995 Forti Corse

Formel-1-Bilanz

17 Starts • 0 WM-Punkte

Ligier-Mugen-Honda

Olivier Panis wird dieses Jahr sicherlich nicht von seinem Teamkollegen unter Druck gesetzt werden. Das wird den Formel-3000-Meister von 1993 freuen, denn das mag er gar nicht. Sobald ein Konkurrent aus dem eigenem Lager zu nah an seine Zeiten kommt, reagiert der Franzose hektisch. Deswegen konnte Panis mit Martin Brundle 1995 gar nichts anfangen, und deswegen wird er dieses Jahr Diniz toll finden.

Das ist aber auch die einzige F1-Attitüde, die Panis zu bieten hat. Wer ihn im Fahrerlager sieht, merkt nur am Rennoverall, daß er einen Grand-Prix-Star vor sich hat. Das Gesicht meistens ein wenig mürrisch, gehört Panis zu den freundlichen der Zunft, stets bereit, den Journalisten Rede und Antwort zu stehen. Geschieht dies, kommt eine zweite Marotte zum Vorschein: Olivier schafft es partout nicht, Englisch zu lernen. Dafür ist der Franzose schnell und zuverlässig.

Und: Er ist ein Meister im Abstauben. Die zweiten Plätze beim Deutschland-GP 94 und beim Saisonfinale in Adelaide 1995 waren Wunderwerke an Ausnutzen des Pechs anderer. Bei der Konkurrenz kommt dann schon mal ein gewisser Panis-Neid auf. „Wenn ich sehe, wie Olivier mit einem Schlag sechs Punkte einfährt, und wenn ich dann sehe, wie lange ich dafür brauche, kann einem das schon aufs Gemüt schlagen", stöhnte ein HH Frentzen.

Anfang 1995 hatte Diniz ein paar Millionen Dollar zuviel und ein wahnsinnig knackiges Mädel als Freundin. 17 Rennen später waren die Dollarmillionen im Forti-Team verbraten und das Mädel wachte im Bett eines anderen GP-Piloten auf. Aber was soll's: Ein bißchen Schwund ist immer und da Pedro von Beruf Gottseidank nicht Rennfahrer sondern Sohn reicher Eltern ist, hat er für die Saison 1996 erneut ausreichendes Taschengeld. Solchermaßen aus dem Gröbsten raus, wird das mit den Mädchen auch wieder klappen.

Grundsätzlich spricht für den Mann aus São Paulo, daß er Brasilianer ist. Immerhin stellte das südamerikanische Land in den vergangenen 25 Jahren acht F1-Weltmeister. Doch nicht jeder rennbegeisterte Brasilianer heißt Fittipaldi, Piquet oder Senna, es gab auch auch einen Ingo Hoffmann, einen Chico Serra, einen Raul Boesel. Brasilianische Formel-1-Piloten, die es nicht gebracht haben.

Sicher ist, daß ein Diniz ohne die Millionen seines Vaters nie und nimmer in der Formel 1 gelandet wäre. Ein zweiter Platz in zwei Jahren Formel 3000 ist nun mal keine Empfehlung. Noch sicherer ist, daß Teamchefs normalerweise ihre Fahrer lieber bei einem Hunderennen rekrutieren würden, als sich mit einem „Talent" à la Diniz abzugeben – wenn da nicht acht Millionen gute Gründe für den Brasilianer sprächen.

Teamchef

Tom Walkinshaw

Techn. Direktor

Frank Dernie

Jahrelang konnte einem das Team auf den Wekker gehen: Sponsoren mit dicken Brieftaschen, dazu Motoren vom Feinsten – und raus kam nichts als heiße Luft. Nur zu oft hätte man sich die vielen Millionen von Gitanes und die kräftigen Renault-Motoren bei Teams wie Jordan gewünscht.

In der einlullenden Gewißheit, die französischen Farben in der anglophilen Formel 1 hochzuhalten, mauschelte Team-Gründer Guy Ligier mit Amigo Mitterrand immer wieder Unterstützung aus irgendwelchen Staatskonzernen hervor. Solchermaßen staatlich gepampered, schaukelte sich die Truppe in einen Jahre dauernden Winterschlaf.

Dann kam – nach einem kurzen Intermezzo mit Bankrotteur Cyril de Rouvre – Flavio Briatore, im Schlepptau Tom Walkinshaw, und nichts ist mehr wie früher. Nicht daß es jetzt Siege prasselt. Dafür entwickelt sich das französische Team langsam Richtung England. Noch 1996 sollten die wichtigsten Abteilungen im neuen Firmensitz von Tom Walkinshaw ihre Heimat finden.

Doch man hatte die Rechnung ohne Guy Ligier gemacht, dem noch 15 Prozent des Rennstalls gehören. Ligier nahm die Ankündigung des Hauptsponsors SEITA (französischer Tabakkonzern, zu dem Gitanes und Gauloises gehören) seine Unterstützung um über die Hälfte zu reduzieren, sowie die Entlassung von 37 der 110 Mitarbeiter als Anlaß, Attacke gegen Tom Walkinshaw zu machen. Herbster Vorwurf: Walkinshaw wolle das Team plündern. Entnervt strich Walkinshaw das Ligier-Segel und heuerte als neuer Kapitän bei Arrows an. Auch Motorenpartner Mugen schielt bereits nach neuen Teams, da das Mini-Budget die Aussichten für 96 nicht gerade verbessert.

Chancen 1996

Ligier steht vor einer knallharten Saison. Daß Tom Walkinshaw und Konstrukteur Frank Dernie das Team verlassen, wird sich besonders in der zweiten Saisonhälfte negativ auswirken. Teambesitzer Briatore erklärte, daß Platz fünf im Championat immer noch das Ziel sei. Doch dieses Statement klang wie das berüchtigte Pfeifen im Wald.

Teambilanz

Gefahrene GPs: 310
Pole-Positions: 9
GP-Siege: 8
Gesamt-Punkte: 373

Jahr	Motor	Platz	Punkte
1976	Matra	5	20
1977	Matra	8	18
1978	Matra	6	19
1979	Ford	3	61
1980	Ford	2	66
1981	Matra	4	44
1982	Matra	8	20
1984	Renault T.	10	3
1985	Renault T.	6	23
1986	Renault T.	5	29
1987	Megatron T.	11	1
1988	Judd	-	-
1989	Ford	13	3
1990	Ford	-	-
1991	Lamborghini	-	-
1992	Renault	7	6
1993	Renault	5	23
1994	Renault	6	13
1995	Mugen-Ho.	5	24

Jordan-Peugeot

12 Martin Brundle

196

Motor:	Peugeot A12EV5
Zylinderzahl/-Winkel:	V10/72°
Motorelektronik:	TAG Electronic
Getriebe:	längsgestellt, sequentiell, 7 Gänge
Länge:	4.450 mm
Breite:	1.998 mm
Höhe:	950 mm
Radstand:	2.950 mm
Spur (v/h):	1.700 mm/1.618 mm
Dämpfungssystem:	Jordan
Bremsen:	Brembo
Benzin:	Total

Jordan Grand Prix Limited
21 Silverstone Circuit
Towcester
Northamptonshire NN12 8TJ
England
Tel. 0044-1327-857153
Fax 0044-1327-858120

Sponsoren
Benson&Hedges (Zigaretten)
Total (Benzin/Öl)
Beta (Werkzeug)

Etat
ca. 45 Millionen Dollar
Motoren kostenlos

11 Rubens Barrichello

MELBOURNE
MELBOURNE
TRANSURBAN
TRANSURBAN
IRVINE
McLAREN
Ferrari
HAKKINEN
McLAREN
COULTHARD
PEUGEOT
MELBOURNE
MELB
TOTAL
PEUGEOT
TOTAL
BENSON & HEDGES
ULIVETO
TOTAL
Diavia
jolly motor
HUTCHINSON
TOTA
Davene
HEDGES
GOODYEAR

Alle statistischen Angaben entsprechen dem Stand vor der WM 1996

Rubens Barrichello

Geburtstag, Geburtsort:	23.5.1972 in São Paulo/Brasilien
Nationalität, Wohnort:	Brasilianer; Monaco
Größe und Gewicht:	1,72 m; 71,5 kg
Familienstand:	Ledig
Hobbies:	Jetski
Freizeitsport:	Laufen
Erstes Kart:	Mit 9 Jahren
Erster Rennwagen:	Formel Ford 1600
Erster Erfolg:	Kart-Sieg 1981
Schönstes Erlebnis:	„Mein erstes Podium in Aida und meine erste Pole-Position in Spa."
Eink. 96 (geschätzt):	1 Million Dollar

Weg in die Formel 1

1981-88 Kart, fünfmal bras. Jugendmeister
1989 Brasilianische Formel Ford 1600, 4. Platz
1990 Opel-Lotus Euroserie, Meister
1991 Brit. Formel-3-Meister
1992 Formel 3000/Barone Rampante, 3. Platz

Formel-1-Chronik

1993 Jordan-Hart, 2 Punkte, 17. Platz
1994 Jordan-Hart, 19 Punkte, 6. Platz
1995 Jordan-Peugeot, 11 Punkte, 11. Platz

Formel-1-Bilanz

48 Starts • 1 Pole-Position • 32 WM-Punkte

Martin Brundle

Geburtstag, Geburtsort:	1.6.1959 in King's Lynn/Großbrit.
Nationalität, Wohnort:	Brite; King's Lynn/Großbritannien
Größe und Gewicht:	1,73 m; 67 kg
Familienstand:	Verheiratet mit Elizabeth
Kinder:	Tochter Charlotte, Sohn Alexander
Erlernter Beruf:	Kaufmann
Hobbies:	Helicopter fliegen
Freizeitsport:	Golf
Erster Rennwagen:	Ford Anglia
Erster Erfolg:	2 Formel-3-Siege 1982
Eink. 96 (geschätzt):	1 Million Dollar

Weg in die Formel 1

1977-78 Brit. Tourenwagen
1979-80 Brit. Formel Ford 2000
1981 Brit. Tourenwagen, F3
1982 Brit. F3, 2 Siege, 4. Platz
1983 Brit. F3, 2. Platz
1988 WSPC/Jaguar, Champion
1990 WSPC/Jaguar, Le-Mans-Sieger

Formel-1-Chronik

1984-85 Tyrrell-Ford/Renault
1986 Tyrrell-Renault, 8 Punkte, 11. Platz
1987 Zakspeed, 2 Pkte., 18. Pl.
1988 Williams-Judd, 1 Rennen
1989 Brabham-Judd, 4 Punkte, 16. Platz
1991 Brabham-Yamaha, 2 Punkte, 15. Platz
1992 Benetton-Ford, 38 Punkte, 6. Platz
1993 Ligier-Renault, 13 Punkte, 7. Platz
1994 McLaren-Peugeot, 16 Punkte, 7. Platz
1995 Ligier-Mugen-Honda, 7 Punkte, 13. Platz

Formel-1-Bilanz

142 Starts • 90 WM-Punkte

Der Mann steht vor der wichtigsten Saison seiner Karriere. Entweder hat er dieses Jahr den ganz großen Auftritt, oder Rubens Barrichello wird in der Kategorie „Zweite Wahl" abgelegt. Das Jahr 1995 hätte für den Brasilianer kaum schlechter laufen können. Zuerst setzte er sich selbst unter Druck, indem er – durchaus gut gemeint – seinen Landsleuten einen Senna-Ersatz bieten wollte. Ein hochdotierter Pepsi-Vertrag ließ den Erwartungsdruck noch anwachsen.

Doch statt große Ergebnisse einzufahren, saß ein glückloser Barrichello in einem mittelmäßigen Jordan und wurde von einem oft schnelleren Teamkollegen geärgert. Die teaminternen Trainingsduelle verlor der Brasilianer gegen Eddie Irvine unerwartet deutlich mit 5 : 12.

Gut hat es seinem Image auch nicht getan, daß „Rubinho" bereit war, ohne Gage für Ferrari zu fahren, während die aber lieber für viele Dollar Irvine aus dem Jordan-Vertrag herauskauften.

Barrichello, der als Wunderknabe in die Formel 1 kam, hat in dieser Saison noch ein spezielles Problem: Neben Teamkollege Martin Brundle kann er eigentlich nur verlieren. Ist Barrichello schneller als der Veteran, wird er damit kaum Ruhm ernten können. Ist er langsamer – und Brundle ist zumindest im Rennen ein wirklich harter Brocken – wäre das für Barrichellos Karriere katastrophal.

Wenn die Formel-1-Teamchefs, Sponsoren und Berichterstatter von Anfang an gewußt hätten, wie gut Michael Schumacher ist, Martin Brundle wäre heute ein gefeierter Grand-Prix-Sieger. Stattdessen kämpft er jetzt hart um den Ruf als beste Nummer Zwei der Welt. Vielleicht kann er wenigstens in diesem Jahr – wenn auch mit viel Glück – doch noch einen Grand Prix gewinnen.

Wenn Brundle seine 1984 begonnene Formel-1-Karriere Revue passieren läßt, dann sieht er zwei Zäsuren: „Die schweren Beinbrüche Mitte der 80er Jahre und den Rauswurf bei Benetton 1992. Ich brauchte zwei, drei Jahre, um mich davon zu erholen."

Benetton war mit seiner Leistung nicht zufrieden, zu groß war die Dominanz von Schumacher. Erst Jahre später stellte sich heraus, daß Brundle im langen Reigen von Nelson Piquet bis Johnny Herbert der härteste Brocken war, mit dem es der Deutsche zu tun bekam.

Bei allem hat sich Brundle einen leisen Sinn für Humor bewahrt: „Das Leben ist schon komisch. Ich erinnere mich noch an das Saisonfinale 1987 in Australien. Ich fuhr für Zakspeed und hatte beim Startprozedere nur einen Gedanken: ‚Das ist jetzt also Dein letzter Grand Prix. Es gibt keinen neuen Formel-1-Vertrag, von nun an fährst du halt Sportwagen.' Tja, das ist nun neun Jahre her, und ich bin immer noch dabei."

Teamchef

Eddie Jordan

Techn. Direktor

Gary Anderson

Gute Pferde springen knapp – und so gesehen, muß Eddie Jordan ein verdammt gutes Pferd sein. Unmittelbar vor Saisonbeginn zauberte der irische Teamchef mit dem besten Toupet der Formel 1 einen Multi-Millionen-Dollar-Sponsor aus dem Hut. Den Zigarettenhersteller Benson & Hedges hatte keiner auf der Rechnung. Alle dachten, Eddie fummelt an Camel rum.

Mit den zusätzlichen 30 Millionen wird das immer wieder am finanziellen Limit operierende Jordan-Team endlich in die Oberliga katapultiert. Mit Peugeot hat Jordan einen wild entschlossenen Motorenpartner und mit dem erfolgshungrigen Barrichello sowie einem technisch versierten Brundle eine sehr ausgewogene Fahrerpaarung. 1996 könnte also endlich das Jahr des Eddie Jordan werden.

Das Problem ist: Es könnte nicht nur, es MUSS sein Jahr werden. Peugeot ist nicht nur Exklusiv-Partner sondern gleichzeitig Faust im Nacken. Der französische Automobilhersteller in Familienbesitz kennt nur ein Ziel: den Konkurrenten und Staatskonzern Renault zu schlagen. Dumm für Eddie, daß Renault die Topteams Williams und Benetton ausrüstet. Was der Abstand zu diesen Teams bedeutet, formuliert Jordan ganz offen: „Der Schritt von uns zu diesen Spitzenteams ist größer, als der von der Formel 3000 zu unserem jetzigen Niveau."

Doch egal, entweder liefert Jordan dieses Jahr Siege oder Peugeot wird sich nach einem neuen Partner umsehen. Daß den Franzosen langsam die Geduld ausgeht, zeigte bereits die ruppige Kündigung ihres Sport-Direktors Jean-Pierre Jabouille. Gleiches wird bei ausbleibenden Erfolgen mit Jordan passieren, was diesen auf seinem Weg an die Spitze um zwei bis drei Jahre zurückwerfen würde. Das wünscht dem beliebten Iren keiner. Er zeigt immer wieder, daß man knallhartes Profitum und gewiefteste Abkoche nicht mit branchenüblicher Arroganz sondern viel besser mit Freundlichkeit und sprühendem Humor kaschieren kann.

Chancen 1996

Noch nie seit dem Gründungsjahr 1991 sah es so gut aus für das irische Team. Und noch nie war der Druck so hoch. Plazierungen auf dem Treppchen sind drin. Wie es jedoch mit den dringend erwünschten ein bis zwei Siegen klappen soll, bleibt offen. Denn das hieße, daß man vor den wiedererstarkten McLaren, Williams, Benetton und Ferrari ins Ziel kommt. Das aber ist trotz der guten Ausgangslage des Teams nur schwer vorstellbar.

vereinzelte Siege möglich

Teambilanz

Gefahrene GPs:	81
Pole-Positions:	1
GP-Siege:	0
Gesamt-Punkte:	66

Jahr	Motor	Platz	Punkte
1991	Ford	5	13
1992	Yamaha	11	1
1993	Hart	10	3
1994	Hart	5	28
1995	Peugeot	6	21

15 Heinz-Harald Frentzen

14 Johnny Herbert

Sauber-Ford

Team Sauber Formula One
Wildbachstraße 9
8340 Hinwil
Schweiz
Tel. 0041-1-9381400
Fax 0041-1-9381670
Internet: ab Juni 96

Sponsoren
Red Bull (Energy Drink)
Petronas Malaysia (Mineralölkonzern)

Etat
ca. 50 Millionen Dollar
Motoren kostenlos

C15

Motor:	Ford Zetec-R V10
Zylinderzahl/-Winkel:	V10/72°
Motorelektronik:	Ford Electronics
Getriebe:	längsgestellt, halbautomatisch, 6 Gänge
Länge:	4.340 mm
Breite:	2.000 mm
Höhe:	1.000 mm
Radstand:	2.900 mm
Spur (v/h):	1.710 mm/1.610 mm
Dämpfungssystem:	Sachs
Bremsen:	Brembo
Benzin:	elf

Johnny Herbert

Geburtstag, Geburtsort:	27.6.1964 in Romford/Großbritannien
Nationalität, Wohnort:	Brite; Warwickshire (GB)
Größe und Gewicht:	1,70 m; 64,5 kg
Familienstand:	Verheiratet mit Rebecca
Kinder:	2 Töchter (Amy und Chloe)
Hobbies:	ferngesteuerte Modellautos
Freizeitsport:	Golf, Fitneßtraining
Erstes Kart:	Mit 10 Jahren
Erster Rennwagen:	Royal Formel Ford 1600
Erster Erfolg:	Britischer Kart-Meister 1978
Schönstes Erlebnis:	„Der Silverstone-Grand-Prix 1995!"
Eink. 96 (geschätzt):	1,5 Millionen Dollar

Weg in die Formel 1

1978-82 Kart, Britischer Meister 1978 und 1982
1983-85 Brit. Formel Ford 1600, Sieger beim FF-Festival 1985 in Brands Hatch
1986 Brit. Formel Ford 2000, 1 Sieg, Brit. F3, 4 Rennen
1987 Brit. Formel 3, Meister
1988 Formel 3000 mit Jordan
1990 Japan. Formel 3000
1991 Japan. Formel 3000, Sieger beim 24-Stunden-Rennen in Le Mans für Mazda

Formel-1-Chronik

1989 Benetton-Ford/Tyrrell-Ford, 5 Punkte, 14. Platz
1990 Lotus-Lamborghini, 2 Rennen (Japan, Australien)
1991 Lotus-Judd
1992-93 Lotus-Ford, 2/11 Pkte., 14./9. Platz
1994 Lotus-Mugen-Honda, Ligier-Renault, Benetton-Ford
1995 Benetton-Renault, 2 Siege, 45 Punkte, 4. Platz

Formel-1-Bilanz
80 Starts • 2 Siege • 63 WM-Punkte

Heinz-Harald Frentzen

Geburtstag, Geburtsort:	18.5.1967 in Mönchengladbach
Nationalität, Wohnort:	Deutscher; Monaco
Größe und Gewicht:	1,78 m; 64,5 kg
Familienstand:	Ledig
Hobbies:	Freunde treffen, feine Abendessen
Freizeitsport:	Laufen, Mountain-Bike, Fitneßtraining
Erstes Kart:	Mit 13 Jahren
Erster Rennwagen:	Formel Ford 2000
Erster Erfolg:	Deutscher Junioren-Kartmeister 1981
Schönstes Erlebnis:	„Der erste Podest-Platz in Monza 95."
Eink. 96 (geschätzt):	3 Millionen Dollar

Weg in die Formel 1

1981 Deutscher Junioren-Kartmeister
1985-87 Formel Ford 2000
1987 FFord-2000-DM, 2. Platz
1988 Formel Opel-Lotus, Deutscher Meister
1989 Formel 3, DM, 2. Platz
1990 Sportwagen-WM/Sauber-Mercedes, Formel-3000-EM/Jordan, 16. Platz
1991 F3000/Vortex, 14. Platz
1992 Formel 3000 Japan/Nova
1993 F3000 Japan/Nova, 1 Sieg

Formel-1-Chronik

1994 Sauber-Mercedes, 7 Punkte, 13. Platz
1995 Sauber-Ford, 15 Punkte, 9. Platz

Formel-1-Bilanz
32 Starts • 22 WM-Punkte

Gerhard Berger als neuer Benetton-Pilot hatte in kürzester Zeit drei Riesen-Crashs und schon sah die Welt für Johnny Herbert um vieles besser aus. Bergers Erklärung war Balsam für Herberts Wunden: „Der Benetton ist am Limit sehr, sehr kritisch." Nichts anderes hatte Herbert gesagt. Daß der Wagen auf das ganz spezielle Fahrverhalten von Schumacher zugeschnitten und für einen „normalen" Rennfahrer im Grenzbereich kaum zu beherrschen sei. Geglaubt hat ihm das keiner.

Dabei hatte es Johnny Herbert auch ohne einen Schumacher schon schwer genug. Kaum in der Formel 1 – 1989 auf Benetton – war er auch schon wieder draußen. Nicht gänzlich auskurierte Beinverletzungen aus einem Formel-3000-Unfall hinderten ihn am harten Bremsen. Ende 1990 erhielt er bei Lotus eine neue Chance. Ein Knebelvertrag kettete ihn auf Jahre an das immer mieser werdende Team.

Dann kam das Angebot von Benetton und die ersten beiden Grand-Prix-Siege. Und trotzdem sah es Ende 1995 zappenduster aus: Das Talent Herbert war zum Wasserträger mutiert. Seine Formel-1-Karriere schien besiegelt, Herbert liebäugelte schon mit der IndyCar-Serie. Da kam die Sauber-Offerte genau zum richtigen Zeitpunkt. Wenn die Sache nicht einen Haken hätte: Johnny's nächster Rückschlag könnte Heinz-Harald Frentzen heißen…

Für Heinz-Harald Frentzen bedeutet die Entscheidung von Ford, ab 1997 mit dem Team von Jackie Stewart zusammenzugehen, nicht allzu viel Gutes. Frentzen hat einen speziellen Ford-Vertrag, der es ihm ermöglicht, überall dort zu fahren, wo Ford als Hauptlieferant auftritt. So gesehen, kann er schon mal bei Stewart seine Maße für den Sitz durchgeben. Doch HH braucht kein weiteres Jahr der Investitionen. Er braucht ein Jahr, in dem er sein unbestreitbares Talent in mehr als nur Achtungserfolge umsetzen kann.

1994 mußte der damalige Sauber-Mercedes-Pilot nutzen, um seine persönliche Formel-1-Tauglichkeit zu beweisen. Was er mit Bravour schaffte. Statt aber 1995 auf dem Erreichten aufbauen zu können, geriet er in den Sauber/Mercedes-Trennungsstrudel und mußte zusammen mit dem Schweizer Team die neue Partnerschaft mit Ford ans Laufen bringen. Auch das gelang.

Doch auch 1996 wird für Frentzen kein Jahr der Ernte, sondern eines der Aussaat werden. Diesmal muß der Ford-Zehnzylinder zur Renntauglichkeit entwickelt werden. Ausfälle werden da nicht ausbleiben.

Für Frentzen bleibt 1996 nur eines: Maximale Leistung zeigen, wann immer das Material es erlaubt. Damit er wenigstens im kommenden Jahr mal die Chance erhält, nicht nur an Investitionen, sondern auch an die Dividende zu denken.

Teamchef

Peter Sauber

Techn. Direktor

Leo Ress

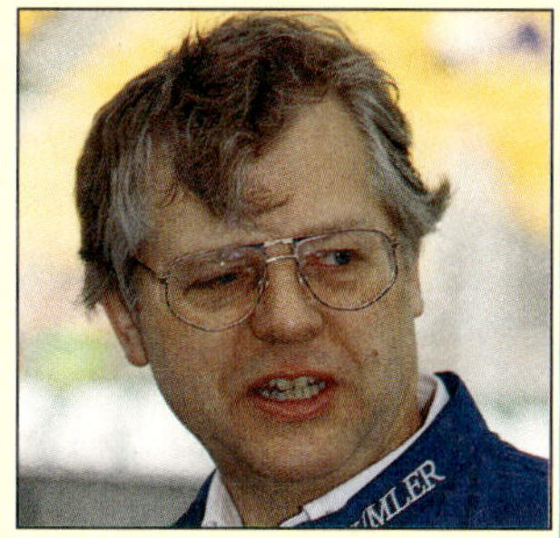

Zu seinen besten Sportwagenzeiten hatte Peter Sauber einen Lieblingsspruch: „Die Formel 1 ist ein Zirkus, in dem sich jeder Clown an seine Rolle hält."

Seit 1993 ist Sauber selbst Mitglied dieses merkwürdigen Ensembles, gibt sich aber redlich Mühe, ein etwas anderer Clown zu sein. Ganz im Gegensatz zu den üblichen Usancen der Branche ist der Schweizer Teamchef nicht nur zu potentiellen Sponsoren höflich und zuvorkommend. Wenn Journalisten ihm eine Frage stellen, bekommen sie – selten genug in der Formel 1 – nicht nur eine Antwort, die Antwort hat sogar was mit der Frage zu tun. Läuft etwas schief, nennt er offen eigene Fehler. Partnern steht er fest zur Seite, oftmals bereit, deren Versäumnisse auf die eigene Kappe zu nehmen.

Das scheint in der Branche nicht anzukommen. Kaum in der F1, kommt Sauber aus den Problemen nicht mehr raus. Da gab es den Fall Mercedes. Die Untertürkheimer planten mit ihrem langjährigen Gruppe-C-Partner für die Formel 1. Als alles vorbereitet war und der erste Wagen lief, wollten sie dann doch nicht. Peter Sauber packte das Unternehmen allein an, und plötzlich wollte Mercedes doch. Nur um in der gemeinsamen Saison festzustellen, daß sie zwar immer noch wollen, aber doch lieber mit einem anderen Team.

Dann kam Ford. Als Retter in der Not erkoren sie den Schweizer Rennstall zum Werksteam und Empfänger des Wundermotors, mit dem Michael Schumacher gerade Weltmeister geworden war. Dessen Hinweise, daß der Cosworth V8 zwar zuverlässig, aber „einer der schwächsten Motoren des ganzen Feldes" sei, nahm in Anbetracht seiner vielen Siege keiner ernst.

Ende 1995 glaubte man ihm bei Sauber jedes Wort. Nach langem Zaudern entschloß sich Ford, für 1996 einen Zehnzylinder zu bauen, Sauber war begeistert. Die Begeisterung verflog, als er hörte, daß der Motor Ende 96 an das neue Formel-1-Team von Jackie Stewart weitergereicht wird. Erneut steht Sauber mit dem Rücken zur Wand.

An den Leistungen des Teams kann es nicht liegen. Punkte im Premiererennen (5. Platz 1993 in Kyalami) können nicht viele Teams vorweisen. Zwar wurde 1995 mit richtig schlechten Autos begonnen, doch der Wagen wurde kontinuierlich verbessert und rangierte im letzten Saisondrittel hinter den Topteams.

Chancen 1996

Saubers Techniker haben 1995 viel gelernt, was sich im C15 niederschlagen wird. Entspricht der neue Ford-Motor den Erwartungen an Leistung und Zuverlässigkeit, wird Sauber regelmäßig Punkte und einige Podestplätze einfahren.

häufig WM-Punkte

Teambilanz

Gefahrene GPs:	48
Pole-Positions:	0
GP-Siege:	0
Gesamt-Punkte:	42

Jahr	Motor	Platz	Punkte
1993	Ilmor	6	12
1994	Mercedes	8	12
1995	Ford	7	18

Ersatzfahrer Norberto Fontana

Geboren am 20.1.1975
in Arrecifes/Argentinien
Wohnort: Alpnach/Schweiz
Größe: 1,63 m
Gewicht: 58 kg
Familienstand: Ledig

Er gilt als die große argentinische Motorsporthoffnung. Und er soll – geht es nach seinen Landsleuten – der legitime Nachfolger eines Carlos Reutemann werden. In der Tat ist Norberto Fontana ein Supertalent. Dies unterstrich er 1995, als er souverän die Deutsche Formel-3-Meisterschaft gewann und Ralf Schumacher plus Konkurrenz in Grund und Boden fuhr: Mit zehn Siegen bei 16 Starts deklassierte er das gesamte Feld. Und das gelang ihm nicht zum ersten Mal. Bereits zwei Jahre zuvor machte er in der Formel Ford Furore. Er wurde Schweizer Meister, und in der europäischen Meisterschaft gewann er von 18 Läufen ebenfalls zehn. Trotzdem reichte es nur zu Platz drei im Gesamtklassement.

Peter Sauber läßt es bei seinem Rohdiamanten langsam angehen. Mit ausgiebigen Testfahrten soll sich Fontana behutsam an die Königsklasse gewöhnen. Zahlreiche Beispiele von jungen Talenten, die zu schnell in der Formel 1 verheizt wurden, beweisen die Richtigkeit dieser Vorgehensweise. Dennoch führt der Weg des jungen Argentiniers nur in eine Richtung: in die Formel 1.

Bitte lesen Sie auch Seite 80 „Reservebank"

Motorsportkarriere

1987-91 Kart, Argentinischer Meister 1991
1992 Arg. Formel Renault
1993 Formel Ford, Schweizer Meister, FFord-EM, 3. Platz
1994 Deutsche Formel 3, 3 Siege, 3. Platz
1995 Formel 3, Deutscher Meister, 10 Siege, Sieg beim Marlboro-Masters in Zandvoort

Mit großen Hoffnungen geht Sauber mit Topfahrer Frentzen in die vierte Saison. Doch nach drei GP sind WM-Punkte Fehlanzeige

AUTOFAHREN IST FÜR UNS RICHTIG HARTE ARBEIT.

DAMIT ES FÜR SIE EIN VERGNÜGEN IST.

Unser Einsatz im Motorsport bringt nicht nur eingefleischte Fans auf Touren, sondern begeistert auch jeden Ford-Fahrer. Denn die Erfahrungen, die wir in Extremsituationen machen, fließen früher oder später in unsere Produktion ein: heute Motorsporttechnologie, morgen serienmäßig auf der Straße. Deshalb wird sich Ford auch zukünftig den Härtetests im Motorsport stellen. Denn nur wer Spitzentechnologie fördert und das Know-how der Profis nutzt, kann bessere Autos entwickeln, die noch sicherer sind.

FORD. DIE TUN WAS. Ford

FA17

Motor:	Hart 830
Zylinderzahl/-Winkel:	V8/72°
Motorelektronik:	TAG Electronics
Getriebe:	längsgestellt, 6 Gänge
Länge:	Arrows machte hierzu leider keine Angaben
Breite:	
Höhe:	
Radstand:	2.942,5 mm
Spur (v/h):	1.588 mm/1.600 mm
Dämpfungssystem:	Arrows/Penske
Bremsen:	AP Racing
Benzin:	keine Angaben

Arrows Grand Prix International
39 Barton Road
Water Eaton Industrial Estate
Bletchley
Milton Keynes, Bucks
Buckinghamshire MK2 3HW
England
Tel. 0044-1908-270047
Fax 0044-1908-274123

Sponsoren
Philips (HiFi)
ICL (Computer-Technologie)
Quest (Lebensmittel)

Etat
ca. 20 Millionen Dollar

Arrows-Hart

16 Ricardo Rosset

17 Jos Verstappen

Ricardo Rosset

Geburtstag, Geburtsort:	27.7.1968 in São Paulo (BRA)
Nationalität, Wohnort:	Brasilianer; São Paulo/Cambridge (GB)
Größe und Gewicht:	1,74 m; 63 kg
Familienstand:	ledig
Freizeitsport:	Triathlon
Erstes Kart:	1989
Erster Rennwagen:	Formel Ford 1600
Erster Erfolg:	3 Siege in der bras. Formel Ford 1600
Einkommen 96:	Muß Geld mitbringen

Weg in die Formel 1

1989-90 Brasilianische Kart-Meisterschaft
1991 Brasilianische Formel Ford 1600, 3 Siege, 5. Platz; bras. FF2000, 10. Platz
1992 Formel Opel Lotus Euroserie mit PTM, 15. Platz
1993 Britische Formel 3 mit Alan Docking Racing, 6. Platz
1994 Britische Formel 3 mit Team AJS, 1 Sieg
1995 Formel 3000 mit Super Nova, 2 Siege, 2. Platz

WELCOME TO THE CLUB

Jos Verstappen

Geburtstag, Geburtsort:	4.3.1972 in Montfort (NL)
Nationalität, Wohnort:	Holländer; Montfort (NL)
Größe und Gewicht:	1,75 m; 73 kg
Familienstand:	Ledig
Erlernter Beruf:	Mechaniker
Hobbies:	Sport allgemein
Freizeitsport:	Squash, Jogging, Mountain-Bike
Erstes Kart:	1980
Erster Rennwagen:	Formel Opel Lotus
Erster Erfolg:	Niederländischer Kart-Meister 1983
Schönstes Erlebnis:	„Sieg beim F3-Masters in Zandvoort 83"
Einkommen 96:	Muß Geld mitbringen

Weg in die Formel 1

1980-91 Kart-Rennen
1983-84 Niederl. Meister
1986 Benelux-Meister
1989 Europameister
1991 Belgischer Meister
1992 Formel Opel Lotus, 2 Siege, Benelux-Meister
1993 Deutscher Formel-3-Meister, 8 Siege, Sieg beim F3-Masters in Zandvoort

Formel-1-Chronik

1994 Benetton-Ford, 10 Rennen, 10 Punkte, 10. Platz
1995 Simtek-Ford, 5 Rennen

Formel-1-Bilanz
15 Starts • 10 WM-Punkte

Neben Rubens Barrichello und Pedro Diniz ist Ricardo Rosset der dritte Brasilianer, der in dieser Saison in der Formel 1 antritt. Rosset, mit 27 Jahren immerhin vier Jahre älter als Formel-1-„Routinier" Barrichello, ist amtierender Vizemeister der europäischen Formel 3000. Sein Einstieg dort war sensationell: Sein Premiererennen in Silverstone konnte er auf Anhieb gewinnen.

Trotzdem wird er sich in der Formel 1 erst einmal schwer tun. Denn wer aus der Formel 3000 kommt, kämpft immer mit denselben Problemen: Sie stammen aus „kleinen" Verhältnissen. Die Teams sind familiär und überschaubar, und der Fahrer ist es gewohnt, mit zehn Leuten zusammenzuarbeiten. Da kann die Umstellung auf ein Formel-1-Team mit über hundert Mitarbeitern einen jungen Fahrer schnell überfordern. Zumal in der Formel 1 nicht nur der Racer, sondern ebenso der Entwickler gefragt ist. Genau das wird einem in der unterfinanzierten europäischen F3000 aber kaum beigebracht.

Jetzt kommt Rosset in ein Team, in dem er wieder kaum testen kann. So muß er die Rennen als Schule nehmen. F1-Anfänger Jacques Villeneuve konnte vor seinem ersten Grand Prix rund 9000 Test-Kilomter abspulen. Wenn in Rossets Karriere alles klappt, wird er auch mal auf diese Kilometerleistung kommen – so ungefähr Mitte des Jahres 1998.

Jos' Aufstieg war kometenhaft. Ein Jahr Opel Lotus, ein Jahr Formel 3 – und dann schon Formel 1, noch dazu für ein Spitzenteam wie Benetton. Das ist normalerweise Selbstmord. Egal, wie begabt ein Fahrer ist, aber nach so einer kurzen Phase der Bewährung in die höchste Klasse des internationalen Motorsports zu wechseln, kann nicht funktionieren.

Und ganz so blauäugig waren Jos und sein Manager ja auch nicht. Sie hatten Ende 93 zwar einen Fünf-Jahres-Vertrag bei Benetton unterschrieben, allerdings war Verstappen zumindest für die erste Zeit ausschließlich als Testfahrer vorgesehen. In dieser Funktion sollte er alles Nötige lernen.

Doch dann kam alles ganz anders. Benetton-Stammpilot JJ Lehto hatte vor Saisonbeginn einen schweren Unfall. Flavio Briatore schubste Verstappen ins kalte Wasser und der paddelte so gut es ging drauf los.

Er holte immerhin zehn Punkte und sogar zwei Treppchen war drin. Aber jeden einzelnen dieser Punkte hat Verstappen mit der bitteren Erkenntnis bezahlen müssen, daß ein Schumacher Kreise um ihn fährt. Bevor er sich zum Spitzenfahrer entwickeln konnte, wurde er von einem solchen demontiert und auf Null gebracht. So verheizt man Talente. Hoffentlich gelingt dem netten Holländer nach dem Simtek-Intermezzo bei Arrows ein zweiter Karriere-Anlauf.

Teamchef

Jackie Oliver

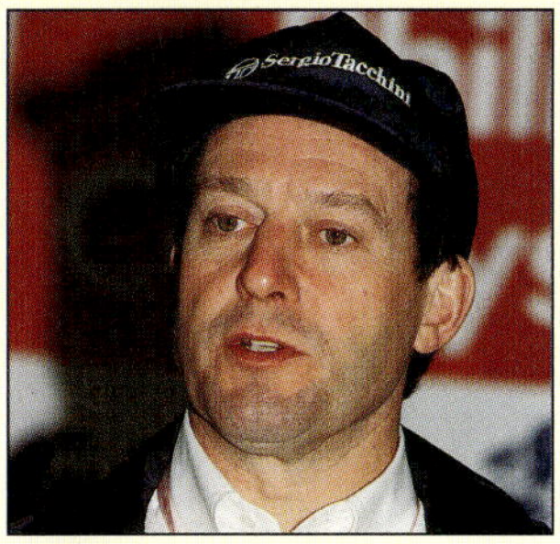

Techn. Direktor

Alan Jenkins

Konstrukteur Alan Jenkins hat einmal mehr seinen Ruf gerechtfertigt. Es heißt, keiner könne aus wenig Geld ein besseres Chassis zaubern als er. In der Tat hat er wieder ein handliches Auto auf die Gummiwalzen gestellt. Umso schlimmer, daß Jenkins dem Team nur die ersten Rennen zur Verfügung steht und dann eiligst Richtung Jackie Stewart wechselt.

Zumal er die Saison über bei Arrows eh nicht viel zu tun hätte. Es fehlt das Geld für Tests und Entwicklung. Da muß es reichen, daß die beiden Arrows vor jedem Grand Prix sorgfältig abgestaubt werden. Mit dieser Arbeitsweise erinnert Arrows an F1-Zeiten, die schon lange vorbei sind.

Seit 1978 ist Arrows nun in der Formel 1 vertreten, und nicht ein einziger Sieg wurde in dieser langen Zeit eingefahren. Das kann nicht nur am Geld gelegen haben. Arrows, die eine Zeitlang auch Footwork hießen, hatte nämlich neben mageren auch ausgesprochen fette Jahre. So operierte die Truppe 1993 mit einem Etat von rund 23 Millionen Pfund. Die Ausbeute war erschreckend: vier Punkte. Fünf weniger als im Folgejahr, als Improvisationskünstler Oliver mit einem Viertel des 93er Etats auskommen mußte.

Ob nun sonnige oder karge Zeiten angesagt sind, grundsätzlich verfährt Arrows-Eigner Jackie Oliver nach einer alten Seemannsregel: Immer eine Handbreit Wasser unterm Kiel! Auf Formel-1-Verhältnisse bezogen, heißt das: Gib immer eine Million weniger aus, als du von den Sponsoren eingenommen hast. Das hält die goldene Rolex am Ticken und den Privatflieger in der Luft. Und das ist doch wichtiger als irgendwelche Formel-1-Siege für die Statistik...

Chancen 1996

Da die Arrows aufgrund ihrer Erfahrung zuverlässig sind, der FA 16 ein gelungener Wurf und Jos Verstappen ein fixer Junge ist, wird der feine sechste Platz von Argentinien durchaus wiederholbar sein. Daß sich Tom Walkinshaw jetzt bei Arrows eingekauft hat und Jakkie Oliver als Teameigner ablösen wird, kann für den englischen Rennstall nur Gutes bedeuten.

vereinzelt Punkte möglich

Teambilanz

(Von 1991-1993: Footwork)

Gefahrene GPs: 272
Pole-Positions: 1
GP-Siege: 0
Gesamt-Punkte: 140

Jahr	Motor	Platz	Punkte
1978	Ford	9	11
1979	Ford	9	5
1980	Ford	7	11
1981	Ford	8	10
1982	Ford	10	5
1983	Ford	10	4
1984	Ford/BMW	9	6
1985	BMW	8	14
1986	BMW	10	1
1987	Megatron	6	11
1988	Megatron	4	23
1989	Ford	7	13
1990	Ford	9	2
1991	Porsche/Ford	-	-
1992	Mugen	7	6
1993	Mugen	9	4
1994	Ford	9	9
1995	Hart	8	5

18 Ukyo Katayama

19 Mika Salo

Tyrrell Racing Organisation
Long Reach
Ockham
Woking
Surrey GU23 6PE
England
Tel. 0044-1483-284955
Fax 0044-1483-284892
E-mail: 101534.2450@Compuserve.Com

Sponsoren
Mild Seven (Zigaretten)
Korean Air (Fluggesellschaft)
Fondmetal (Felgen)
Koni (Stoßdämpfer)

Etat
ca. 20 Millionen Dollar
Motoren kostenlos

024

Motor:	Yamaha OX11A
Zylinderzahl/-Winkel:	V10/72°
Motorelektronik:	Zytec
Getriebe:	längsgestellt, 6 Gänge
Länge:	4.430 mm
Breite:	2.000 mm
Höhe:	950 mm
Radstand:	2.940 mm
Spur (v/h):	1.700 mm/1.610 mm
Dämpfungssystem:	Koni
Bremsen:	AP Racing
Benzin:	elf

Ukyo Katayama

Geburtstag, Geburtsort:	29.5.1963 in Tokio
Nationalität, Wohnort:	Japaner; Monte Carlo
Größe und Gewicht:	1,65 m; 59 kg
Familienstand:	Verheiratet mit Rumiko
Kinder:	Sohn Ryui, Tochter Lisa
Hobbies:	Autofahren, Bergsteigen
Freizeitsport:	Golf, Fitneßtraining
Erster Rennwagen:	Formel Japan 1600
Erster Erfolg:	Sieg im ersten Rennen der FJ 1600
Schönstes Erlebnis:	„Monza 94, als ich mit den Williams und Ferraris kämpfen konnte."
Eink. 96 (geschätzt):	ca. 500.000 Dollar

Weg in die Formel 1

1983-84 Formel Japan 1600 (ähnlich der Formel Ford), Meister 1984
1985 Formel 3 Japan, 6. Platz
1986 Franz. Formel 3 und Formel Renault
1987 Franz. Formel 3
1988 F3000 Japan, 11. Platz
1989 F3000 Japan, 5 Rennen, F3000-EM/Footwork
1990 F3000 Japan, 5. Platz
1991 F3000 Japan, Meister

Formel-1-Chronik

1992 Venturi-Larrousse-Lamborghini
1993 Tyrrell-Yamaha
1994 Tyrrell-Yamaha, 5 Punkte, 17. Platz
1995 Tyrrell-Yamaha

Formel-1-Bilanz
62 Starts • 5 WM-Punkte

Mika Juhani Salo

Geburtstag, Geburtsort:	30.11.1966 in Helsinki/Finnland
Nationalität, Wohnort:	Finne; London
Größe und Gewicht:	1,76 m; 67 kg
Familienstand:	Ledig, Freundin Noriko
Hobbies:	Snowmobilfahren
Freizeitsport:	Snowboardfahren, Squash
Erstes Kart:	Mit 6 Jahren
Erster Rennwagen:	Formel Ford 1600
Erster Erfolg:	Finnischer Kart-Meister 1978
Eink. 96 (geschätzt):	ca. 500.000 Dollar

Weg in die Formel 1

1987 Formel Ford 1600, 2. Platz finnische und skandinavische Meisterschaft
1989 Brit. Formel-3-Meisterschaft
1990 Brit. Formel-3-Meisterschaft, 2. Platz
1991-94 Japan. Formel-3000-Meisterschaft

Formel-1-Chronik

1994 Lotus-Mugen-Honda, 2 GP (Japan und Australien)
1995 Tyrrell-Yamaha, 5 Punkte, 14. Platz

Formel-1-Bilanz
19 Starts • 5 WM-Punkte

Ganz so schlecht kann er nicht sein, sonst hätte Katayama nicht 1991 die hart umkämpfte japanische F3000-Meisterschaft gewinnen können. Aber so gut, wie man sein müßte, um jetzt schon im fünften Jahr in der Königsklasse antreten zu dürfen, ist Ukyo auch nicht.

Katayamas Spitzname ist bekannt: Walzerkönig. Seine Pirouetten gelten als die schönsten. Daß er dabei einen guten Teil der Sponsoren-Millionen von Mild Seven und Yamaha direkt wieder selbst aufarbeitet, ist ja wohl sein gutes Recht.

1994 sah es so aus, als könnte sich Katayama steigern. Eine ganze Saison lang gelang es ihm, Mark Blundell im Griff zu halten. Das war mehr, als die meisten erwartet hatten. Dann kam Salo ins Team und Ukyo war wieder klar der Zweite. Entsprechend lange dauerte es, bis er von Tyrrell für 1996 aufgestellt wurde. Nun hat er noch einmal eine Chance zu zeigen, was er wirklich kann.

Ach, beinahe hätten wir doch Ukyos Lieblingswitz vergessen, den er vor geraumer Zeit – trotzdem unvergeßlich – anläßlich einer Pressekonferenz vorgetragen hatte: Schlange trifft Elefant. Elefant fragt: „Weißt Du wer ich bin?" Schlange: „Klar, du bist Elefant." „Richtig", brummt Elefant. „Aber", sagt Schlange, „weißt du, wer ICH bin?" „Hmmm", grübelt Elefant, „keine Haare, keine Ohren – du mußt Niki Lauda sein..."

Eigentlich muß man der japanischen Formel 3000 dankbar sein. Wo wäre die Formel 1, wenn die japanische Serie nicht ein Auffangbecken für zwischenzeitlich gescheiterte Fahrer aus Europa wäre.

Für Michael Schumacher gibt es nur vier Fahrer, vor deren Speed er Respekt hat: Mika Häkkinen, Eddie Irvine, Heinz-Harald Frentzen und Mika Salo. Bis auf Häkkinen kamen alle über den Umweg Japan in die Königsklasse.

Salos Karriereaufbau ist eine klassische Entwicklung für den japanischen By-Pass. Zuerst war Salo zu Hause und im benachbarten Ausland ein Jung-Star, der in allen Klassen reüssierte. Doch dann traf er in der englischen Formel 3 auf Häkkinen, und nach einem gleichwertigen Kampf konnte nur einer gewinnen. Als Salo dann wegen Trunkenheit am Steuer bei den Sponsoren in Ungnade fiel, schien die Karriere besiegelt. Dem sympathischen Finnen blieb nur Japan übrig.

Nicht ein Rennen konnte er dort in vier Jahren gewinnen. Nur die wenigsten kannten den Hintergrund. Mika fuhr für ein Team, das wegen seines Reifenlieferanten nie und nimmer siegen konnte. Dafür zahlte der Reifenhersteller ein fürstliches Schmerzensgeld. Doch auf die Dauer ist Geld nicht alles. Genau wie die Japan-Kumpel Irvine und Frentzen schaffte Salo doch noch den Absprung. Zum Glück für die Formel 1.

Teamchef

Ken Tyrrell

Techn. Direktor

Harvey Postlethwaite

Firmengründer Ken Tyrrell sieht exakt so aus, wie und was er ist: Knorriges, verwittertes Formel-1-Urgestein. Das schon im Geschäft war, als sich ein Ron Dennis noch als Mechaniker ölige Figer holte.

Lang ist es her, daß Tyrrell Chef eines Teams war, das es zu schlagen galt. Zusammen mit Jackie Stewart fuhr man alles in Grund und Boden und erkämpfte in drei Jahren zwei WM-Titel. Der alte Ken ist ein Fossil und feinster Formel-1-Adel. Einer der Gründungsväter der FOCA und treuer Weggefährte des Machtkartells unter Bernie Ecclestones Hoheit. Nur so ist zu verstehen, daß es für Tyrrell immer wieder Jahre gibt, in denen er trotz dünnster Sponsorenlage überlebt. Ecclestone erläßt mal die eine oder andere Million für die enormen FOCA-Frachtkosten.

Tyrrells letzter Sieg datiert 1983 mit Michele Alboreto. Der Italiener gehört wie Alesi, Bellof, Brundle, Depailler, Pironi zu der Gruppe von Fahrern, die ihre F1-Debuts bei Tyrrell hatten und den Teamchef als Talent-Scout berühmt machten. Aber auf jeden Rohdiamanten läßt sich aus der Reihe der Tyrrell-Piloten garantiert auch ein Blindgänger nennen. Der heißt 1996 Ukyo Katayama. Aber was tut man nicht alles, um von einem großen Werk kostenlos Motoren zu bekommen.

Chancen 1996

Das Chassis von Tyrrell-Miteigner Dr. Harvey Postlethwaite ist gelungen, die ultraleichte Yamaha-V10-Neukonstruktion ebenso. Prompt duellierte sich Mika Salo zu Saisonbeginn mit Piloten von McLaren, Ferrari und Benetton. Doch während die Konkurrenz auf diesem Level beginnend im Laufe des Jahres immer stärker wird, hat Tyrrell schon seinen Saison-Zenit erreicht. Ein zu kleines Budget verhindert ausreichend Test- und Entwicklungsarbeit, und deswegen wird Tyrrell von Rennen zu Rennen nach hinten gereicht werden.

vereinzelt WM-Punkte möglich

Teambilanz

Gefahrene GPs: 369
Pole-Positions: 14
GP-Siege: 23
Gesamt-Punkte: 610
Titel: **1971, 73 (Stewart)**
Konstrukteurs-WM: **1971**

Jahr	Motor	Platz	Punkte
1970	Ford	-	-
1971	Ford	1	73
1972	Ford	2	51
1973	Ford	2	82
1974	Ford	3	52
1975	Ford	5	25
1976	Ford	3	71
1977	Ford	5	27
1978	Ford	4	38
1979	Ford	5	28
1980	Ford	6	12
1981	Ford	8	10
1982	Ford	7	25
1983	Ford	7	12
1984	Ford	-	-
1985	Ford/Renault	9	7
1986	Ford	7	11
1987	Ford	6	11
1988	Ford	8	5
1989	Ford	5	16
1990	Ford	5	16
1991	Honda	6	12
1992	Ilmor	6	8
1993	Yamaha	-	-
1994	Yamaha	6	13
1995	Yamaha	8	5

Minardi-Ford

20 Pedro Lamy

Bis Redaktionsschluß Mitte April hatte Minardi-Neuverpflichtung Taki Inoue noch nicht alle Sponsorengelder zusammen. In Australien wurde er durch Giancarlo Fisichella ersetzt, in Brasilien und Argentinien durch Tarso Marques. Ob Inoue 1996 überhaupt fährt, ist unklar.

21 Giancarlo Fisichella

Minardi Team S.p.A.
Via Spallanzani, 21 (z.i.)
48018 Faenza (RA)
Italien
Tel. 0039-546-620480
Fax 0039-546-620998
Internet: http://www.datasail.it/minardi/
E Mail: team@minardi.it

Sponsoren
Clearly Canadian (Mineralwasser)
Bossini (Sanitär-Zubehör)
Valleverde (Schuhe)

Etat
ca. 12 Millionen Dollar

M 195/B

Motor:	Ford ED2 V8
Zylinderzahl/-Winkel:	V8/75°
Motorelektronik:	Magneti Marelli
Getriebe:	transversal, 6 Gänge
Länge:	4.350 mm
Breite:	1.980 mm
Höhe:	995 mm
Radstand:	2.853,5 mm
Spur (v/h):	1.686,7 mm/1.620,7 mm
Dämpfungssystem:	Penske
Bremsen:	Brembo
Benzin:	keine Angaben

Pedro Lamy

Geburtstag, Geburtsort: 20.03.1972 in Aldeia Galega/Portugal
Nationalität, Wohnort: Portugiese; Lissabon
Größe und Gewicht: 1,71 m; 63 kg
Familienstand: Ledig
Erlernter Beruf: Kfz-Mechaniker
Hobbies: Kart-Fahren, Kino, Jet-Ski
Freizeitsport: Jogging, Kartfahren, Gymnastik
Erstes Kart: Mit 12 Jahren
Erster Rennwagen: Formel Ford 1600
Erster Erfolg: Portugiesischer Meister im Motocross für Kinder
Schönstes Erlebnis: „Mein erster WM-Punkt in der F1!"
Einkommen 96: Muß Geld mitbringen

Weg in die Formel 1

1978-82 Motocross für Kinder
1985-87 Kart, jeweils 2. Platz
1988 Port. Kart-Meister
1989 Port. Formel Ford 1600, Meister
1990-91 Formel Opel Lotus, 1990 10. Platz, 1991 Meister
1992 Formel-3-DM, Meister, Sieger beim F3-Masters in Zandvoort, 2. Platz in Macao
1993 Formel 3000 mit Crypton, 1 Sieg, 2. Platz

Formel-1-Chronik

1993 Lotus-Ford, 4 Rennen
1994 Lotus-Mugen-Honda, 4 Rennen
1995 Minardi ab GP Ungarn, 1 Punkt, 17. Platz

Formel-1-Bilanz
16 Starts • 1 WM-Punkt

21 Giancarlo Fisichella

Geboren am 14.1.1973 in Rom/Italien
Wohnort: Monaco
Größe, Gewicht: 1,69 m, 58 kg
Familienstand: Ledig
Hobby: Fischen
Freizeitsport: Skifahren, Tennis, Fußball
Eink. 96: Muß Geld mitbringen

Sein Formel-1-Debut kam schneller als erwartet. Inoues Goldesel zierten sich mit der Ausstellung der Schecks, und schon saß Fisichella im Minardi. Nach einem vielversprechenden Test im Winter bei Ferrari landete der ITC-Pilot – er startet 1996 für Alfa – als Testfahrer beim an chronischem Geldmangel leidenden Minardi-Team. Ob er in dieser Saison zu weiteren F1-Einsätzen kommt, liegt vor allem an Inoues Sponsoren.

Weg in die Formel 1

1984-91 Kart
1991 Formel Alfa Boxer
1992-93 Ital. F3, 8. u. 2. Platz
1994 Ital. F3-Meister, Sieg beim F3-GP in Monaco
1995 DTM/ITC auf Alfa Romeo

Welcome to the Club

21 Tarso Marques

Geboren am 19.1.1976 in Curitiba/Brasilien
Wohnort: Curitiba
Größe, Gewicht: 1,75 m, 64 kg
Familienstand: Ledig
Hobby: Musik hören
Freizeitsport: Wasserski, Motorsport
Eink. 96: Muß Geld mitbringen

Mit Platz fünf landete der Brasilianer in der F3000-EM nicht gerade auf einem Empfehlungsplatz für die Königsklasse. Immerhin gewann Tarso Marques 1995 ein Rennen. Daß er dennoch für mindestens zwei GP das Cockpit von Taki Inoue übernimmt, liegt an der Spendierfreudigkeit seiner südamerikanischen Geldgeber. Dank dieser Mittel fährt mit Marques der vierte Brasilianer in der 96er Formel 1.

Weg in die Formel 1

1988-91 Kart
1992 Brasil. Formel Opel
1993 Brasil. und südamerik. Formel-3-Meisterschaft
1994 Formel 3000
1995 Formel 3000, 1 Sieg

Welcome to the Club

Pedro Lamy hat mit Jos Verstappen eine ganze Menge gemein. Beide gewannen die deutsche F3-Meisterschaft im Team von Willi Weber, beide sind im März 24 geworden, beide starten trotz ihre Jugend in dieser Saison bereits ihren zweiten Versuch in der Formel 1. Hartes Holz wächst langsam und beide sind viel zu schnell in die Königsklasse geschubst worden.

Doch jetzt trennen sich die Erfahrungswelten. Während die Psyche des Holländers an der Seite von Schumacher ein paar Schrammen erlitt, hätte Lamy den überstürzten Einstieg in die F1 beinahe mit seinem Leben bezahlt. Der Unfall, den er 1994 bei Tests in Silverstone hatte, gehörte zu den ganz schlimmen des GP-Sports. Zwei zertrümmerte Knie, ein gebrochenes Kahnbein und ein durchtrennter Nerv des rechten Mittelfingers lesen sich auch heute noch schlimm.

Das Jahr 1994 war für Lamy gelaufen. Und selbst zu Beginn von 1995 gab es für den beliebten Portugiesen keine Chance. Doch zum Ungarn-GP suchte Minardi jemanden, der mehr Geld hatte als Stammfahrer Martini.

Lamy gehört zu den wenigen, bei denen man sich freut, daß in der Formel 1 so viel mit Geld zu machen ist. Denn eines ist sicher: Wenn man Lamy genug Zeit läßt, um sich seriös einzuarbeiten, kann aus ihm, genau wie aus Verstappen, noch ein richtig Guter werden.

21 Takachiho Inoue

95er Helm

Geboren am 5.9.1963
in Kobe/Japan
Wohnort: Monaco
Größe, Gewicht: 1,75 m, 67 kg
Familienstand: Ledig
Hobby: Golf
Freizeitsport: Skifahren
Eink. 96: Muß Geld mitbringen

Taki Inoue gehört, was seine Fahrleistungen angeht, definitiv nicht in die Formel 1. Daß er trotzdem in ein Cockpit steigen darf, liegt an seinem schwerreichen Vater sowie japanischen Sponsoren. Die kniffen aber zu Beginn der Saison, weshalb nebenstehende Piloten zum Einsatz kamen. Vermißt hat den Japaner niemand. Höchstens Signore Minardi, und der will nur Inoues Geld.

Weg in die Formel 1

1985-86 **Fuji Freshman Series**
1987-88 **Brit. Formel Ford 1600**
1990-93 **Japanische Formel 3**
1994 **Japanische Formel 3000**

Formel-1-Chronik

1994 **Simtek-Ford, 1 Rennen**
1995 **Arrows-Hart**

Formel-1-Bilanz: 18 Starts • 0 WM-Punkte

Teamchef

Giancarlo Minardi

Techn. Direktor

Gabriele Tredozi

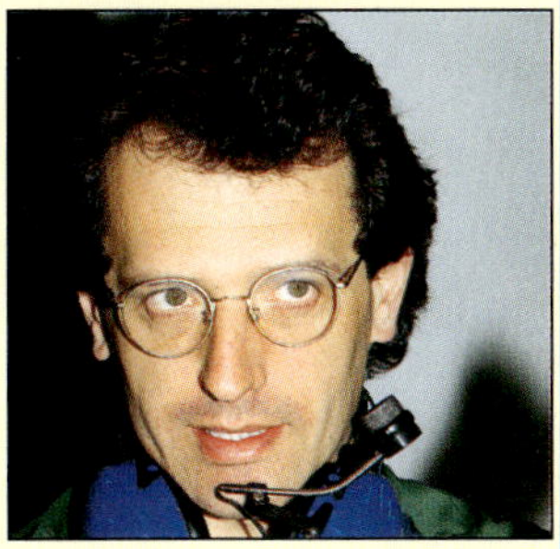

Minardi hat das kleinste Budget der Formel 1. Ihre 12 Millionen Dollar dürfen bei Ferrari die Reinmachefrauen vertelefonieren. Seit 1985 ist die freundliche Truppe Teil der Königsklasse. Und seit 1985 ist sie in der klassischen Position eines Hundert-Meter-Sprinters, der beim Start neidisch auf die Spike-Schuhe der Konkurrenz schaut, genau wissend, daß er barfuß rennen muß. Dabei ist Minardi gar nicht barfuß – Minardi ist nackt am Start!

Beispiel Motor: Kein Team hat einen schlechteren. Selbst Forti ist da mit Schumachers ehemaligem WM-Motor besser dran. Minardi muß mit dem Ford V8 ED-Kundenmotor auskommen, dem mit Abstand schwächsten Triebwerk der Formel 1. Dafür müssen noch – so ist das bei Kundenmotoren – rund sechs Millionen Dollar im Jahr hingelegt werden.

Auf der Chassis-Seite sieht es nicht viel besser aus. Der diesjährige Minardi nennt sich zwar optimistisch Minardi 196 – 1 steht für die Formel, 96 für das Baujahr – aber in Wirklichkeit ist es ein Auto aus dem Vorjahr, das mit vielen Klimmzügen auf den neuesten Sicherheitsstand gebracht wurde. Für eine Neukonstruktion fehlte das Geld. Und vielleicht auch der Konstrukteur. Der Mann, der bislang bei Minardi diese Planstelle besetzte, Aldo Costa, arbeitet neuerdings bei Ferrari. Das ist innerhalb von drei Jahren das zweitemal, daß der Gigant aus Maranello ganz schamlos dem Zwerg aus Faenza den Konstrukteur klaut.

Einziger Lichtblick für die Überlebenskünstler dürfte der Portugiese Pedro Lamy sein. Damit aber auch auf diesem Sektor die Bäume nicht in den Himmel schießen, wird als zweiter Fahrer Taki Inoue genannt. Der stellt – wenn er denn wirklich kommt – mit seiner Mitgift rund die Hälfte des Gesamt-Etats, und so gesehen ist der Japaner unheimlich gut.

Chancen 1996

In der vergangenen Saison schaffte Minardi-Pilot Pedro Lamy im letzten Rennen den einzigen Punkt des Jahres. Wenn Minardi genau so viel Glück hat wie in Adelaide, könnte man 1996 erneut auf diesen Punktestand kommen. Ansonsten wird es einsam für die Italiener: Sie werden deutlich vor Forti einherfahren, ohne Chancen, von hinten an Arrows oder gar Tyrrell heranzureichen. Wenn Minardi als Team überlebt, wird das in diesem Jahr der größte Sieg sein.

kaum konkurrenzfähig

Teambilanz

Gefahrene GP:	172
Pole-positions:	0
GP-Siege:	0
Gesamt-Punkte:	27

Jahr	Motor	Platz	Punkte
1985	Ford/Motori	-	-
1986	Motori	-	-
1987	Motori	-	-
1988	Ford	10	1
1989	Ford	10	6
1990	Ford	-	-
1991	Ferrari	7	6
1992	Lamborghini	11	1
1993	Ford	8	7
1994	Ford	10	5
1995	Ford	10	1

01731
REPLAY
REPLAY
RICH
23
CREDICARD
Advantage

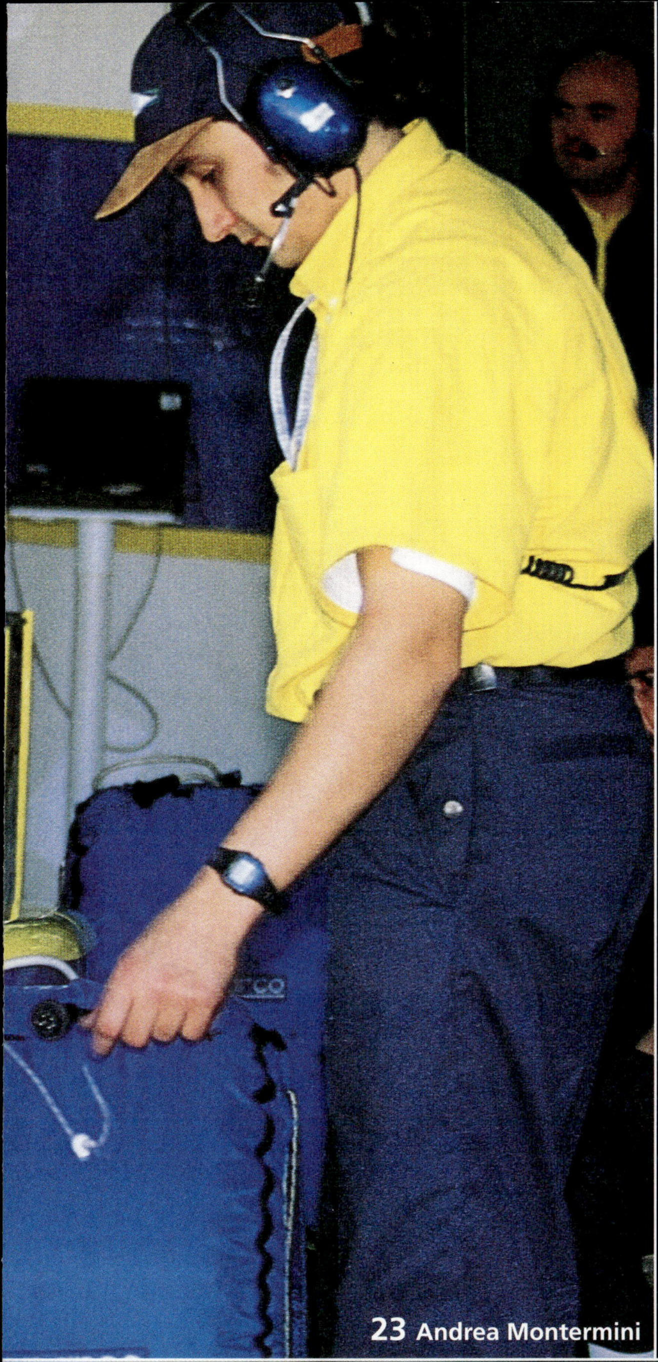

23 Andrea Montermini

Forti-Ford

FG01B

Motor:	Ford Zetec-R V8
Zylinderzahl/-Winkel:	V8/75°
Motorelektronik:	
Getriebe:	
Länge:	
Breite:	
Höhe:	
Radstand:	
Spur (v/h):	
Dämpfungssystem:	
Bremsen:	
Benzin:	

Forti begann die Saison mit einem modifizierten Vorjahresauto. Das neue Chassis soll ab dem Europa-GP zum Einsatz kommen. Leider machte das Forti-Team bis Redaktionsschluß (Mitte April) keinerlei Angaben über das neue Auto.

Forti Corse S.r.L.
Via Einaudi, 33
15100 Alessandria
Italien
Tel. 0039-131-248220
Fax 0039-131-246891

Sponsoren
Replay (Bekleidung)
ITS (Keramik)

Etat
ca. 14 Millionen Dollar

22 Luca Badoer

Luca Badoer

Geburtstag, Geburtsort: 25.1.1971 in Montebelluna/Italien
Nationalität, Wohnort: Italiener; Monaco
Größe und Gewicht: 1,72 m; 58 kg
Familienstand: Ledig
Erlernter Beruf: Architektur-Studium
Hobbies: Autos, Flugzeuge, Boote
Freizeitsport: Golf, Tennis, Skifahren, Reiten
Erstes Kart: Mit 14 Jahren
Erster Rennwagen: Formel 3, Dallara Alfa 1989
Erster Erfolg: Formel-3-Sieg in Vallelunga 1990
Schönstes Erlebnis: „Der Gewinn der italienischen Kart-Meisterschaft 1988!"
Einkommen 96: Muß Geld mitbringen

Weg in die Formel 1

1985 Kart, 2 Siege
1986 Kart, Venedig-Meister
1987-88 Kart, Ital. Meister
1989-91 Ital. Formel 3, 1991 4. Platz
1992 Formel 3000, EM, 1. Platz

Formel-1-Chronik

1993 BMS
1994 Testfahrer für Minardi
1995 Minardi-Ford

Formel-1-Bilanz

31 Starts • 0 WM-Punkte

Andrea Montermini

Geburtstag, Geburtsort: 30.5.1964 in Sassuolo/Italien
Nationalität, Wohnort: Italiener; Monte Carlo
Größe und Gewicht: 1,68 m; 58,5 kg
Familienstand: Ledig
Erlernter Beruf: Keramik-Techniker
Hobbies: Modellautos
Freizeitsport: Golf, Tennis, Skifahren
Erstes Kart: Mit 24 Jahren
Erster Rennwagen: Formula Italia Alfa Boxer
Schönstes Erlebnis: „Der erste Ferrari-Formel-1-Test 1991."
Einkommen 96: Muß Geld mitbringen

Weg in die Formel 1

1986 Kart
1987 Italienische Formel Alfa Boxer, 3. Platz
1988 Italienische Formel 3
1989 Italienische Formel 3, 4. Platz
1990 Formel-3000-EM, 8. Platz
1991 Formel 3000 mit Ralt
1992 Formel 3000 mit Forti Corse u. Barone Rampante, 4 Siege, 2. Platz
1993 IndyCar, Sieger beim kanad. Formel-2-Weltcup
1994 IndyCar

Formel-1-Chronik

1991 Testfahrer für Ferrari
1993 Testfahrer für Benetton
1994 Simtek-Ford
1995 Pacific-Ford

Formel-1-Bilanz

17 Starts • 0 WM-Punkte

Luca Badoer, Olivier Panis, Williams-Testfahrer Jean-Christophe Boullion und Jean Alesi haben eines gemein: Alle sind ehemalige Formel-3000-Europameister. Aber Jean Alesi ist der einzige aus der langen Liste der F3000-Titelträger, der jemals einen – und auch wirklich nur einen – Grand Prix gewinnen konnte. Irgendetwas kann mit dieser Formel 3000 nicht stimmen.

Das gleiche gilt für Luca Badoer. Einige Fachleute bescheinigen ihm Talent und Risikobereitschaft und irgendetwas muß Badoer ja können, sonst wäre er nicht so weit gekommen. In erster Linie ist der Italiener jedoch auffallend unauffällig. Dabei würde sich Badoer mit seinem Werdegang in der Formel 1 ausgezeichnet als Gruppenleiter anonymer Masochisten eignen. 1993 stieg er mit BMS Scuderia Italia in die Königsklasse ein – ein Katastrophenjahr. Die Saison darauf landete er als Testpilot bei Minardi, was bei deren Testaufkommen ähnlich viel Sinn macht, wie der Job eines Bademeisters in der Sahelzone. 1995 durfte er dann bei Minardi wieder richtiger Rennfahrer sein, nur um in diesem Jahr bei Forti endgültig in den Formel-1-GAU zu schliddern. Aber irgendetwas muß allein die bloße Zugehörigkeit zur Formel 1 bedeuten, daß man über Jahre hinweg bereit ist, solche Stationen wegzustecken. Die Aussicht auf Erfolg kann es ja nun wahrlich nicht sein...

Montermini gehört zu der Gruppe von Piloten, deren Namen man ständig mit anderen verwechselt. Montermini, Morbidelli, Zanardi, Bernard, Lagorce, usw. Sie gehören zur Formel 1 und gehören doch nicht richtig dazu. Wenn sie es mal wieder geschafft haben, ein Cockpit zu ergattern, interessiert das kaum und wenn sie wieder aus der Formel 1 rausfliegen, noch weniger.

Natürlich ist das ungerecht und zumindest einigen dieser Piloten tut man schrecklich unrecht. Das gilt ganz bestimmt für Andrea Montermini, der von der Biographie her alles hat, was man für einen beachtenswerten Auftritt in der Formel 1 bräuchte.

Er absolvierte Kart und Formel 3 erfolgreich, glänzte in der Formel 3000 mit zahlreichen Poles, Siegen und einem Vizetitel und war für Ferrari und Benetton ein wertvoller Testfahrer. Gleichzeitig fuhr Montermini einige Male in der Indycar-Serie in die Punkteränge. All das müßte eigentlich für einen Vertrag in einem soliden Formel-1-Team reichen. Stattdessen schaffte der Italiener aus Sassuolo bei Modena mit Ach und Krach Verträge mit Simtek, Pacific und jetzt Forti.

Ungebrochen ist Andrea Monterminis großes Ziel immer noch, eines Tages „Formel-1-Weltmeister zu werden." Das Engagement bei Forti wird ihn auf diesem Weg keinen Schritt weiterbringen.

Teamchef

Guido Forti

Techn. Direktor

Giorgio Stirano

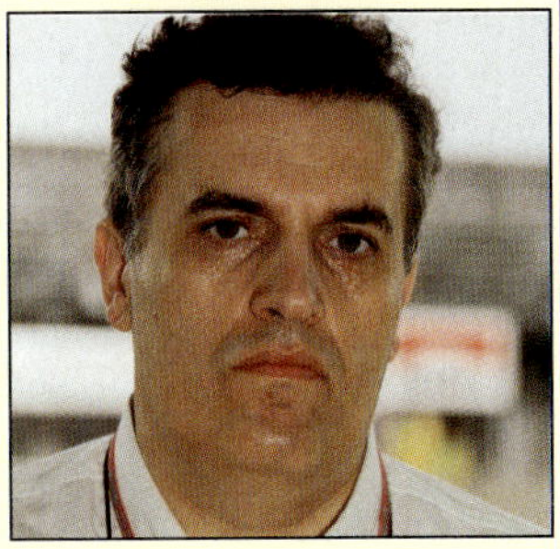

Da sitzt ein hochbezahlter Funktionär – nennen wir ihn Max M. vom Motorsport-Weltverband FIA – bei einem von der Spesenlage gut abgefederten Mittagessen und schießt zwischen Dessert und Digestif aus der Hüfte: „Forti besitzt weder die technischen noch die finanziellen Ressourcen für die Formel 1. Es ist zweifelhaft, ob sie an der WM 1996 teilnehmen." Und da Nachtreten besonders Spaß macht, wenn einer bereits am Boden liegt, befindet der Herr Präsident abschließend: „Der FIA reicht ein Feld von 20 Autos."

Eines muß man dem strammen Max lassen: Er hat einen Blick für Teams, die weder über technische noch finanzielle Mittel verfügen. Als jahrelanger Teilhaber von March dürfte ihm auf diesem Sektor auch nichts fremd sein.

Leider hat der FIA-Präsident recht: Im Premierejahr fing Forti schwach an und hat dann stark nachgelassen. Dieses Jahr setzt man noch einen drauf: Die ersten Rennen der Saison müssen mit 95er Autos in Angriff genommen werden. Erst zum Großen Preis von Europa gibt es ein neues Chassis. Wenn bis dahin die Finanzen reichen.

Völlig offen ist, wie die italienische Truppe, die bis einschließlich der Formel 3000 stets siegfähig war, ein Mindest-Budget aufstellen will. Vergangene Saison konnte das Team immerhin um die Mitgift-Millionen des damaligen Piloten Pedro Diniz herum aufgebaut werden. Jetzt fährt der Brasilianer bei Ligier und mit ihm die Millionen. „Richtige" Sponsoren werden sich kaum finden lassen. Dafür dürfte das Mittagessen von Max M. schon gesorgt haben. Klagt Teamchef Guido Forti zu recht: „Solche Bemerkungen bringen uns, was Verhandlungen mit potentiellen Sponsoren angeht, nur in Schwierigkeiten." Es werden dieses Jahr nicht die einzigen bleiben. Zumal Forti noch einen weiteren harten Schicksalsschlag zu beklagen hat: Cesare Fiorio – bei Ferrai wie bei Ligier ein völlig erfolgloser Rennleiter – wird als Berater des Forti-Teams arbeiten.

Chancen 1996

Wie heißt es doch so schön: Du hast keine Chance, also nutze sie. Wenn Forti die Saison zu Ende fährt, wäre das schon ein Erfolg. Doch selbst, wenn es mit weitem Abstand als letztes Team am Feldende dahinkrebst, wird es das ganze Jahr über – zumindest im Abschlußtraining – einen direkten Gegner geben: die 107-Prozent-Regel. Sollte diese neue Vorschrift, nach der die Zeit des Trainingsletzten die Pole-Zeit nicht um mehr als sieben Prozent überschreiten darf, tatsächlich knallhart angewendet werden – wie in Australien praktiziert – wird Forti nur an wenigen Rennen teilnehmen. So bekommt das antike olympische Motto „Dabei sein ist alles" eine ganz neue Bedeutung.

kaum konkurrenzfähig

Teambilanz

Gefahrene GPs: **17**

Jahr	Motor	Platz	Punkte
1995	Ford	-	-

Schöne Frauen gehören zu jedem Formel-1-Rennen. Sie rücken die Sponsoren ins rechte Licht – oder wollen nur gesehen werden

Entspannung im Schatten: Gerhard Berger, Jean Alesi und Flavio Briatore besprechen letzte Details vor dem GP von Argentinien

Eddie Jordan und sein Dreigestirn. Hauptsponsor B&H finanziert neben Barrichello und Brundle einen Testfahrer: Morbidelli (M.)

Siegerehrung in Buenos Aires: Hill freut sich über den Pokal, während alle auf die hübsche Tochter von Präsident Menem schielen

DIE DAMPFMACHER

Elf Teams fahren zehn verschiedene Motoren. Soviele wie schon seit Jahren nicht mehr. Ford schickt allein drei unterschiedliche Triebwerke ins Rennen. Auch 1996 wird Renault der Maßstab sein, an dem sich die anderen Hersteller messen müssen.

MERCEDES – NUR DER ERFOLG ZÄHLT

Motortyp:	FO110-Phase 3		
Zylinderzahl:	V10	Drehzahl/min:	ca. 16.000
Zylinderwinkel:	75°	Motorlänge:	590 mm
Ventile pro Zylinder:	4	Motorbreite:	500 mm
Hubraum:	3.000 ccm	Motorhöhe:	522 mm
Leistung:	ca. 700 PS	Gewicht:	120 kg

Kein anderer Motorenhersteller ging je mit so großen, offiziell erklärten Erwartungen in die Formel 1 wie die Untertürkheimer. In Melbourne startete „der gute Stern“ in seine vierte Grand-Prix-Saison – auf den ersten Sieg wartete man bisher vergeblich. Der angepeilte Titelgewinn liegt weit außerhalb der gegenwärtigen Reichweite. Wenn der Weltkonzern mit dem Perfektionsanspruch – der Bau der Motoren liegt in der Regie der britischen Firma Ilmor unter Leitung des schweizer PS-Genies Mario Illien – so weit hinter dem Erfolgsfahrplan zurückhängt, liegt das allerdings nicht am Motor. Weder Sauber (1993/94), noch McLaren (seit 1995) erfüllten oder erfüllen als Chassis-Partner die in sie gesetzten Erwartungen. Gelingt McLaren 1996 nicht endlich die Trendwende in Richtung Spitze, dann bläst die Chef-Etage in Stuttgart möglicherweise zum Rückzug aus der Formel 1, die Mercedes in den Jahren 1954 und 1955 (zwölf Starts, neun Siege) so souverän beherrscht hatte.

Team: McLaren

FORD ZETEC-R V10 – DIE MAGISCHE ZEHN

Motortyp:	Zetec-R V10		
Zylinderzahl:	V10	Drehzahl/min:	ca. 16.000
Zylinderwinkel:	72°	Motorlänge:	605 mm
Ventile pro Zylinder:	4	Motorbreite:	520 mm
Hubraum:	2.998 ccm	Motorhöhe:	460 mm
Leistung:	ca. 680 PS	Gewicht:	120 kg

Wie bei Ferrari wird mit dem Zehnzylinder absolutes Neuland betreten. Alle 174 Grand-Prix-Siege (absoluter Rekord) der Firma Ford wurden mit Achtzylindern erzielt. Aufgrund des Erfahrungsmangels muß mit einer längeren Phase diverser Anlaufschwierigkeiten gerechnet werden. Zwar verliefen die Wintertests vielversprechend, doch beim Saisonauftakt in Melbourne war der V10 dem achtzylindrigen Vorjahres-Aggregat weder in puncto Leistung noch in bezug auf die Fahrbarkeit überlegen. Ein komplettes Lehrjahr muß einkalkuliert werden, zumal sich die geplante Zusammenarbeit zwischen Cosworth (Lohnbetrieb, der für Entwicklung und Einsatz zuständig ist) und Ford schwieriger als erwartet gestaltet. Zudem wurden die vertraglich vereinbarten Entwicklungsstufen nicht exakt definiert. Vieles spricht dafür, daß der V10, der ab 1997 vom Einsteiger-Team Stewart Grand Prix eingesetzt wird, im laufenden Rennjahr bei Sauber in aller Ruhe auf den „Ernstfall“ vorbereitet wird.

Team: Sauber

FERRARI – GRAND OHNE ZWEI

Die italienische Firma ist einer der beiden Formel-1-Motoren-Hersteller, die sich für die Saison 1996 einen „Stilbruch" erlaubten. Erstmals setzt die für ihre V12-Motoren bekannte Scuderia einen Zehnzylinder ein. Motoren mit dieser Zylinderzahl wurden im Verlauf der Vergangenheit von Ferrari weder für Straßen- noch für Rennautos produziert. Gemessen an der Tradition des Hauses ist es das „verrückteste" Motoren-Projekt seit jenem legendären Zweizylinder der späten 50er Jahre, der allerdings nie zum Einsatz kam. Durch diesen Wechsel wird bewußt ein Nachteil in Kauf genommen: Die Drehzahl und damit die Leistung werden reduziert. Andererseits wird ein breiteres Nutzdrehzahlband angestrebt, das den Motor „fahrbarer" machen soll. Dank des ehemaligen Honda-Ingenieurs und V10-Spezialisten Osamu Goto sollen die üblichen Kinderkrankheiten eines komplett neuen Motors in relativ kurzer Zeit ausgeräumt werden.

Motortyp:	3000 Ferrari (046)
Zylinderzahl:	V10
Zylinderwinkel:	75°
Ventile pro Zylinder:	4
Hubraum:	2.998 ccm
Leistung:	ca. 690 PS
Drehzahl/min:	keine Werksangaben
Motorlänge:	
Motorbreite:	
Motorhöhe:	
Gewicht:	

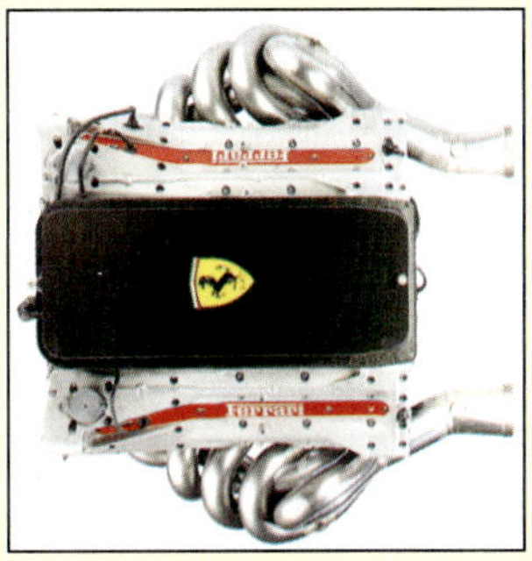

RENAULT – DAS MASS ALLER DINGE

Die Franzosen „erfanden" den Zehnzylinder – das gängige Konzept der Gegenwart – für die Formel 1. Der Staatskonzern bewies auch in mindestens zwei anderen Fällen seinen Mut zu Innovationen: 1977 trat man als erste Firma der Neuzeit mit Turbo-Motoren an, und 1989 kreierte Renault die, inzwischen von allen Konkurrenten übernommene, pneumatische Ventilfederung. Nach Porsche (1984-86) und Honda (1987-91) ist der Renault V10 der dominante Motor im Grand-Prix-Sport der Neunziger. Das ohnehin überlegene Aggregat wurde für die Saison 1996 nochmals komplett überarbeitet. Die einschneidenden Modifikationen machten sogar vor dem Verhältnis von Bohrung zu Hub nicht halt. Um neue Reserven für eine Steigerung der Drehzahl – bis Herbst sollen im Renneinsatz mehr als 17.000 U/min erreicht werden – zu schaffen, wurde der Hub zugunsten der Bohrung reduziert. Auch wenn die Verfolger näherrücken: Renault wird auch 1996 den Maßstab setzen.

Motortyp:	RS8
Zylinderzahl:	V10
Zylinderwinkel:	67°
Ventile pro Zylinder:	4
Hubraum:	3.000 ccm
Leistung:	über 700 PS
Drehzahl/min:	ca. 17.000
Motorlänge:	623 mm
Motorbreite:	540,6 mm
Motorhöhe:	420,2 mm
Gewicht:	ca. 132 kg

Teams:
Benetton
Williams

PEUGEOT – DER ZWEITE FRANZOSE

Motortyp:	A12EV5		
Zylinderzahl:	V10	Drehzahl/min:	keine Angaben
Zylinderwinkel:	72°	Motorlänge:	620 mm
Ventile pro Zylinder:	4	Motorbreite:	538 mm
Hubraum:	2.998 ccm	Motorhöhe:	408 mm
Leistung:	ca. 660 PS	Gewicht:	133 kg

Aufgrund des nationalen Wettstreits der große Widersacher von Renault. 1996, in der dritten Saison des F1-Engagements, will Peugeot den Durchbruch schaffen. Die ersten Jahre seit dem Einstieg 1994 verliefen unerwartet schwierig, weil bereits zum Ende der ersten Saison Chassis-Partner McLaren absprang. Erst jetzt – zu Beginn des zweiten Jahres mit Jordan – kommt Kontinuität in die Arbeit. Im laufenden Rennjahr steht ein Sieg im hausinternen Pflichtenheft. Eigene Anstrengungen und Bemühungen des Teams – dank eines Hauptsponsors endlich finanziell beweglich – sollen ihn möglich machen. Im Winter 1995/96 wurden auch eigene Fehler eingestanden. Die Firmenleitung verabschiedete sich ungewöhnlich kaltschnäuzig von Sportchef Jean-Pierre Jabouille. Man war mit den Manager-Qualitäten des Ex-Formel-1-Piloten (49 Starts, zwei Siege) nicht zufrieden. Neuer Chef der Rennabteilung ist Pierre-Michel Fauconnier.

Team: Jordan

YAMAHA – DAS FLIEGENGEWICHT

Motortyp:	OX11A		
Zylinderzahl:	V10	Drehzahl/min:	ca. 16.000
Zylinderwinkel:	72°	Motorlänge:	575 mm
Ventile pro Zylinder:	4	Motorbreite:	499 mm
Hubraum:	3.000 ccm	Motorhöhe:	373 mm
Leistung:	ca. 650 PS	Gewicht:	ca. 105 kg

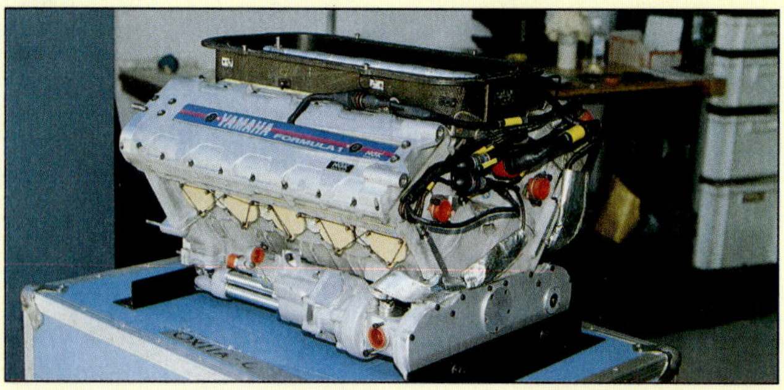

Endlich machen die Japaner ernst. 1989 stiegen sie in das Formel-1-Geschäft ein, scheiterten aber kläglich. Nach einjähriger Denkpause kehrten sie 1991 zurück und setzten bis zum Ende des Vorjahres Motoren ein, die auf einer ehemaligen Judd-Konstruktion basierten. Jetzt erst wagten sie eine komplette Neuentwicklung, die seit dem Vorjahr auf dem Prüfstand lief. Die längst überfällige „Modernisierung“ entpuppte sich als radikaler Sprung in die Zukunft: Der flammneue Yamaha ist das kleinste und wohl auch leichteste der aktuellen Formel-1-Triebwerke. Ein genauer Gewichtsvergleich ist nicht möglich, weil die verschiedenen Hersteller unterschiedliche Meßmethoden zugrunde legen – die Anzahl berücksichtigter Nebenaggregate variiert gewaltig… 1989 hatte ein Yamaha-Ingenieur diplomatisch versteckt die Jagd auf Honda angekündigt. Inzwischen existiert dieses Jagdziel nicht mehr, dank Renault gibt es keine attraktive japanische Alternative.

Team: Tyrrell

FORD ED V8 – DER ALTERSSCHWACHE

Motortyp:	ED2 V8		
Zylinderzahl:	V8	Drehzahl/min:	ca. 13.800
Zylinderwinkel:	75°	Motorlänge:	595 mm
Ventile pro Zylinder:	4	Motorbreite:	591 mm
Hubraum:	3.000 ccm	Motorhöhe:	521 mm
Leistung:	ca. 630 PS	Gewicht:	130 kg

Die letzte Stufe des klassischen Cosworth-Kunden-Motors von Ford. In seiner ursprünglichen Form erstmals 1967 während des Grand Prix von Holland in Zandvoort von den Lotus-Piloten Jim Clark und Graham Hill eingesetzt. Er ist inzwischen der schwächste aller Formel-1-Motoren, besitzt aber aufgrund seiner völlig ausgereiften Technik bei entsprechender Wartung eine nahezu hundertprozentige Zuverlässigkeit und damit einen großen Pluspunkt. Trotz der relativ bescheidenen Qualitäten kein billiges Aggregat. Die sportlichen Möglichkeiten stehen in direktem Zusammenhang mit dem Engagement der verantwortlichen Motoren-Techniker. In diesem Punkt brauchte sich Minardi – zumindest zu Saisonbeginn – nicht zu beklagen. Der gute alte „Cossie“, jahrelang im GP-Sport der Maßstab, ist längst nicht mehr für Siege gut. Ein paar vereinzelte WM-Punkte wird der Dauerbrenner allerdings auch 1996 heimfahren können.

Team: Minardi

MUGEN – HONDAS HINTERTÜRCHEN

Motortyp:	MF-301H A		
Zylinderzahl:	V10	Drehzahl/min:	ca. 14.500
Zylinderwinkel:	72°	Motorlänge:	625 mm
Ventile pro Zylinder:	4	Motorbreite:	525 mm
Hubraum:	3.000 ccm	Motorhöhe:	470 mm
Leistung:	ca. 670 PS	Gewicht:	130 kg

Seit dem offiziellen Rückzug aus der Formel 1 hält Honda über Mugen Kontakt zur Szene. Die Firma gehört Honda zu hundert Prozent. Auch die Japaner setzen auf zehn Zylinder. Das Engagement der Firma ist allerdings nicht auf dem hohen Level der mächtigen Konkurrenten. Damit wird der Philosophie des Auftrags Rechnung getragen. Im „rollenden Labor" wird mit hochmoderner F1-Technik experimentiert, um das Comeback des Mutterhauses – der Zeitpunkt steht noch nicht fest – optimal vorzubereiten. Gemessen an den bereitgestellten Yen wird der V10 allerdings optimal gewartet und weiterentwickelt. Gemeinsam mit der im Wiederaufbau befindlichen Equipe Ligier ist Mugen 1996 im vorderen Mittelfeld der Formel 1. Der alte Fuchs Tom Walkinshaw ist vom Mugen-Potential jedenfalls derart überzeugt, daß er die japanischen Motoren auch 1997 – wenn er mit einem eigenen Rennstall antritt – einsetzen will.

Team: Ligier

HART – KLEIN ABER OHO

Motortyp:			
Zylinderzahl:	V8	Drehzahl/min:	ca. 14.200
Zylinderwinkel:	72°	Motorlänge:	517 mm
Ventile pro Zylinder:	4	Motorbreite:	570 mm
Hubraum:	2.996 ccm	Motorhöhe:	560 mm
Leistung:	ca. 630 PS	Gewicht:	115 kg

Der Hart-V8 ist der kleinste und finanzschwächste aller Formel-1-Motoren. Unter Berücksichtigung des geringen Potentials an Man- und Money-Power vermutlich der effektivste Konkurrent. Im Winter 1994/95 unterlief Chef Brian Hart ein taktischer Fehler: Er stieg von zehn auf acht Zylinder um, als die FIA den Hubraum um 500 ccm reduzierte. Mit diesem Schritt folgte er vorzeitig der Meinung vieler Experten. Tatsächlich erwiesen sich zehn Zylinder dann auch für die Drei-Liter-Motoren als ideal. Für eine nachträgliche Korrektur des Konzeptes fehlte es an Geld. Weil Hart-Aggregate bisher in den Siegerlisten fehlen, wird das Werk des Ex-Rennfahrers oft unterschätzt. Zwei Pole-Positions von Rennwagen mit Hart-Power – 1985 auf der Grand-Prix-Piste des Nürburgrings und 1994 in Spa – beweisen allerdings, wie nahe der Brite seinem großen Ziel ist, den Giganten der Branche einmal ein spektakuläres Schnippchen zu schlagen.

Team: Arrows

FORD ZETEC-R V8 – DER EX-CHAMPION

Motortyp:	Zetec-R V8		
Zylinderzahl:	V8	Drehzahl/min:	ca. 15.000
Zylinderwinkel:	75°	Motorlänge:	610 mm
Ventile pro Zylinder:	4	Motorbreite:	590 mm
Hubraum:	3.000 ccm	Motorhöhe:	515 mm
Leistung:	ca. 670 PS	Gewicht:	130 kg

Jener Motor, der Michael Schumacher 1994 zum Gewinn seiner ersten Formel-1-WM ausreichte und im Vorjahr bei Sauber zum Einsatz kam. Die eigenständige Konstruktion unterscheidet sich vom Typ ED in wesentlichen Bereichen, obwohl der Zylinderwinkel identisch ist. Er gilt aufgrund seiner Zylinderzahl als veraltet, auch wenn Schumacher mit ihm vor zwei Jahren die V10 noch besiegen konnte. Der Motor ist prinzipiell dem ED überlegen, wurde zum Saisonauftakt jedoch lieblos betreut. Nur zwei der drei gelieferten Triebwerke waren problemlos einsetzbar. Möglicherweise wird Teamchef Guido Forti in diesem Punkt tiefer in die Tasche greifen, sobald sich die Investition lohnt: Mit Beginn des europäischen Saisonteils bringt Forti das neue Chassis FG02. Das dem gültigen Reglement angepaßte Interims-Chassis FG01B ist derart schlecht, daß es wohl auch mit optimal gewarteten Zetec-R-Motoren auf verlorenem Posten stünde.

Team: Forti

RESERVE-BANK

Norberto Fontana

Argentinier
Geb. 20.1.1975
in Arrecifes (ARG)
Wohnort Alpnach (CH)
1,63 m, 58 kg
Ledig

1996 Testfahrer bei Sauber

Dario Franchitti

Schotte
Geb. 19.5.1973
in Edinburgh (GB)
Wohnort Edinburgh
1,78 m, 74 kg
Ledig

1996 ITC für Mercedes

Die Zahl der begehrten Formel-1-Cockpits nimmt immer weiter ab. Ende der 80er Jahre balgten sich noch über 30 Autos um die maximal 26 Startplätze. In diesem Jahr waren nur noch 22 Sitze zu vergeben. Speziell bei den kleinen Teams entscheidet in erster Linie die Mitgift der Sponsoren und dann erst die Fahrkunst. Entsprechend häufig wechseln bei den finanzschwachen Rennställen die Piloten. Beispiel Pacific: Jean-Denis Delétraz fuhr 1995 zwei Rennen für Pacific, weil er Geld mitbrachte. Doch sein Einsatz in Portugal dauerte nur 14 Runden. Wegen mangelnder Fitneß bekam er Krämpfe und mußte aufgeben...
Doch auch die versprochenen Millionen helfen nicht immer. Bestes Beispiel ist erneut das Pacific-Team. Es bestritt zwar die komplette Saison 1995, aber im Winter mußte man zusperren. Der Grund: Die Sponsoren zahlten nicht die kompletten Summen.
In diesem Jahr stehen wieder gute Piloten in den Startlöchern. Abgesehen vom viermaligen Champion Prost sind es Fahrer ohne oder mit wenig Formel-1-Erfahrung.

Die deutsche Formel-3-Meisterschaft kann als härteste Europas angesehen werden. Wer hier siegt, muß was können. Erst recht, wenn einer so überzeugend gewinnt, wie der Argentinier Norberto Fontana 1995. Mit zehn Siegen war der 21jährige öfter Erster als die restlichen Laufsieger Schumacher (3), Trulli (2) und Angelelli (1) zusammen. Eine Traumsaison, zumal es schon vor seinen großen Erfolgen beim Sauber-Team einen Testvertrag gab. Peter Sauber war hin- und hergerissen, als es dann Ende 1995 um die Besetzung des zweiten Platzes neben Heinz-Harald Frentzen ging. Gegen Fontana sprach, daß es für einen Neuling nicht gut sein kann, direkt auf einen Frentzen losgelassen zu werden. Der Fall Verstappen/Schumacher zeigte, wie so etwas enden kann. Für Fontana sprach, daß man für die Zeit nach Frentzen so schnell wie möglich ein „Eigengewächs" aufbauen will. Sicher ist, daß Fontana dieses Jahr reichlich zum Testen kommt. Und wenn sich eine Chance zu Formel-1-Rennen stellen sollte, wird ihn Sauber gerne „ausleihen".

Noch Wochen später leuchteten seine Augen, wenn man ihn fragte, wie es denn so war. „Es", das waren Formel-1-Testfahrten in Jerez, zu denen ihn McLaren und Mercedes als Belohnung für eine erfolgreiche DTM-Saison eingeladen hatten. 40 Runden durfte er fahren und seine Zeiten konnten sich sehen lassen: „Die ersten zehn Runden war ich voll damit beschäftigt, den Wagen auf der Straße zu halten. Selbst auf der Geraden war das schwierig." Der Mann versteht es tiefzustapeln, ist er doch bekannt dafür, wie schnell er sich umstellen kann: Der Schotte mit dem italienischen Namen und den Erfolgen in der englischen Formel 3 stellte seinen Mercedes schon bei seinem ersten Rennen zur DTM auf die Pole-Position. Ein Sieg und insgesamt acht Podestplätze unterstreichen sein Talent. Doch für 1996 sind keine Formel-1-Einsätze geplant. „Ich glaube aber nicht, daß der Tourenwagensport eine Sackgasse ist. Ich bin Teil des Mercedes-Junioren-Programms und als solches vertraue ich darauf, daß ich den Einstieg in die Königsklasse schaffen werde."

Jan Magnussen

Däne
Geb. 4.7.1973
in Roskilde (DK)
Wohnort Silverstone (GB)
1,70 m, 58 kg
Ledig, 1 Sohn

1 GP-Start (McLaren)
1996 Testfahrer bei McLaren,
ITC für Mercedes

Der junge Däne wird, genau wie Kollege und Konkurrent Dario Franchitti, eines Tages für die Diskussion herhalten müssen, wie denn nun der richtige Weg in die Formel 1 ist. Als vor Jahren die Formel-3-Cracks Schumacher, Wendlinger und Frentzen mit Mercedes in die Gruppe C gingen, hielten das die meisten für eine Sackgasse: „Autos mit Dach fahren keinen in die Formel 1." Zumindest Schumacher und Wendlinger belehrten die Kritiker eines besseren. Jan Magnussen versucht es nun – ebenfalls als Mercedes-Junior – via ITC. Immerhin ist der hochbegabte Däne, der 1994 die englische Formel 3 beherrschte, jetzt schon im zweiten Jahr als Testfahrer bei McLaren-Mercedes. Was Ron Dennis vom Tourenwagenengagement seines Zöglings hält, ist allerdings weniger englischkühl als eher schockgefrostet: „Jedes Jahr ITC hält ihn ein weiteres Jahr von der Formel 1 ab." Was wirklich schade wäre. Denn Magnussens einmaliger Auftritt in der Formel 1 – er vertrat den blinddarmoperierten Häkkinen – zeigte eine einwandfreie Leistung.

Jörg Müller

Deutscher
Geb. 3.9.1969
in Kerkrade (NL)
Wohnort Hückelhoven
1,79 m, 74 kg
Ledig

1996 Formel 3000

Was soll der Junge denn noch beweisen, um in die Königsklasse zu kommen. Diagnostizieren wir mal, wie man F1-Pilot wird. Sicher, Erfolge in der Formel 3000 sind eine Möglichkeit, aber ebenso wichtig ist ein Titel in der nationalen Formel-3-Meisterschaft. Oder ein Sieg beim Formel-3-Prestigerennen in Monaco. Oder ein Sieg beim Formel-3-Finale in Macao. Und jetzt kommen wir auf Jörg Müller zu sprechen. Der siegte 1991 in Monaco, 1993 in Macao und wurde 1994 Deutscher Formel-3-Meister mit elf Siegen. Doch 1995 bekam er nur einen Platz im Super-Touren-Wagen Cup. Daß Müller mehr könnte, hat – auf Empfehlung von Michael Schumacher – ein Test bei Ligier gezeigt. Jörg kam auf Anhieb mit dem 700-PS-Geschoß zurecht. 1996 versucht er es nun mit einem Mini-Budget in der F3000. Schade, aber trotz Schumacher, Frentzen und Mercedes haben wir in Deutschland noch immer keine funktionierende Formel-1-Szene. In Frankreich, England oder Italien wäre einer wie Müller schon lange in der Königsklasse.

Alain Prost

Franzose
Geb. 24.2.1955
in St. Chamond (F)
Wohnort Yens (CH)
1,60 m, 60 kg
Verheiratet, 2 Söhne

199 GP-Starts, 51 Siege,
798,5 WM-Punkte, 4 WM-Titel
1996 Testfahrer bei McLaren

Es gibt Fachleute, die munkeln hinter vorgehaltener Hand, daß es da einen kleinen Franzosen gäbe, der es voll drauf habe und der ideale Formel-1-Rennfahrer sei. Wenn er nur wollte. Und genau daran hapert es: Alain Prost will nicht (mehr), oder besser, er will noch nicht, und wenn er vielleicht doch will, dann nicht richtig. Doch Prost kann sich seine Zicken erlauben. Vier Weltmeistertitel, 51 Grand-Prix-Siege, dazu der Titel des „Professors" dekorieren ihn als den erfolgreichsten lebenden Motorsportler. Was sich auch in der Verpflichtung durch das McLaren-Mercedes-Team zeigt. Als „Mitarbeiter der technischen Arbeitsgruppe" soll Prost dem neuen MP 4/11 auf die Sprünge helfen. Mit Rat und Tat, also auch als Testfahrer. Bereits im vergangenen Jahr gab es Gerüchte, daß Prost wieder Rennen fahren wolle. Ausgedehnte Testfahrten nährten diese Gerüchte. Doch Prost erkannte, daß mit dem McLaren MP 4/10 kein Blumentopf zu gewinnen war. Aber vielleicht wird das 1996, mit einem Auto, das er selbst mitentwickelt hat, alles ganz anders?

Ralf Schumacher

Deutscher
Geb. 30.6.1975
in Hürth
Wohnort Kerpen
1,79 m, 70 kg
Ledig

1996 Formel 3000 in Japan

Mit diesem Namen sollte der Sprung in die Formel 1 schon klappen. Unterstützt von Bruder Michael und von dessen Manager Willi Weber betreut, pirscht sich Ralf Schumacher immer näher an sein großes Ziel heran. Die Saison 1995 war für den Kerpener durchwachsen. In der deutschen F3-Meisterschaft wurde er klar von Noberto Fontana geschlagen. Dafür hielt sich der selbstbewußte Pilot mit den wichtigen Formel-3-Rennen in Monaco (Zweiter) und Macao (Sieger) schadlos. Die Saison 1996 kann für Ralf zum Prüfstand werden. Ursprünglich wollte Manager Weber mit ihm und eigenem Team in der europäischen Formel 3000 antreten. Dann wählte Weber den clevereren Weg und setzte Ralf ins Flugzeug nach Japan, wo der Stuttgarter in der F3000 einen Platz aufgetan hat. Weitab von den deutschen Medien kann Ralf auf fremdem Terrain seine Klasse beweisen. Diese Herausforderung wird ihm gut tun und Weber die Aufgabe erleichtern, ihn der F1 auch ohne „Schumacher-Bonus" schmackhaft zu machen.

DIE HOHE HÜRDE FORMEL 1

Roberto Moreno hebt ab: Im Debütjahr '95 kämpfte Forti-Ford ums Überleben. Mit unterlegenem Material fuhr das Team den Große

Sie sind Spitzenteams in der Formel 3000. Aber sie scheitern, wenn sie in die Formel 1 wechseln. Warum ist der Sprung in die Königsklasse so schwierig?

Während der Winterpause 1995/96 überschlugen sich allwöchentlich die Ereignisse: Steigt das Team DAMS von der Formel 3000 in die Grand-Prix-Klasse auf oder nicht? Chef Jean-Paul Driot hatte bereits seit Monaten die Weichen gestellt, und es waren mehr als Absichtserklärungen, was der Franzose produzierte. Obwohl die britischen Kollegen des Rennstalls Pacific – ein Team, das es unterhalb der Formel 1 in allen Formeln zu Meisterehren brachte – gerade erst kapituliert hatten, ließ sich Driot nicht beirren und stellte ein leibhaftiges Formel-1-Auto auf die Räder. Umgehend begannen erste Testfahrten. Als es dann allerdings ernst wurde, warfen die Franzosen das Handtuch und verzichteten auf die Anmeldung ihrer Equipe bei der FIA. Lieber ein Ende mit Schrecken, als ein Schrecken ohne Ende. Driot: „Ich konnte nur 50 Prozent des Budgets organisieren. Vermutlich hätte ich weitere Geldgeber für den restlichen Finanzbedarf gefunden, aber ich wollte keinerlei Risiken eingehen. Lieber warte ich ein Jahr und mache dann Nägel mit Köpfen."

Man kann dem engagierten Mann nur die Daumen drücken. Die Wahrscheinlichkeit, daß er seine großen Pläne in die Praxis umsetzen kann, sind sehr gering. Seit 1985 existiert die Formel 3000 als Unterbau der Königsklasse – sich in der Eliteliga zu behaupten, schaffte bisher lediglich das Team Jordan. Entsprechend muß Chef Eddie Jordan, der die gewaltige Hürde meisterte, wissen, weshalb der

DAMS präsentierte im Oktober '95 sein Formel-1-Auto. Zum Einsatz kommt er 1997 – vielleicht

nterher – nur die Farbe fiel auf

Eddie Jordan hat es geschafft. 1991 wagte er den Sprung in die Königsklasse. Der pfiffige Ire…

… verhalf Michael Schumacher zu einem furiosen Einstand – für 450.000 Mark durfte der Deutsche ein einziges Rennen fahren

Heimwerker-Feeling bei Pacific. Das Werk ähnelte eher einer gemütlichen Bastelstube als einer High-Tech-Formel-1-Schmiede

Sprung so unglaublich schwierig ist.

„Ausschlaggebend", so der Ire mit dem verschmitzten Dauergrinsen, „sind zwei Faktoren. Die Organisation des Personals und die Finanzen." Tatsächlich ist es in der „Zweiten Liga" so, daß bereits eine relativ kleine Crew den Erfolg bringen kann. Jordan: „Ein wirklich guter Mitarbeiter kann in der Formel 3000 gleich mehrere Bereiche abdecken." Im Grand-Prix-Sport muß diese „eierlegende Wollmilchsau" durch

Interne Organisation unglaublich wichtig

mehrere Spezialisten abgelöst werden. Glaubt man Jordan, ist dieser Schritt durchaus machbar, aber er zieht ein weiteres Problem nach sich. „In dem Augenblick", argumentiert der Chef des 1991 erfolgreich aufgestiegenen Stalls, „da sich die Mannschaftsstärke multipliziert, kommt der internen Organisation eine unglaublich große Bedeutung zu – das wird oft unterschätzt."

Selbstverständlich läßt sich das Formel-1-spezifische Management erlernen. Aber dieser Prozeß ist keine Frage von wenigen Wochen. Die Lernphase dauert mindestens eine Saison, meist länger. An diesem Punkt kommt der zweite Faktor zum Tragen: die Kosten. Während sich die Aufsteiger-Truppe abstrampelt, um sich in der höchsten Etage des Rundstreckensports einzugewöhnen, werden Millionen verschlungen. In der Regel geht dann das notwendige Lehrgeld aus, bevor man Fuß gefaßt hat.

Selbst wer als Teamchef auf eine eigene Test-Crew verzichtet und den Piloten Dollars abknöpft, anstatt sie auf der Lohnliste zu führen, muß tief in die Tasche greifen. Wenn ein Heckflügel mit knapp 20.000 Mark zu Buche schlägt, ein Satz Kohlefaser-Bremsen mehr als 10.000 Mark kostet und diese Summe noch einmal fällig wird, wenn man für einen einzigen Tag die Dienstleistung „Windkanal" in Anspruch nimmt, wird deutlich, woher der Wind, nicht nur in jenem Kanal, weht…

Wer sich bei Ford 1995 die Kunden-Motoren auf dem Leasing-Weg besorgte, mußte rund neun Millionen Mark berappen. Die „Inspektionskosten" waren in diesem Preis enthalten, wehe aber, eines der Aggregate verabschiedete sich… Solche Pannen wurden extra in Rechnung gestellt. Und: Der Ford-V8 vom Typ ED war kein Überflieger und gab keinesfalls mehr als 580 PS ab – damit klaffte zur Spitze ein Loch von über 100 PS.

Nicht gerade kostengünstig wirkt es sich zudem aus, daß die Grand Prix nur selten vor den Toren des Werks ausgetragen werden. Die meist in England ansässigen Teams profitieren nur dann von günstigen Reisekosten, wenn die Startampel in Silverstone auf Grünlicht springt. Die Reise zum Saisonauftakt ins australische

250.000 Mark Reisespesen

Melbourne verschlang pro Rennstall ein Sümmchen, das sich auch als Lotto-Gewinn nicht zu verstecken bräuchte: Zwischen 150.000 und 250.000 Mark gingen für Reise- und Transportkosten, Hotelrechnungen und Verpflegung drauf…

Da wundert es wohl niemand, wenn die Hungerleider der Branche – wie zuletzt Lotus in der Phase letzter Zuckungen – aus Hotels abreisen, ohne die Rechnung beglichen zu haben. Erstaunlich ist es hingegen, auch das gab es schon, wenn ein Jahr später fröhlich pfeifend in derselben Herberge erneut eingecheckt wird! Wer diese Nöte kennt, hat auch Verständnis dafür, wenn zuweilen bedingt taugliche Piloten nur deshalb einen Drive bekommen, weil sie eine verlockende Mitgift versprechen. Wird dann seitens des Fahrers nicht Wort gehalten, so geschehen im Fall Delétraz bei Pacific 1995, dann reichen die Finanzen nicht einmal mehr, um von der Hand in den Mund zu leben.

Wer solche Kosten bestreiten muß und zeitgleich als Neuling aufgrund des verständlichen Erfahrungsmangels permanent mit dem Kopf gegen die Wand rennt, der muß scheitern. Aber – siehe Jordan – Ausnahmen bestätigen die Regel. Dem cleveren Iren gelang es allerdings auch, aus dem Stand große Firmen als Sponsoren zu gewinnen. Inzwischen sieht es in diesem Punkt für ihn zwar nicht mehr ganz so rosig aus, aber er kommt über die Runden. Logistisch gut vorbereitet, wagte er den Schritt in die Formel 1 und etablierte sich auf Anhieb. Aber erst jetzt, fünf sündhaft teure Jahre später, glaubt er zu wissen, wie sich Siege heimfahren lassen.

Die Zeiten, da reiche Menschen – wie Whisky-König Rob Walker bis 1970 – einen Rennstall durch Abbuchungen vom Sparbuch finanzieren konnten, sind aufgrund der explodierten Kosten längst passé. Wie heißt heutzutage die schöne Antwort auf die Frage, wie man in der Formel 1 zum Millionär wird? Indem man als Milliardär anfängt… AS

Pacific (hier Montermini) wurde regelmäßig überrundet, Zielankünfte blieben 95 die Ausnahme

Emmanuele Naspetti im 91er Forti. In der F3000 war das Team erfolgreicher als in der Formel 1

Eddie Irvine (2) und Heinz-Harald Frentzen fuhren für Jordan 1990 gemeinsam in der Formel 3000

MYTHOS FERRARI

Sieben Buchstaben, darin dreimal das R. Ein solches Wort scheint kaum aussprechbar. Ferrari – das ist weit mehr als der Name eines Automobilwerks und auch mehr als der Name eines Rennstalls. Ferrari, das ist ein Mythos.

Siege und Tragödien, einmalige Motoren und Skandale – Ferrari, das ist das längste und schillerndste aller Formel-1-Kapitel. Keiner der heutigen Ferrari-Gegner war schon 1950 im Grand-Prix-Sport aktiv. Der traditionsreichste der aktuellen Konkurrenten, McLaren, betrat 1966 die Formel-1-Bühne. Zu diesem Zeitpunkt blickte die italienische Scuderia mit dem Pferde-Wappen bereits auf 39 Siege zurück!

Die einmalige Triumph-Serie begann am 14. Juli 1951 im britischen Silverstone, als der Argentinier Froilan Gonzales, den sie wegen seiner gewaltigen „Wasserverdrängung" den Pampas-Stier nannten, den Großen Preis von England gewann. Der Erfolg des Boliden mit 4,5-Liter-Motor markierte gleichzeitig die erste Niederlage für das damals dominante Alfa-Team, das technisch auf 1,5-Liter-Kompressoraggregate setzte.

Aus der Ausnahme wurde 1952 und 1953 die Regel. Die Fahrer-WM wurde in jenen Jahren auf Formel-2-Autos ausgetragen, und Ferrari erwies sich mit dem legendären Tipo 500 als nahezu unschlagbar. Abgesehen von den Rennen in Indianapolis, die mit zum Championat zählten, hatten grundsätzlich Ferrari-Piloten – meist Alberto Ascari – die Nase vorn. Nur das letzte Rennen dieser Epoche holte sich mit dem Maserati-Fahrer Juan-Manuel Fangio ein Pilot der Konkurrenz.

Damit war der Grundstein für den weltweit einmaligen Ruf eines Renn-Teams gelegt. Die 14 Siege in ununterbrochener Reihenfolge sind heute noch „Weltrekord". Später kamen weitere Bestleistungen hinzu. So blickt Ferrari heute auf einsame 105 Siege, darunter 40(!) Doppel-Erfolge zurück. Gleich zweimal, 1952 auf dem Nürburgring und 1961 in Spa, lagen im Ziel vier Ferrari vorn.

Nach dem eindrucksvollen „Diktat des schwarzen Pferdes" in den Jahren 1952/53 übernahm Mercedes das Kommando. Erst im Verlauf der Saison 1956 – die Schwaben hatten sich zurückgezogen – meldeten sich die Roten aus Maranello zurück. Zu diesem Zeitpunkt war der „Commendatore" allerdings auf fremde Hilfe angewiesen: Lancia, aus finanziellen Gründen nicht mehr mit von der Partie, leistete technische Entwicklungshilfe und überließ Ferrari die ausgezeichneten Chassis. Erst 1958 schaffte es das „Cavallo rampante“ wieder aus eigener Kraft, als sich der Brite Mike Hawthorn den Titel vor dem Vanwall-Piloten Stirling Moss sicherte.

Anschließend verpaßte Ferrari den Umstieg von Front- zu Heckmotor-Konstruktionen. Zu lange hielt Enzo Ferrari an den „Sauriern“ mit ihren langen Schnauzen fest und ließ sich von den hochmodernen Cooper-Wägelchen die Butter vom Brot nehmen. Immerhin darf die Scuderia auf den historischen Sieg in Monza stolz sein: Es war der letzte Triumph eines klassischen Formel-1-Boliden mit vorn liegendem Motor.

Ab 1961 ließ Ferrari die Motoren ebenfalls im Rükken der Fahrer arbeiten. Die Neukonstruktion Typ 156 verfügte über 185 PS aus 1,5-Liter-Saugmotoren. Die

Ferrari-Gegner wurden vorgeführt

Gegner aus England und Deutschland kamen nur auf gut 150 PS und wurden entsprechend vorgeführt: Phil Hill und Wolfgang Graf Berghe von Trips spielten – von Ausnahmen abgesehen – mit dem Rest des Feldes Katz' und Maus.

Das Jahr endete mit dem erwarteten Titelgewinn, ging aber gleichzeitig als traurige Saison für die Scuderia in die F1-Historie ein: Während des GP von Italien in Monza verunglückte Graf Trips nach einer Kollision mit dem Lotus des Schotten Jim Clark tödlich.

1952 und 1953 dominierte Alberto Ascari die GP-Szene. In beiden Jahren holte er den WM-Titel

Ferrari-Pilot John Surtees gewann 1964 den Titel denkbar knapp gegen Graham Hill auf BRM

Draufgänger Gilles Villeneuve hatte das Zeug zum Weltmeister – bis er in Zolder verunglückte

Niki Lauda beendete eine elfjährige Durststrecke. Der Wiener gewann 75 und 77 das Championat

Der rheinische Adelsmann war nicht der erste Pilot, der am Steuer eines Ferrari sein Leben ließ. Schon 1957 wurde der erste Name auf die Rückseite der vorn glänzenden Ferrari-Medaille graviert. Bei Testfahrten starb der Italiener Eugenio Castellotti. 1958 gab Luigi Musso auf dem ultraschnellen Straßenkurs von Reims zuviel Gas, kurz darauf überschätzte Peter Collins auf dem Nürburgring seine Fahrkunst. 1961 führte dann der Trips'sche Patzer – er vergaß, in die Spiegel zu schauen – in Monza zur Kollision mit dem schottischen Nachwuchsfahrer. Opfer Nummer fünf wurde der Italiener Lorenzo Bandini, der sich in Monte Carlo tödliche Brandverletzungen zuzog, nachdem er die berühmte Hafen-Schikane zu schnell meistern wollte. Wieder fiel Italien in tiefe Trauer, und im Mai 1982 flossen noch einmal die Tränen, als Gilles Villeneuve, der „Gigant", im belgischen Zolder sein Leben ließ.

1964 war mit John Surtees erstmals seit Phil Hill wieder einem Ferrari-Fahrer der Titelgewinn gelungen. Anschließend blieben die Erfolge lange aus. Der legendäre Ruf der Scuderia war zu diesem Zeitpunkt allerdings bereits eine derart feste Größe im GP-Sport, daß ihm dürre Jahre nichts anhaben konnten. Das nächste Hoch war nur eine Frage der Zeit.

Verwirklicht wurde es schließlich mit Hilfe des Wieners Niki Lauda, der sich den Titel 1975 und 1977 sicherte. 1976 verpaßte er die WM-Krone nach einem schweren Unfall am Nürburgring nur knapp. Nach Laudas Wechsel zu Brabham riß der Erfolgsfaden nicht ab: 1979 triumphierte Jody Scheckter und Vizemeister Gilles Villeneuve fuhr ebenfalls Ferrari.

Dann aber folgte ein Wellental, aus dem bisher kein Ausweg gefunden wurde. Jody Scheckters Versuch,

Ferrari auf Lorbeeren ausgeruht

den WM-Titel 1980 zu verteidigen, endete als Schlag ins Wasser. Während die Konkurrenz gewaltige Fortschritte machte, ruhte sich Ferrari auf den Lorbeeren aus und kam unter die Räder der Gegner: Scheckter holte lächerliche zwei Punkte, Villeneuve sechs – das reichte insgesamt nur zu Platz zehn im Endklassement des Konstrukteurs-Championats.

Im folgenden Jahr stieg auch Ferrari auf Turbo-Technik um. Das „Lehrjahr" brachte zwar noch nicht den Anschluß an die Spitze, der Trend zeigte aber deutlich aufwärts. Dank der Fahrkunst des großen Villeneuve gingen die GP von Monaco und Spanien an Ferrari.

1982 schien Ferrari die in der Vorsaison gesäten Früchte ernten zu können. Wenn der Griff nach dem Titel mißlang, lag das nicht an den Technikern der Scuderia, sondern an einem grausamen Doppelschlag des Schicksals: Im Mai starb Villeneuve in Zolder den Rennfahrertod, und im Sommer verletzte sich Didier Pironi in Hocken-

Cesare Fiorio (M.) scheiterte bei Ferrari als Rennleiter – nicht zuletzt wegen Alain Prosts Kritik

Präsident Luca Cordero di Montezemolo leitet seit 1991 die launische Diva Ferrari aus Maranello

heim so schwer, daß er seine Karriere beenden mußte.

Der Unfallschock unterbrach Ferraris Formanstieg nur kurz. Das neue Piloten-Duo René Arnoux und Patrick Tambay mischte 1983 fleißig mit. Konstant gute Leistungen brachten den Gewinn des Konstrukteurs-Titels. In der Fahrer-Wertung mußten sich die beiden Franzosen allerdings mit den Plätzen drei und vier begnügen, weil ihnen Nelson Piquet und Alain Prost überlegen waren.

Die Teamführung reagierte umgehend und ersetzte Tambay in der folgenden Saison durch das aufstrebende Supertalent Michele Alboreto. Aber das Rennjahr 1984 stand ganz im Zeichen von McLaren-Porsche. Niki Lauda und Alain Prost teilten sich die Siege scheinbar nach Belieben.

Aber Ferrari zeigte 1985 gewaltig die Zähne. Bis in den Sommer zählte Alboreto zu den heißesten Titelanwärtern. Im Rüstungswettlauf mit der Konkurrenz ging in der zweiten Saisonhälfte allerdings die Zuverlässigkeit verloren: „Albo" mußte sich mit Platz zwei begnügen.

Es folgten Jahre des Mißerfolgs. Einzelne Siege und Durststrecken bewiesen das, was später Gerhard Berger so treffend auf den Punkt brachte. Ferrari, so der Tiroler, könne geniale Konstruktionen aus dem Handgelenk heraus auf die Pisten werfen und ebenso an Kleinigkeiten scheitern. Das berühmte „grande Casino", jene Ferrari-typische, kopflose Konfusion sowie Eifersüchteleien und Neid, vergifteten immer wieder die Atmosphäre. Was fehlte, war eine ordnende Hand. Rennleiter Cesare Fiorio, der innerhalb des Fiat-Imperiums 1989 von der Rallye-Front (Lancia) in die GP-Schlachten geworfen wurde, glaubte, den Ausweg aus dem Dilemma zu kennen.

Tatsächlich bekam die Scuderia spürbaren Aufwind. Aber die notwendige Harmonie und Kooperation fehlte weiterhin. Neuverpflichtung Alain Prost erkannte 1990 ausgerechnet in jenem Fiorio den Schwachpunkt im Team – Zoff blieb nicht aus. Immerhin reichte es zum Gewinn der Vizemeisterschaft. Sogar die Chance

Senna ließ WM-Traum platzen

zum ganz großen Wurf bestand, aber Prosts damaliger Intim-Feind Ayrton Senna ließ den WM-Traum des Franzosen im vorletzten Lauf des Jahres durch ein angekündigtes Foul platzen.

Jetzt machte sich Panik breit. Wie sollte es aufwärts gehen, wenn selbst die Trumpfkarte Prost nicht stach? Noch einmal wurde der Professor auf das große Ziel angesetzt, aber die „Ehe" hielt nicht bis zum Ende der Saison.

Der Karren steckte jetzt so tief im Dreck, daß nur eine Radikalkur helfen konnte. Die Fiat-Spitze gab Luca di Montezemolo, der gemeinsam mit Niki Lauda in den 70ern so erfolgreich wirkte, die Verantwortung zurück. Der holte 1993 den großen Rennsport-Strategen Jean Todt in die Scuderia. Für Peugeot hatte der Franzose alle angepeilten Früchte geholt. „Napoleon" Todt zog Bilanz und kam zu dem Ergebnis, daß sowohl die innerbetriebliche Struktur, als auch die Arbeitsabläufe und die personelle Besetzung im argen liegen.

Im Todt'schen Puzzle fehlten 1995 nur noch wenige Bausteine. Den wichtigsten fand er dann allerdings schon im Sommer: Mit Michael Schumacher wurde der beste Formel-1-Pilot der Gegenwart unter Vertrag genommen. Typisch Ferrari: Intern wurde dieser Schritt zunächst keineswegs gefeiert – Ingenieure und Mechaniker trauerten Berger und Alesi nach.

Aber bereits während der ersten Testtage brach „Schumi" das Eis. Dank seiner zielstrebigen, methodischen Arbeitsweise, seiner klaren technischen Aussagen und seinem unglaublichen Fleiß gewann er die Herzen der Scuderia-Mitarbeiter.

Todts Vorbereitungen für einen Titelgewinn sind abgeschlossen – nun darf es in Modena keine Ausreden mehr geben: Jetzt muß die Fahrer-WM gewonnen werden – laut hauseigenem Fahrplan 1997 im Anschluß an ein Lehrjahr. Endlich soll die Geduld der Tifosi und des geldgebenden Fiat-Konzerns belohnt werden.

Wer 1979 prophezeit hätte, man müsse mit dem nächsten Titelgewinn auf das Heranwachsen eines zehnjährigen Kerpener Knaben warten, der wäre wohl ausgelacht worden. Jetzt tröstet man sich mit der Hoffnung auf eine alte Weisheit – man will zuletzt lachen, dann aber am besten. **AS**

IL COMMENDATORE

Enzo Ferrari war ein vom Motorsport Besessener. Der Gründer des legendären Rennstalls schuf mit dem „Cavallo rampante", dem springenden Pferd, ein weltberühmtes Markenzeichen.

„Il Commendatore" starb am 14.8.1988 im Alter von 90 Jahren

Das Geheimnis, sich weltweit Freunde und Fans zu schaffen, wenn man ein Produkt anbietet, das sich weit weniger als nur ein Prozent der Erdbevölkerung leisten kann, wurde niemals ganz gelüftet. Wenn ein Firmenname sogar Menschen, die weder dem Kreis der potentiellen Kunden, noch dem möglicher Ferrari-Werksrennfahrer angehören, verzaubert und Träume weckt, muß das mehr als eine Ursache haben.

Der letzte Titelgewinn eines Ferrari-Piloten geht auf das Jahr 1979 zurück, als sich der Südafrikaner Jody Scheckter durchsetzte. Trotzdem schwenken die Zuschauer auch noch im Jahr 1996 auf allen Formel-1-Pisten beim Anblick der roten Boliden ihre Flaggen als gelte es, Vertreter der allerersten Garnitur zu grüßen.

Es ist ein Puzzlespiel aus vielen Elementen, das diesen einmaligen Ruf begründete. Fakten und Phantasien machten ihn möglich. Da ist das Geburtsdatum des Firmengründers Enzo Ferrari. Offiziell erblickte er am 18. Februar 1898 das Licht der Welt. Tatsächlich war er zu diesem Zeitpunkt bereits 48 Stunden alt. Dichter Schneefall in Modena und Umgebung hielt den Vater zwei Tage lang am warmen Ofen, bevor er sich endlich auf den Weg machte, um den Behörden die Geburt seines Sohnes Enzo anzumelden.

Obwohl der Vater einen kleinen Stahlbau-Betrieb besaß, war der junge Ferrari wirtschaftlich nicht auf Rosen gebettet. Mit 18 Jahren wurde er zum Halbwaisen, als Ferrari Senior an den Folgen einer Lungenentzündung starb. Fast zeitgleich verlor er seinen älteren Bruder, der als Soldat einer Krankheit erlag. Ein Jahr später, 1917, wurde auch Enzo zum Militär einberufen.

Nach dem ersten Weltkrieg fand Ferrari einen Job bei der Mailänder Firma CMN – Costruzioni Meccaniche Nazionali. Das Werk baute ausgediente Kriegsmaterial in Automobile um. Enzo Ferraris Wunsch, Rennfahrer zu werden, wurde in dieser Zeit wesentlich stärker, und 1919 bestritt er seine ersten Rennen. Während dieses Lebensabschnittes tauchte im Rennsport erstmals jenes kleine schwarze Pferdchen als Wappentier auf, das es später als „Cavallino rampante" zu Weltruhm brachte. Enzo Ferrari lernte 1923, als frischgebackener Sieger des Circuito del Savio, den Grafen Enrico Baracca kennen – den Vater des Jagdfliegers Francesco Baracca, der während des ersten Weltkriegs abgeschossen wurde. Die Mutter des toten Piloten war es dann, die Enzo Ferrari bat, das Wappentier des Sohnes zu übernehmen.

1919 erstes Rennen

Erfolgreicher als im Rennwagen war Enzo Ferrari in seiner Eigenschaft als Organisator und Manager. 1929 gründete er die Scuderia Ferrari, setzte zunächst allerdings kein eigenes Material ein. Der von ihm geleitete Rennstall war nicht mehr und nicht weniger als die Sportabteilung der Firma Alfa

Romeo. Zwei Jahre nach dem großen Schritt hängte der Chef den Helm an den berühmten Nagel. Der Grund für den Abschied vom aktiven Sport lag im familiären Bereich: Sohn Dino wurde geboren, und der verantwortungsbewußte Familienvater sagte der Risikosportart adé.

1939 trennte sich Alfa von Signore Ferrari. Im Auflösungsvertrag der Beziehungen liegt der Grund für die Tatsache, daß der erste Ferrari nicht Ferrari genannt werden durfte: Die Abmachung mit Alfa sah vor, daß der Name Ferrari für den Verlauf von vier Jahren als Markenname tabu war. So hieß jenes Auto, das streng genommen als erster Ferrari in die Geschichte einging, „815". Doch der Achtzylinder mit 1,5 Litern Hubraum war ein Flop. Im April 1940 scheiterten Ascari und auch Rangoni während der verkürzten Kriegs-Ausgabe der legendären Mille Miglia nach gutem Start kläglich: Zu überhastet war der 815er konstruiert und zusammengebaut worden.

Während der Kriegsjahre produzierte Ferraris kleines Werk Schleifmaschinen für die Rüstungsindustrie. Ferrari nutzte eine Gesetzeslücke und kopierte deutsche Präzisionsgeräte, die auf italienischem Boden nicht geschützt waren. Deutsches Militär beschlagnahmte die „Raubkopien" gegen Ende des Krieges.

„Urheberrechtliche" Probleme gab es dann auch 1945 mit einer weiteren „Ferrari-Produktion": Lina Lardi, eine Angestellte der Scuderia Ferrari und eine der Geliebten des Chefs, schenkte Piero das Leben. Obwohl Enzo Ferrari Mutter und Tochter jahrelang regelmäßig besuchte, blieb die Existenz des unehelichen Sohnes lange ein Geheimnis.

Bei Kriegsende mußte Ferrari den Ehrentitel „Commendatore" ablegen. Mussolinis Marionetten-König Viktor Emanuel III. hatte ihn verliehen. Trotzdem wurde Enzo Ferrari bis zu seinem Tod am 7. August 1988 immer wieder als Commendatore bezeichnet.

Noch im Verlauf der 40er Jahre traf Ferrari drei wichtige Entscheidungen: Er begann mit der Planung und dem Bau der Eigenkonstruktion 125. Als Tipo 125S (S für Sport) sollte der Wagen Rennen bestreiten. Beim Debüt des 125S, dessen Zwölfzylinder-Motor kümmerliche 115 PS abgab, wurde kein Blumentopf gewonnen. Im Mai 1947 führte Franco Cortese zwar das Stadtrennen in Piacenza an, schied jedoch drei Runden vor Rennende mit 25 Sekunden Vorsprung aus – der Motor hatte schlappgemacht.

Graf Berghe von Trips starb in Monza am Steuer eines Ferrari

Michele Alboreto (l.) mit Enzo Ferraris unehelichem Sohn Piero

Aber der Grundstein war gelegt. Bereits im Verlauf des folgenden Jahrzehnts schuf

Rennstall eilte von Sieg zu Sieg

sich Ferrari einen absoluten Spitzen-Namen als Produzent exklusiver Sportwagen für die oberen Zehntausend dieser Welt und als Chef eines Rennstalls, der im GP- und Langstrekkensport von Sieg zu Sieg eilte. Nur privat meinte es das Schicksal nicht immer gut mit Enzo Ferrari. Im Juni 1956 starb sein oft kränkelnder Sohn Dino an einer Nierenentzündung. Nach eigener Aussage fand Enzo Ferrari „keine Träne", als er seinen Sohn verlor. Aber er litt stark unter dem Verlust.

Und Ferrari, der harte und strenge Chef, der hinter den Kulissen – nur selten tauchte er an Rennstrecken auf – wirkte, fand noch mehr Anlaß zur Trauer. Allein in der Formel 1 starben mit Eugenio Castelotti, Luigi Musso, Peter Collins, Wolfgang Graf Berghe von Trips, Lorenzo Bandini und Gilles Villeneuve sechs seiner Piloten.

Knallhart hinterließ er seinen Nachfolgern an der Spitze der Scuderia die Weisung: „Haltet jenen Willen zum Fortschritt lebendig, der in der Vergangenheit gepflegt wurde – selbst um den Tribut kostbarer Menschenleben."

Diese Einstellung bedeutete nicht, daß Ferrari ein Freund unnötiger Risiken war. Er haßte Draufgängertum und mahnte einmal den Nachwuchs-Piloten Ricardo Rodriguez, dessen Fahrstil er als „erschreckend unbefangen" bezeichnete: „Die Rennfahrer teilt man in zwei große Gruppen ein. Die Professionellen und die Ehrgeizigen – das heißt, die Dilettanten! Du willst Profi werden. Dann mußt du Wagnisse mit kühlem Verstand berechnen." Wenige Wochen später verunglückte der Mexikaner am Steuer eines Lotus tödlich. Unfallursache: zuviel Wagemut.

Der Theoretiker Ferrari, der sich über das Geschehen an den Rennstrecken von Ausnahmen abgesehen nur telefonisch informierte, brachte den Rennsport und die holde Weiblichkeit nie auf einen Nenner. Fahrerfrauen unterteilte er in drei Gruppen: Erstens diejenigen, die ein Rennen als gesellschaftliches Ereignis betrachten und keinen Unterschied zwischen einem Auto- und einem Pferderennen erkennen. Zweitens die Furchtsamen, die aus Angst um ihren Mann „marmorhaft regungslos und abwesend in einem Winkel der Boxen hokken". Drittens die damals noch allgegenwärtigen Zeitnehmerfrauen: „Gleich Hennen auf ihren Stangen im Hühnerstall sitzen sie auf Hockern in den Boxen, in langen, engen Hosen, mit riesigen Sonnenbrillen und mit Chronometern bewaffnet." Ferrari empfand Frauen in den Boxen als „störend", und er bedauerte, daß man nichts gegen ihre Anwesenheit tun könne.

Er selbst gestand im Alter, daß er nie hätte heiraten dürfen: „Ein Mann, der von einer Passion so besessen ist wie ich, kann sich nicht teilen und gleichzeitig auch ein guter Ehemann sein."

Sogar was seine Fehler betrifft, räumte sich die ausgeprägt starke Persönlichkeit Enzo Ferrari einen Spitzenplatz ein: „Meine Fehler sind so groß, daß man sie schon als einmalig bezeichnen kann!"

Vordergründig besteht das Werk dieses Mannes aus Autos. Tatsächlich aber schuf er keine Boliden aus Stahlblech und Kohlefaser, sondern Träume. Als Michael Schumacher 1995 bei Ferrari unterschrieb, sagte ihm der „Mythos Ferrari" nichts. Beim ersten Besuch des Werkes – er fuhr bei Nacht am Firmengelände vorbei – lief ihm bereits ein ehrfurchtsvoller Schauer den Rücken hinunter. Am Abend des nächsten Tages war ihm bewußt, daß Ferrari weit mehr ist als eine Ansammlung roter Wagen. Der Geist des eigenwilligen Enzo Ferrari schwebt immer noch über Maranello…

SPERRZONE FAHRERLAGER

Die Zeltstadt der Formel-1-Teams: Abgeschirmt von neugierigen Blicken finden hier Gespräche mit Journalisten und Sponsoren statt.

Alle wollen hinein. Aber nur die wenigsten haben Zutritt. Das Fahrerlager ist der Treffpunkt von Teams mit Sponsoren, Journalisten und den sogenannten VIPs, den wichtigen Persönlichkeiten. Letztere kommen meist auf Einladung der Sponsoren zu den Formel-1-Rennen und bevölkern an den Grand-Prix-Wochenenden die engen Gehwege zwischen Motorhomes und Zelten. Und über allem hängt der Duft von edlen Speisen und Formel-1-Benzin...

Achtung Fahrerlager – attention paddock – der Ruf aus dem Lautsprecher schallt bei Start-und-Ziel weithin hörbar und erreicht natürlich auch die Fans auf den Tribünen. Das Zauberwort „Fahrerlager" regt die Phantasie an und weckt Wünsche. Viele der Zuschauer gäben zwar nicht unbedingt ihr letztes Hemd, wohl aber ein stattliches Sümmchen mit der Schwiegermutter als Zugabe, um einmal ein Grand-Prix-Wochenende in jener Zone hinter den Boxen verbringen zu dürfen.

Aber der Zugang wird verwehrt. Die Tore sind dicht. Nur wer das richtige Plastik- oder Pappkärtchen mit sich führt, wird eingelassen. Selbst Farbkopierer helfen aus diesem Dilemma nicht heraus: Sogar die Kordel, an der der Ausweis vor der Brust baumelt, wird von der FIA ausgegeben: an Teammitglieder, Journalisten, VIP-Gäste.

…hrerwechsel werden besprochen

wurde ebenso der Eintritt verwehrt, wie den Unzähligen, die ihr Glück in Overalls, Arztkitteln oder anderen Requisiten rheinischer Karnevals-Vereine versuchten. Einigen wenigen gelingt es trotzdem immer wieder, in den inneren Zirkel vorzustoßen. Auf sie wartet dann aber regelmäßig nicht die Erfüllung ihrer Wünsche, sondern die rechte Hand eines der Ecclestone'schen Häscher, die sich über kurz oder lang schwer auf den Schultern des Eindringlings niederläßt.

Tatsächlich ist ein Fahrerlager nicht der Himmel auf Erden. Das meist rechteckige Areal ist vielmehr eine bunte und summende Komposition, die aus den Bauteilen „Luxus-Camping", „Info-Börse" und „VIP-Gehabe" besteht.

So sind hinter den Zäunen die Motorhomes der Teams und einiger Team-Partner aufgestellt. Auch die Zeitnahme, sowie FIA und FOCA parken dort ihre fahrbaren Konferenzräume. Hier finden Meetings, Briefings und Gespräche statt. Hinter verschlossenen Türen versteht sich. Wer keinen verabredeten Termin hat, der blitzt gnadenlos ab. Natürlich gewähren die Fenster grundsätzlich nur von innen Durchblick. In diesem Punkt verpassen die Fans also wenig.

Fahrbare Konferenzräume

Speziell bei warmem Wetter und Sonnenschein verlagert sich das Geschehen allerdings auch zuweilen unter die Vorzelte. Wenn die Piloten, Teamchefs, Ingenieure, Manager, Journalisten und Sponsoren-Vertreter dort zusammenhocken, gäbe es immerhin etwas zu sehen, manchmal auch etwas zu hören und eventuell sogar ein Autogramm.

Morgens, mittags und abends wehen verlockende Wohlgerüche durchs Fahrer-

Das Sauber-Motorhome: Pressechef Gustav Büsing (l.) steht modernste Technik zur Verfügung

Um das Ziel aller Formel-1-Träume zu erreichen, werden trotzdem immer wieder listenreiche Versuche unternommen. Da hoben sich plötzlich Kanaldeckel im Fahrerlager und ein Fan kletterte ans Tageslicht! In seiner Not überschritt ein F1-Freund vor Jahren in Hokkenheim sogar die Grenzen von Sitte, Anstand und Pietät: Er rollte am Steuer eines Leichenwagens an die Schranke und beteuerte, daß im Paddock „Kundschaft" auf ihn warte… Dem Mann

Donnerstag herrscht die Ruhe vor dem Sturm: Jordan-Mechaniker können (noch) in Ruhe essen

In Monaco ersetzen große Zelte die fehlenden Boxen. Kleine Teams arbeiten in einem Parkhaus

Im Paddock-Club gibt Mika Häkkinen für VIPs Auskunft. Die kulinarische Versorgung ist sehr gut

lager, denn in der großen „Wagenburg“ wird für die Team-Mitglieder und deren Gäste gekocht. Benettons Luigi, ein Pasta-Virtuose der Extraklasse, zählt in dieser Branche zur ersten Garnitur. Was in den Miniküchen gezaubert wird, könnte oft auch in Luxus-Restaurants bedenkenlos über die Theke gereicht werden. Zu beneiden sind die Köche nicht. Wenn der Teamchef am Sonntagmorgen aus heiterem Himmel für mittags zwanzig VIP-Gäste ankündigt, dann bekommt man die nicht durch ein müdes Achselzukken satt. Natürlich sind die Geschäfte im Umkreis voller Köstlichkeiten, aber diese Geschäfte haben alle sonntags geschlossen…

Mittwochs vor den Rennen bevölkert sich das asphaltierte Viereck von Stunde zu Stunde mehr. Jede Kleinigkeit läuft generalstabsmäßig. Wer wo seinen Stellplatz hat, ob das Team nur ein Motorhome oder noch ein zusätzliches – des Motoren-Partners – aufstellen darf: Die Ecclestone-Brigade organisiert alles. Anschlüsse für Elektrizität und Wasser werden gelegt, die Vorzelt-Heringe mit Brachialgewalt in den Teer getrieben. Von Fahrern oder Teamchefs fehlt weit und breit noch jede Spur.

Die Stars betreten die Bühne meist donnerstags im Verlauf der Nachmittagsstunden. Damit schwindet allmählich die Gemütlichkeit des Vortags, auch wenn die Spannungskurve vorläufig nur langsam an Höhe gewinnt.

Von Stunde zu Stunde wird das Fahrerlager mehr und mehr zum „Kontakthof“: Überall sitzen oder stehen Gruppen, Grüppchen oder Paare zusammen und quatschen, fachsimpeln oder diskutieren. Die Weichen für das Wochenende werden gestellt. Anekdoten über die

Donnerstag ist Warmlaufphase

Anreise – verpaßte Flugzeuge, verlorenes Gepäck und Schikanen am Zoll – lockern die Zungen. Erst im Anschluß an solche Warmlaufphasen wird die Schraube angedreht.

Dieses Ritual wird nur in Ausnahmefällen gestört. So wie 1995 in Imola, als Alt-Star Nigel Mansell mit Verspätung als McLaren-Mercedes-Pilot ins Geschehen eingriff. Ähnlich wie ein Magnet zog der britische Schnauzbart die Aufmerksamkeit auf sich. TV-Teams, Fotografen und Journalisten umzingelten den Ex-Weltmeister mit einem dichten Belagerungsring.

Zutritt zu den Motorhomes gibt es nur nach Voranmeldung. In der gedämpften, plüschigen Konferenzraum-Atmosphäre im Inneren gehen nicht nur die internen Briefings der Rennställe über

Die Mini-Küchen der Motorhomes sind perfekt ausgestattet

Einer kam durch

In Suzuka begrüßte Bernie Ecclestone „Schwarzseher" Voigt

Etwas irritiert drückt Formel-1-Zampano Bernie Ecclestone die Hand von Markus Voigt. Der 36jährige Westerwälder hat es geschafft, ohne VIP- oder Pressestatus ins Fahrerlager zu kommen. Und das nicht zum ersten Mal: Der Motorsportfan hat sich ein Hobby daraus gemacht, die strengen Kontrollen zu umgehen und ohne Ausweis und vor allem ohne Geld ins Allerheiligste zu gelangen. Auf diese Weise hat Markus bereits Auto- und Motorradrennen in der ganzen Welt besucht.

Seine Tricks bleiben natürlich ein Geheimnis. „Einmal", erzählt er nur, „hat ein Ordner meiner Frau sogar eine Leiter bereitgestellt." Ein anderes Mal hat er einen italienischen Aufpasser derart mit Westerwälder Sprüchen zugelabert, daß dieser Markus nebst Freunden entnervt passieren ließ.

Ein paar tausend Fans versuchen an jedem Grand-Prix-Wochenende, einen Fuß in das Fahrerlager zu setzen. Aber nur einer kommt durch – Markus Voigt.

die Bühne, sondern auch viele der Interviews. In beiden Fällen werden diese Örtlichkeiten aus einem guten Grund bevorzugt: Hier gibt es keine fremden großen Ohren.

Nicht jeder Gast ist gern gesehen. Formel-1-Zampano Bernie Ecclestone macht aus speziellen Tricks seiner „Gastfreundschaft" kein Geheimnis, wenn er ein Gespräch auf subtile Art und Weise abkürzen will: Ist es draußen heiß, gibt er Anweisung, die Heizung einzuschalten. Ist es kalt und naß, sorgt er für niedrigste Innentemperaturen.

Die Zeiten, da im Fahrerlager technische Arbeiten an den Rennwagen vorgenommen wurden, sind seit Jahren vorüber. Die Boliden stehen in den Boxen, dort wird „geschraubt", und dieser Bereich ist vom Paddock hermetisch abgeriegelt. Zugang zum Fahrerlager bedeutet nicht automatisch, auch die Boxen und die Boxengasse betreten zu dürfen.

Diese Unterteilung der erlaubten Zonen bedeutet: Wer sich an einem der Trainingstage oder sonntags ins Fahrerlager schleicht, hat keinerlei Garantien, „Schumi"

Piloten sieht man selten im Fahrerlager

über den Weg zu laufen. Sobald der Ernst des Lebens begonnen hat, kommen die Piloten nur noch zu Stippvisiten ins Fahrerlager, und dort verschwinden sie meistens direkt in den Hochsicherheitstrakten mit Namen Motorhome. Nur wer jetzt rechtzeitig die Weichen stellte und schon früh einen Gesprächstermin aushandelte, darf mit ins Innere schlüpfen.

Die Wege zwischen den Boxen und den Motorhomes legen die Rennfahrer meistens im Laufschritt zurück. Zu groß ist die Angst, sich urplötzlich die Bewegungsfreiheit durch Vergabe von 20 Autogrammen erkaufen zu müssen.

Die Action der Formel 1 spielt sich auf den Pisten und in den Boxen ab. In den Fahrerlagern stehen die Hintergründe des Geschehens im Vordergrund – hier wird gebeichtet und gelogen, erklärt und verschleiert. Zuhören, Fragen stellen, Beobachten, Gerüchten nachgehen und Gerüchte in die Welt setzen: Das Fahrerlager ist der große Markt für Neuigkeiten.

Mit Rennende beginnt der Abbau der „Zeltstadt". Wenige Stunden nach der Siegerehrung erinnert nichts mehr an den Formel-1-Glamour. Die Eile ist angebracht. Zurück geht's – z.B. von Hockenheim – in die meist englische Teambasis und von dort auf nach Ungarn, wo schon in zehn Tagen die Hämmer erneut auf die Heringe eindreschen werden. Auch die „Kulissenschieber" des Grand-Prix-Sports stehen unter Zeitdruck.

Das Fahrerlager – für die einen ist es unerreichbares Paradies, für die anderen ist es einer der hektischsten Arbeitsplätze der Welt! AS

DICKE GUMMIS

Mit sieben Reifensätzen pro Fahrer muß das Team auskommen. Durch die unterschiedlichen Streckenbeschaffenheiten entscheidet

Sie sind breit. Sie sind schwarz. Sie sind nicht zu übersehen. Ohne sie würde die Formel 1 nicht rollen. Nur ein einziger Hersteller produziert zur Zeit die mächtigen Walzen, mit denen sich die Autos auf dem Asphalt festkrallen und denen die Piloten ihr Leben anvertrauen. Entsprechend sorgfältig werden sie von Teams und Technikern behandelt.

Die Rede ist von den Pneus der Boliden – jenen vier gewaltigen Walzen, die im Bereich weniger Quadratzentimeter den Kontakt zwischen Rennwagen und Asphalt herstellen: Je zwei bringen die Power auf die Piste, und das andere Pärchen ist maßgeblich an jeder Richtungsänderung des Fahrzeugs beteiligt. Maximal dürfen sie laut Reglement eine Breite von 15 Inch (38,1 cm) haben – ein Grenzwert, den nur die hinteren Reifen erreichen. Schon bevor dieses Limit für die Saison 1993 eingeführt wurde, hatten die Hersteller freiwillig die Dimensionen reduziert: Immer bessere Gummimischungen mit wachsender Bodenhaftung erlaubten

e Zahl der Reifenwechsel über Sieg oder Niederlage bei einem GP

schmalere Reifen, die den Aerodynamikern aufgrund des geringeren cw-Werts äußerst gelegen kamen.

Im Grand-Prix-Sport ist seit Jahren der amerikanische Gummi-Gigant Goodyear Alleinausrüster. Dieser Job ist werbewirksam, erfordert andererseits aber auch intensive Arbeit.

Wer glaubt, als Monopolist könnte sich Goodyear auf der faulen Gummihaut ausruhen, der irrt. So wie sich die Chassis-Designer alljährlich um Leistungssteigerungen bemühen, so tun es die Pneu-Techniker. Permanent wird Entwicklungsarbeit betrieben. Zum einen, weil die F1-Autos „rollende Labors" für den Bau von Serien-Reifen sind, zum anderen, weil latent die Gefahr besteht, daß sich die Konkurrenz zurückmeldet. Für den Fall der Fälle – in der Vergangenheit trauten sich mit Continental, Pirelli, Firestone, Michelin, Dunlop und Englebert immerhin sechs andere Produzenten auf den GP-Markt – muß man gerüstet sein. Je höher die Know-How-Latte liegt, desto größer ist die Abschreckung für mögliche Mitbewerber…

Die „Geburt" eines der knapp 900 Mark teuren Reifen dauert drei Tage. Im ersten Arbeitsschritt wird die Gummi-Mixtur angerührt. Im zweiten werden die übrigen Bauteile gefertigt und schließlich fügt man die Komponenten zusammen. Verteilt auf die drei angesprochenen Tage kalkuliert das Werk acht Stunden für die Produktion eines Reifens. Die Kapazitäten der Goodyear-Rennabteilung reichen allerdings trotz der zeitraubenden Prozedur aus, den

1.400 Reifen pro Rennen

Bedarf für ein GP-Wochenende innerhalb der kurzen Frist von Montag bis Freitag zu fertigen. Immerhin werden pro Saison – ohne Berücksichtigung der diversen Testfahrten – 16 Mal nahezu 1.400 Reifen benötigt. 1996 müssen pro WM-Lauf knapp 700 profillose Slicks bereitgestellt werden und zusätzlich fast das gleiche Kontingent Regenreifen.

Aufgebaut sind die Renngummis als Radialreifen – damit ist die Verwandtschaft mit den Reifen im Straßenverkehr bereits angedeutet. Anders als die Pneus von Otto Normalverbraucher sind die Gürtel unterhalb der nur drei Millimeter starken Lauffläche nicht aus Stahl. Die Räder müssen mit Blick auf eine gute Straßenlage möglichst leicht sein, da sie zu den ungefederten Massen zählen. Stahlgürtelreifen wären schlichtweg zu schwer. Aber die Goodyear-Techniker verfolgten mit der Verbannung des Stahls noch ein weiteres Ziel: Rennreifen arbeiten optimal bei circa 100 Grad Celsius – in diesem Temperaturbereich würde Stahl thermische Probleme schaffen. Fragt man die Spezialisten nach dem Ersatzstoff, dann rollen sie ihre Augen und legen den Zeigefinger der Rechten auf die Lippen. Das leichte und thermisch unproblematische Material zählt zu den großen Firmengeheimnissen.

Kein Geheimnis ist hingegen, daß es neben den Slicks auch Regenreifen gibt. Genau genommen werden „Intermediates" angeboten – Reifen mit wenig, flachem Profil für feuchte Fahrbahn, normale Regenreifen mit sechs Millimetern Profil und neuerdings Pneus für extrem nassen Asphalt. Diese Pneus, die den Einsatz des Safety-Car hinauszögern sollen, befinden sich allerdings noch im Entwicklungsstadium. Bei den Sechs-Millimeter-Regenreifen, die bei Tempo 300 pro Sekunde 26 Liter Wasser verdrängen, entspricht die Profiltiefe der Stärke der Lauffläche. Würde das Profil komplett abgefahren, bliebe vom Reifen nichts mehr übrig. Zum Vergleich: Bei einem herkömmlichen Straßenreifen beträgt die Mächtigkeit der „Stollen" acht Millimeter, die gesamte Lauffläche ist über einen Zentimeter dick.

Die relativ hohen Kosten treffen übrigens nicht alle Teams. Da – trockene Witterung vorausgesetzt – pro Rennstall und Wochenende 56 Slicks verbraucht werden,

Bei ca. 100° bietet der profillose Slick die beste Bodenhaftung

Regenreifen: Von der Mitte wird Wasser nach außen verdrängt

Mobile Service-Station: Hinter den Boxen wird ausgewuchtet

müssen allein für diesen Posten knapp 50.000 Mark aufgewendet werden. Vier Teams – Goodyear ziert sich, die Namen zu nennen – erhalten das schwarze Gold allerdings zum Nulltarif. Natürlich handelt es sich dabei um die Top-Rennställe, die im Gegenzug ihren Teil zur Weiterentwicklung der Gummis beitragen.

Optimal erfüllen die Reifen ihren Job, wenn ihre Auflagefläche auf dem Asphalt die ideale Größe hat. Der Luftdruck und die Einstellung des Radsturzes beeinflussen diese Größe. Um in Sachen Luftdruck verläßliche, weltweit einheitliche, Bedingungen zu haben, werden die Pneus mit einem Spezialgas gefüllt. Um die im Sauerstoff enthaltene, natürliche Feuchtigkeit herauszufiltern, wird der Außenluft dieser Sauerstoff entzogen und fertig ist das Gas. Die hierfür benötigten „Filter“ führt Goodyear im Reisegepäck mit. Der Standard-Druck liegt zwischen 22 und 24 Psi in den Vorderreifen und circa 19 Psi hinten.

Da der Luftdruck bei der Feinabstimmung der Boliden die Federung beeinflußt, wählen die Ingenieure von Piste zu Piste ihre Idealwerte, die der eigenen Konstruktion und den Wünschen der Piloten auf den Leib geschneidert sind.

Goodyear noch ohne Konkurrenz

329 Mal war Goodyear bis Saisonende 95 in der Formel 1 siegreich. 1996 werden noch weitere 16 Erfolge hinzuaddiert, denn vorläufig sind die Amerikaner konkurrenzlos. Diese Tatsache sehen die Verantwortlichen des Konzerns mit einem lachenden und einem weinenden Auge: Als Monopolist sind ihnen zur Zeit die Siege absolut sicher. Andererseits steht die Gummi-High-Tech bei den Rennen aus diesem Grund nicht gerade im Rampenlicht. Sollte sich ein Herausforderer finden, wären die Pneus automatisch wieder eines der zentralen Themen der Formel 1 – dem PR-Gedanken käme das sehr gelegen. Andererseits würden die Kosten steigen. So hat es Goodyear natürlich nicht nötig, spezielle Qualifikationsreifen zu entwickeln. Das wird sich wohl bald ändern. Der japanische Konkurrent Bridgestone hat für 1998 sein Comeback in der Königsklasse angekündigt.

Wenn Formel-1-Reifen zu den eher raren Souvenirs der Szene zählen, dann liegt das weniger daran, daß sich die Goodyear-Techniker vor Industrie-Spionage fürchten. Einer der Reifeningenieure: „Bei den langen Transportwegen gibt es zwangsläufig Sicherheitslücken, die sich niemals schließen lassen.“ Daß die abgefahrenen Gummis den Fans nicht überlassen werden, hat zollrechtliche Ursachen: Bei der Einreise werden die Walzen gezählt. Jeder Pneu, der montags bei der Ausreise nicht im Transporter ist, gilt als „exportiert“ – entsprechend fallen Zollgebühren an.

Akribisch wird der Luftdruck der einzelnen Reifen überprüft und gegebenenfalls nach den Vorgaben der Ingenieure verändert

Gewinner 1995

Mann des Jahres: Michael Schumacher

Wenn man jemanden als Gewinner bezeichnen kann, dann Michael Schumacher. Nicht nur, weil er zum zweiten Mal in Folge Weltmeister wurde, sondern vielmehr, **wie** er Weltmeister wurde. Sein Benetton war wirklich nicht das beste Auto im Feld. Dennoch fuhr er neun Siege in 17 Rennen heraus. Und was für Siege. Ein Festival der Emotionen auf dem Hockenheimring: Der erste Deutsche, der den Großen Preis von Deutschland gewann. In Spa von Startplatz 16 ein Parforce-Ritt an die Spitze. Auf dem Nürburgring ein Jahrhundertrennen mit einem Schlußspurt und einem Überholmanöver, das in die Geschichte eingehen wird. Und als würde das alles noch nicht reichen, legte Michael auch geschäftlich den „overdrive“ ein: Der Zwei-Jahres-Vertrag mit dem Mythos-Team Ferrari hebt ihn in eine neue Dimension. Mit 37 Millionen Mark ist Michael der bestbezahlte Formel-1-Fahrer aller Zeiten. Da Geld aber nicht alles ist, hat Michael gleich noch einen Vertrag unterzeichnet, einen auf Lebenszeit. Im Sommer hat er geheiratet. Wie gesagt, wenn Schumacher kein Gewinner ist – wer dann?

Nürburgring

Die weltberühmte Rennstrecke wurde 1983 für 80 Millionen Mark völlig neu gestaltet und galt von da an als „sicherste und modernste Rennstrecke der Welt“. Trotzdem fanden nur zwei Formel-1-Läufe dort statt. Doch die Nürburgring GmbH gab nicht auf. Zehn Jahre nach dem letzten Grand Prix in der Eifel kam der Zirkus zurück. Zwar nicht zum Großen Preis von Deutschland aber immerhin zum Großen Preis von Europa. Dank perfekter Organisation gibt es 1996 einen Nachschlag. Diesmal schon im April. Damit man in diesem Jahr auch ganz sicher Eis und Schnee einplanen kann…

Jacques Villeneuve

Jacques Villeneuve muß was haben. Ohne jede Grand-Prix-Erfahrung sitzt er schon im besten Formel-1-Auto. Auch der Förderer spricht für den diesjährigen Sieger der US-amerikanischen IndyCar-Serie. Kein Geringerer als Formel-1-Boß Bernie Ecclestone hat sich bei Frank Williams für den Kanadier verwendet. Damit er aber ein Gewinner bleibt, muß der Sohn des legendären Gilles Villeneuve kräftig Gas geben und 1996 mindestens so gut wie Hill sein. In Australien ist er den Vorschußlorbeeren eindrucksvoll gerecht geworden. Souverän sicherte er sich die Pole-Position und wurde Zweiter im Debütrennen.

Eddie Irvine

Der Mann ist ein Gesamtkunstwerk. Er hat ganz nebenbei einen Rubens Barrichello entzaubert und bei Ferrari einen Millionen-Vertrag unterschrieben. Hauptsächlich sorgt der Ire allerdings durch seine unkonventionelle Art für Gesprächsstoff. Statt Fitneßtraining Guinness saufen, bei Technik-Briefings blau machen, immer freundlich zu den Journalisten sein („Die Scheiße, die Ihr schreibt, interessiert mich einen Dreck!") und auf WM-Parties in die Restaurant-Küche kotzen, weil die Toilette zu weit weg ist. Eddie Irvine – solche Typen braucht die Formel 1. Zumindest einen davon.

Jean Alesi

Nach 90 Anläufen holt der Franzose endlich seinen ersten Grand-Prix-Sieg. Und nach seinem Rauswurf bei Ferrari angelt er sich ein Cockpit beim Weltmeisterteam Benetton. Auch privat ist nach dem Zoff mit Ehefrau Laurence dank Freundin Kumiko alles in bester Ordnung. Jean Alesi versteht zu kontern.

Heinz-Harald Frentzen

Mit 15 Punkten landete der Mönchengladbacher auf dem neunten Platz im WM-Klassement. Das rechtfertigt zwar nicht unbedingt die Bezeichnung „Gewinner". Hatte HH doch immerhin exklusiv den Ford-Weltmeistermotor von 1994 im Rücken. Dennoch – Frentzen hat in seinem zweiten Formel-1-Jahr erneut gezeigt, daß er einer der ganz Großen werden kann. Mit einem begnadeten Speed, unbändigem Willen und der Kraft, ein Team mit sich zu reißen. Er verfügt über das technische Verständnis, aus einer Gurke ein Rennauto zu entwickeln, mit dem man regelmäßig in die Punkteränge fahren kann. Sein Platz auf dem Trepp-

chen beim Italien-GP unterstreicht das. Die Teamgefährten Wendlinger und Boullion, die das Pech hatten, 1995 mit Frentzen in einem Team fahren zu müssen, sind jetzt bei den Verlieren zu finden. Trotzdem wird 1996 für HH ein Jahr der Entscheidung. Wenn es dem Deutschen in dieser Saison nicht gelingt, die Weichen für seine Zukunft richtig zu stellen, steht auch er möglicherweise bald auf der nächsten Seite…

Ferrari

Sie haben es tatsächlich geschafft: Weltmeister Michael Schumacher ist an Bord. Dazu kann man der Truppe aus Maranello nur gratulieren. Alles weitere bitte unter „Verlierer" lesen…

Benetton

Benettons Vorsprung in der Konstrukteurs-WM beträgt komfortable 25 Punkte auf Dauerkonkurrent Williams. Bei den Siegen sieht es nicht anders aus. Elf zu fünf lautet hier das Ergebnis. Wenn man sich jetzt noch die Tankstopps ansieht – sowohl Strategie, als auch die Durchführung – dann ist Benetton mit großem Abstand das Team des Jahres 1995.

Renault

Okay, man könnte fragen, was beim Kanada-GP los war. Da hat nämlich ein Ferrari gesiegt. Immerhin gab es dort die 100. Pole-Position für Renault. Und einerlei, wer 1995 oben auf dem Treppchen stand, ob Schumacher, Hill, Coulthard oder Herbert, der Sieger hieß immer auch Renault. Hut ab vor der 150-Mann-Truppe.

Verlierer 1995

Looser des Jahres: Damon Hill

Irgendwie ist das alles ungerecht: Eigentlich hat Damon Hill eine ganz unglaubliche Karriere hinter sich. Einer, der nie als Kind im Kart saß und seinen ersten Motorsporterfolg in der Formel Ford 1600 als bereits 24jähriger feierte (in diesem Alter pflegte ein Herr Schumacher Formel-1-Siege zu sammeln), für so einen muß die Bilanz von 13 Siegen in nur 51 Grand-Prix-Läufen wie ein Wunder erscheinen. Doch was solls: Wenn einer im besten Auto sitzt, dann werden von ihm auch Bestleistungen erwartet. Und die brachte in der Saison 1995 nicht Damon Hill, sondern Michael Schumacher. Der Brite hatte im direkten Kampf gegen den Deutschen keine Chance. Und genau so wird man zum Verlierer gestempelt.

Jules Boullion

Jean-Christophe Boullion kam zum Sauber-Team mit der „Na, wo steht denn das Klavier"-Einstellung. War ja auch verständlich. Frisch gebackener Formel-3000-Europameister und bei Williams als Testfahrer in Amt und Würden. Dort war er auf Anhieb fast so schnell wie Hill und Coulthard. Was sollte ihm da bei Sauber schon groß passieren. Dann lernte Boullion Herrn Frentzen kennen und im Handumdrehen wurde aus einer Kraftbrühe ein laues Wassersüppchen. So schnell kann das gehen.

„Die Kleinen"

Larrousse hatte das Handtuch geworfen, bevor die Saison losging. Der französische Rennstall DAMS verschob sein Debüt um ein Jahr (was er 1996 erneut tat), Simtek schaffte es bis zum großen Preis von Monaco, während Pacific immerhin alle Läufe absolvierte, um dann in der Versenkung zu verschwinden. Und Bernie Ecclestone sagt: „Wir haben Teams akzeptiert, die nicht in die Formel 1 gehören." Der Mann versteht zu trösten.

Johnny Herbert

Er ist nach Siegen hinter Schumacher und Hill der erfolgreichste Pilot 1995. Seinen Premierensieg konnte er sogar vor Heimpublikum feiern. Und trotzdem wird sich Johnny Herbert nicht gerne an dieses Jahr zurückerinnern. Denn er wurde unfreiwillig Mitglied einer Trauergemeinschaft, zu der bislang Nelson Piquet, Martin Brundle, Riccardo Patrese, JJ Lehto und Jos Verstappen gehörten. Alles Fahrer, die Michael Schumacher entkernt und entsaftet hatte. Und das hat keiner gerne.

Ferrari

Man hatte mit Niki Lauda den besten Berater, mit dem Ex-Honda-Motorenmann Goto den besten Triebwerksspezialisten, mit Luca di Montezemolo den entschlossensten Präsidenten, mit John Barnard den erfolgreichsten Konstrukteur, mit Jean Todt den preußischsten Teamchef, mit Gerhard Berger und Jean Alesi die schnellste und erfahrenste Fahrerpaarung und mit Fiat im Rücken das höchste Budget. Und gewonnen hat man so gut wie nichts. Wieviel Kredit kann das springende Pferd haben, bevor es endgültig beim Abdecker landet?

Adelaide

Adelaide war kein Rennen, Adelaide war eine Party. Und was für eine. Nirgendwo auf der Welt wurde der Formel-1-Zuschauer so perfekt unterhalten wie dort. Auf der Strecke mit einem unglaublichen Rahmenprogramm, neben der Strecke mit Jubel, Trubel, Heiterkeit. Selbst Helen Vicqua, Sprecherin des örtlichen Hurenverbands, betont die Wichtigkeit des Events: „Unsere Frauen haben sich ebenso gewissenhaft auf das WM-Finale vorbereitet, wie die Formel-1-Teams.“ Bleibt nur eine Frage: Warum zieht der Zirkus nach Melbourne?

Karl Wendlinger

Drei Junioren hatte Sauber-Mercedes einst. Zwei – Frentzen und Schumacher – verließen das Team vorzeitig. Karl Wendlinger blieb und ging mit Sauber in die Formel 1. Doch dann kam Monaco 1994 und der Koma-Unfall. Wendlinger setzte alles daran, um sein Comeback zu schaffen. Anfang ’95 war es tatsächlich soweit. Doch der Abstand zu Frentzen war tödlich. Peter Sauber nahm seinen Zögling aus dem Rennen, gab ihm aber zu Saisonende noch eine Chance. Vergeblich, 1996 fährt er im Super-Touren-Wagen Cup.

McLaren-Mercedes

Hochmut kommt meist vor dem Fall. Als Mercedes-Vorstand Jürgen Hubbert das gemeinsame Formel-1-Projekt von McLaren und Mercedes kommentierte, sprach er vom Zusammenschluß „der Besten“. Mercedes-Rennleiter Norbert Haug stieß ins gleiche Horn und prognostizierte für die junge Kombination in der zweiten Saisonhälfte sogar die „Fähigkeit zu Siegen“. Tatsächlich war das Rennjahr 1995 eine einzige Enttäuschung und für McLaren die erfolgloseste Saison seit 14 Jahren. Der MP 4/10 mit dem spektakulären Mittelflügel war ein Flop und das Mercedes-Triebwerk von Motorenspezialist Mario Illien nicht standfest genug. Nigel Mansell hatte nach zwei Rennen die Nase voll von der Truppe. Vielleicht hat die zikkige Diva mehr Ahnung von der Formel 1 als wir alle dachten…

Frank Williams

Was für ein Jahr: Der Brite hatte das beste Auto im Feld. Doch als abgerechnet wurde, hatte er weder den Weltmeister gestellt noch den Konstrukteurstitel geholt. Stattdessen verlor er Nachwuchstalent David Coulthard an McLaren und ließ sich gegen seinen Willen von Bernie Ecclestone den Kanadier Jacques Villeneuve aufdrängen. Gegen Saisonende versuchte der Rollstuhlgeneral seinen Nummer-1-Fahrer Hill gegen Berger oder Frentzen einzutauschen. Aber auch das klappte nicht. Wirklich kein Jahr für Frank Williams.

Saison-Rückblick Ergebnisse 1995

Der Grand-Prix-Zirkus machte 1995 an 17 verschiedenen Stationen Halt. Nur einmal, im Jahr 1977, gab es ebensoviele Rennen. Der zusätzliche Lauf kam zustande, nachdem der Pazifik-Grand-Prix wegen des verheerenden Erdbebens im Januar 1995 zunächst nicht stattfinden sollte. Als Ersatz wurde Ungarn bestätigt. Später wurde dann doch noch Aida als Formel-1-Lauf in den Kalender aufgenommen.

Auf den folgenden Seiten finden Sie sämtliche Ergebnisse der Formel-1-Läufe von Brasilien bis Australien und den Endstand der Fahrer- und Konstrukteurswertung.

Die Schilderung der einzelnen Rennverläufe finden Sie auf den GP-Vorschauseiten

1. Lauf – 27. März 1995
Brasilien (Interlagos)

Erste Startreihe:
Damon Hill, Michael Schumacher

Schnellste Runde:
Michael Schumacher (D)
in 1.20,921 Min. (= 192,409 km/h)

Sieger: Michael Schumacher (D),
Benetton-Renault, in 1:38.34,154 Std. (= 186,919 km/h)
2. Platz: **D. Coulthard (GB)**, Williams-Renault, 8,060 Sek. zurück
3. Platz: **G. Berger (A)**, Ferrari, 1 Runde zurück
4. Platz: **M. Häkkinen (SF)**, McLaren-Mercedes, 1 Runde zurück
5. Platz: **J. Alesi (F)**, Ferrari, 1 Runde zurück
6. Platz: **M. Blundell (GB)**, McLaren-Mercedes, 1 Runde zurück

Weitere:
7. Salo (2 Rd.), **8. Suzuki** (2 Rd.), **9. Montermini** (6 Rd.), **10. Diniz** (7 Rd.)

Ausfälle:
Morbidelli (62 Rd., Benzindruck), **Inoue** (48, Motorbrand), **Badoer** (47, Getriebe), **Moreno** (47, Dreher), **Wendlinger** (41, Kabelbrand), **Hill** (30, Getriebe), **Herbert** (30, Unfall), **Gachot** (23, Getriebe), **Barrichello** (16, Hydraulik), **Verstappen** (16, Kupplung), **Katayama** (15, Dreher), **Irvine** (15, Hydraulik), **Schiattarella** (12, Lenkung), **Frentzen** (10, Elektrik), **Panis** (0, Unfall), **Martini** (Getriebeschaden vor dem Start)

WM-Führung (Top 5):
Schumacher (10), Coulthard (6), Berger (4), Häkkinen (3), Alesi (2)

2. Lauf – 9. April 1995
Argentinien (Buenos Aires)

Erste Startreihe:
David Coulthard, Damon Hill

Schnellste Runde:
Michael Schumacher (D)
in 1.30,522 Min. (= 169,377 km/h)

Sieger: Damon Hill (GB),
Williams-Renault, in 1:53.14,532 Std. (= 168,021 km/h)
2. Platz: **J. Alesi (F)**, Ferrari, 6,407 Sek. zurück
3. Platz: **M. Schumacher (D)**, Benetton-Renault, 33,376 Sek. zurück
4. Platz: **J. Herbert (GB)**, Benetton-Renault, 1 Runde zurück
5. Platz: **H.-H. Frentzen (D)**, Sauber-Ford, 2 Runden zurück
6. Platz: **G. Berger (A)**, Ferrari, 2 Runden zurück

Weitere:
7. Panis (2 Rd.), **8. Katayama** (3 Rd.), **9. Schiattarella** (4 Rd.), **Diniz, Moreno** (9 Rd., nicht gewertet)

Ausfälle:
Salo (48 Rd., Unfall), **Suzuki** (47, Unfall), **Martini** (44, Dreher), **Morbidelli** (43, Elektrik), **Inoue** (40, Dreher), **Barrichello** (33, Motor), **Verstappen** (23, Getriebe), **Coulthard** (16, Elektronik), **Blundell** (9, Ölkühler), **Irvine** (6, Motor), **Montermini** (1, Unfall), **Häkkinen** (0, Unfall), **Gachot** (0, Unfall), **Wendlinger** (0, Unfall), **Badoer** (Unfall beim ersten Start)

WM-Führung (Top 5):
Schumacher (14), Hill (10), Alesi (8), Coulthard (6), Berger (5)

3. Lauf – 30. April 1995
San Marino (Imola)

Erste Startreihe:
Michael Schumacher, Gerhard Berger

Schnellste Runde:
Gerhard Berger (A)
in 1.29,568 Min. (= 196,744 km/h)

Sieger: Damon Hill (GB),
Williams-Renault, in 1:41.42,552 Std. (= 181,921 km/h)
2. Platz: **J. Alesi (F)**, Ferrari, 18,510 Sek. zurück
3. Platz: **G. Berger (A)**, Ferrari, 43,116 Sek. zurück
4. Platz: **D. Coulthard (GB)**, Williams-Renault, 51,890 Sek. zurück
5. Platz: **M. Häkkinen (SF)**, McLaren-Mercedes, 1 Runde zurück
6. Platz: **H.-H. Frentzen (D)**, Sauber-Ford, 1 Runde zurück

Weitere:
7. Herbert (2 Rd.), **8. Irvine** (2 Rd.), **9. Panis** (2 Rd.), **10. Mansell** (2 Rd.), **11. Suzuki** (3 Rd.), **12. Martini** (4 Rd.), **13. Morbidelli** (4 Rd.), **14. Badoer** (4 Rd.), **15. Diniz** (7 Rd.), **16. Moreno** (7 Rd.)

Ausfälle:
Wendlinger (43 Rd., Radmutter), **Gachot** (36, Getriebe), **Schiattarella** (35, Aufhängung), **Barrichello** (31, Getriebe), **Katayama** (23, Dreher), **Salo** (19, Motor), **Montermini** (15, Getriebe), **Verstappen** (14, Getriebe), **Inoue** (12, Unfall), **Schumacher** (10, Unfall)

WM-Führung (Top 5):
Hill (20), Alesi, Schumacher (je 14), Berger, Coulthard (je 9)

4. Lauf – 14. Mai 1995
Spanien (Barcelona)

Erste Startreihe:
Michael Schumacher, Jean Alesi

Schnellste Runde:
Damon Hill (GB)
in 1.24,531 Min. (= 201,313 km/h)

Sieger: Michael Schumacher (D),
Benetton-Renault, in 1:34.20,507 Std. (= 195,320 km/h)
2. Platz: **J. Herbert (GB)**, Benetton-Renault, 51,988 Sek. zurück
3. Platz: **G. Berger (A)**, Ferrari, 1.05,237 Min. zurück
4. Platz: **D. Hill (GB)**, Williams-Renault, 2.01,749 Min. zurück
5. Platz: **E. Irvine (GB)**, Jordan-Peugeot, 1 Runde zurück
6. Platz: **O. Panis (F)**, Ligier-Mugen-Honda, 1 Runde zurück

Weitere:
7. Barrichello (1 Rd.), **8. Frentzen** (1 Rd.), **9. Brundle** (1 Rd.), **10. Salo** (1 Rd.), **11. Morbidelli** (2 Rd.), **12. Verstappen** (2 Rd.), **13. Wendlinger** (2 Rd.), **14. Martini** (3 Rd.), **15. Schiattarella** (4 Rd.)

Ausfälle:
Katayama (56 Rd., Motor), **Coulthard** (54, Getriebe), **Häkkinen** (53, Benzindruck), **Inoue** (43, Motor), **Gachot** (43, Brand), **Moreno** (39, Aufgabe), **Alesi** (25, Motor), **Badoer** (21, Getriebehydraulik), **Mansell** (18, Unfallfolgen), **Diniz** (17, Getriebe), **Montermini** (0, Nichtstarter, Getriebe)

WM-Führung (Top 5):
Schumacher (24), Hill (23), Alesi (14), Berger (13), Coulthard, Herbert (je 9)

5. Lauf – 28. Mai 1995
Monaco (Monte Carlo)

Erste Startreihe:
Damon Hill, Michael Schumacher

Schnellste Runde:
Jean Alesi (F)
in 1.24,621 Min. (= 141,581 km/h)

Sieger: Michael Schumacher (D),
Benetton-Renault, in 1:53.11,258 Std. (= 137,603 km/h)
2. Platz: **D. Hill (GB)**, Williams-Renault, 34,817 Sek. zurück
3. Platz: **G. Berger (A)**, Ferrari, 1.11,447 Min. zurück
4. Platz: **J. Herbert (GB)**, Benetton-Renault, 1 Runde zurück
5. Platz: **M. Blundell (GB)**, McLaren-Mercedes, 1 Runde zurück
6. Platz: **H.-H. Frentzen (D)**, Sauber-Ford, 2 Runden zurück

Weitere:
7. Martini (2 Rd.), **8. Boullion** (4 Rd., Dreher), **9. Morbidelli** (4 Rd.), **10. Diniz** (6 Rd.)

Ausfälle:
Badoer (68 Rd., Aufhängung), **Panis** (65, Unfall), **Salo** (63, Gaszug), **Barrichello** (60, Gaszug), **Gachot** (42, Getriebe), **Alesi** (41, Unfall), **Brundle** (40, Unfall), **Inoue** (27, Getriebe), **Katayama** (26, Unfall), **Montermini** (23, Disqualifikation), **Irvine** (22, Unfall), **Coulthard** (16, Getriebe), **Moreno** (9, Bremsen), **Häkkinen** (8, Motor), **Verstappen** (0, Getriebe), **Schiattarella** (Nichtstarter)

WM-Führung (Top 5):
Schumacher (34), Hill (29), Berger (17), Alesi (14), Herbert (12)

6. Lauf – 11. Juni 1995
Kanada (Montreal)

Erste Startreihe:
Michael Schumacher, Damon Hill

Schnellste Runde:
Michael Schumacher (D)
in 1.29,174 Min. (= 178,841 km/h)

Sieger: Jean Alesi (F),
Ferrari, in 1:46.31,333 Std.
(= 172,172 km/h)
2. Platz: **R. Barrichello (BR)**, Jordan-Peugeot, 31,687 Sek. zurück
3. Platz: **E. Irvine (GB)**, Jordan-Peugeot, 33,270 Sek. zurück
4. Platz: **O. Panis (F)**, Ligier-Mugen-Honda, 36,506 Sek. zurück
5. Platz: **M. Schumacher (D)**, Benetton-Renault, 37,060 Sek. zurück
6. Platz: **G. Morbidelli (I)**, Arrows-Hart, 1 Runde zurück

Weitere:
7. Salo (1 Rd.), **8. Badoer** (1 Rd.), **9. Inoue** (2 Rd.)

Ausfälle:
Brundle (61 Rd., Unfall), **Berger** (61, Unfall), **Martini** (60, Unfall), **Moreno** (54, Benzindruck), **Hill** (50, Getriebe), **Blundell** (47, Motor), **Katayama** (42, Motor), **Gachot** (36, Batterie), **Frentzen** (26, Elektronik), **Diniz** (26, Getriebe), **Boullion** (19, Unfall), **Montermini** (5, Getriebehydraulik), **Coulthard** (1, Dreher), **Herbert** (0, Unfall), **Häkkinen** (0, Unfall)

WM-Führung (Top 5):
Schumacher (36), Hill (29), Alesi (24), Berger (17), Herbert (12)

7. Lauf – 2. Juli 1995
Frankreich (Magny-Cours)

Erste Startreihe:
Damon Hill, Michael Schumacher

Schnellste Runde:
Michael Schumacher (D)
in 1.20,218 Min. (= 190,730 km/h)

Sieger: Michael Schumacher (D),
Benetton-Renault, in 1:38.28,429 Std.
(= 186,332 km/h)
2. Platz: **D. Hill (GB)**, Williams-Renault, 31,309 Sek. zurück
3. Platz: **D. Coulthard (GB)**, Williams-Renault, 1.02,826 Min. zurück
4. Platz: **M. Brundle (GB)**, Ligier-Mugen-Honda, 1.03,293 Min. zurück
5. Platz: **J. Alesi (F)**, Ferrari, 1.17,869 Min. zurück
6. Platz: **R. Barrichello (BR)**, Jordan-Peugeot, 1 Runde zurück

Weitere:
7. Häkkinen (1 Rd.), **8. Panis** (1 Rd.), **9. Irvine** (1 Rd.), **10. Frentzen** (1 Rd.), **11. Blundell** (2 Rd.), **12. Berger** (2 Rd.), **13. Badoer** (3 Rd.), **14. Morbidelli** (3 Rd.), **15. Salo** (3 Rd.), **16. Moreno** (6 Rd.)

Ausfälle:
Montermini (62 Rd., Distanz), **Boullion** (48, Antriebswelle), **Gachot** (24, Dreher), **Martini** (23, Antriebswelle), **Herbert** (2, Unfall), **Katayama** (0, Unfall), **Inoue** (0, Unfall), **Diniz** (0, Unfall)

WM-Führung (Top 5):
Schumacher (46), Hill (35), Alesi (26), Berger (17), Coulthard (13)

8. Lauf – 16. Juli 1995
England (Silverstone)

Erste Startreihe:
Damon Hill, Michael Schumacher

Schnellste Runde:
Damon Hill (GB)
in 1.29,752 Min. (= 202,838 km/h)

Sieger: Johnny Herbert (GB),
Benetton-Renault, in 1:34.35,093 Std.
(= 195,682 km/h)
2. Platz: **J. Alesi (F)**, Ferrari, 16,497 Sek. zurück
3. Platz: **D. Coulthard (GB)**, Williams-Renault, 23,888 Sek. zurück
4. Platz: **O. Panis (F)**, Ligier-Mugen-Honda, 1.33,168 Min. zurück
5. Platz: **M. Blundell (GB)**, McLaren-Mercedes, 1.48,172 Min. zurück
6. Platz: **H.-H. Frentzen (D)**, Sauber-Ford, 1 Runde zurück

Weitere:
7. Martini (1 Rd.), **8. Salo** (1 Rd.), **9. Boullion** (1 Rd.), **10. Badoer** (1 Rd.), **11. Barrichello** (Unfall), **12. Gachot** (3 Rd.)

Ausfälle:
Moreno (48 Rd., Motor), **Schumacher** (45, Unfall), **Hill** (45, Unfall), **Papis** (28, Unfall), **Katayama** (22, Benzin), **Montermini** (21, Dreher), **Häkkinen** (20, Hydraulik), **Berger** (20, Rad locker), **Brundle** (16, Dreher), **Inoue** (16, Dreher), **Diniz** (13, Getriebe), **Irvine** (2, Motor überhitzt)

WM-Führung (Top 5):
Schumacher (46), Hill (35), Alesi (32), Herbert (22), Berger, Coulthard (je 17)

9. Lauf – 30. Juli 1995
Deutschland (Hockenheim)

Erste Startreihe:
Damon Hill, Michael Schumacher

Schnellste Runde:
Michael Schumacher (D)
in 1.48,824 Min. (= 225,711 km/h)

Sieger: Michael Schumacher (D),
Benetton-Renault, in 1:22.56,043 Std.
(= 222,120 km/h)
2. Platz: **D. Coulthard (GB)**, Williams-Renault, 5,988 Sek. zurück
3. Platz: **G. Berger (A)**, Ferrari, 1.08,097 Min. zurück
4. Platz: **J. Herbert (GB)**, Benetton-Renault, 1.23,436 Min. zurück
5. Platz: **J. Boullion (F)**, Sauber-Ford, 1 Runde zurück
6. Platz: **A. Suzuki (J)**, Ligier-Mugen-Honda, 1 Runde zurück

Weitere:
7. Katayama (1 Rd.), **8. Montermini** (3 Rd.), **9. Irvine** (4 Rd., Motor)

Ausfälle:
Häkkinen (33 Rd., Motor), **Frentzen** (32, Motor), **Badoer** (28, Getriebe), **Lavaggi** (27, Getriebe), **Moreno** (27, Antriebswelle), **Barrichello** (20, Motor), **Blundell** (17, Motor), **Panis** (13, Kühlerleck), **Alesi** (12, Motor), **Martini** (11, Motor), **Inoue** (9, Getriebe), **Diniz** (8, Bremsen), **Hill** (1, Unfall), **Salo** (0, Kupplung), **Papis** (0, Getriebe)

WM-Führung (Top 5):
Schumacher (56), Hill (35), Alesi (32), Herbert (25), Coulthard (23)

10. Lauf – 13. August 1995
Ungarn (Budapest)

Erste Startreihe:
Damon Hill, David Coulthard

Schnellste Runde:
Damon Hill (GB)
in 1.20,247 Min. (= 178,010 km/h)

Sieger: Damon Hill (GB),
Williams-Renault, in 1:46.25,721 Std.
(= 172,248 km/h)
2. Platz: **D. Coulthard (GB)**, Williams-Renault, 33,398 Sek. zurück
3. Platz: **G. Berger (A)**, Ferrari, 1 Runde zurück
4. Platz: **J. Herbert (GB)**, Benetton-Renault, 1 Runde zurück
5. Platz: **H.-H. Frentzen (D)**, Sauber-Ford, 1 Runde zurück
6. Platz: **O. Panis (F)**, Ligier-Mugen-Honda, 1 Runde zurück

Weitere:
7. Barrichello (1 Rd.), **8. Badoer** (2 Rd.), **9. Lamy** (3 Rd.), **10. Boullion,** (3 Rd.), **11. Schumacher** (4 Rd., Benzinpumpe), **12. Montermini** (4 Rd.), **13. Irvine** (7 Rd., Kupplung)

Ausfälle:
Brundle (67 Rd., Motor), **Salo** (58, Gaszug), **Blundell** (54, Benzinleitung), **Katayama** (46, Reifen), **Papis** (45, Bremsen), **Alesi** (42, Motor), **Diniz** (32, Motor), **Inoue** (13, Motor), **Moreno** (8, Schalthebel), **Lavaggi** (5, Dreher), **Häkkinen** (3, Motor)

WM-Führung (Top 5):
Schumacher (56), Hill (45), Alesi (32), Coulthard (29), Herbert (28)

11. Lauf – 27. August 1995
Belgien (Spa-Francorchamps)

Erste Startreihe:
Gerhard Berger, Jean Alesi

Schnellste Runde:
David Coulthard (GB)
in 1.53,412 Min. (= 221,373 km/h)

Sieger: Michael Schumacher (D),
Benetton-Renault, in 1:36.47,875 Std.
(= 190,204 km/h)
2. Platz: **D. Hill (GB)**, Williams-Renault, 19,493 Sek. zurück
3. Platz: **M. Brundle (GB)**, Ligier-Mugen-Honda, 24,998 Sek. zurück
4. Platz: **H.-H. Frentzen (D)**, Sauber-Ford, 26,972 Sek. zurück
5. Platz: **M. Blundell (GB)**, McLaren-Mercedes, 33,772 Sek. zurück
6. Platz: **R. Barrichello (BR)**, Jordan-Peugeot, 39,674 Sek. zurück

Weitere:
7. Herbert (54,048 Sek.), **8. Salo** (54,548 Sek.), **9. Panis** (1.06,170 Min.), **10. Lamy** (1.19,789 Min.), **11. Boullion** (1 Rd.), **12. Inoue** (1 Rd.), **13. Diniz** (2 Rd.), **14. Moreno** (2 Rd.)

Ausfälle:
Katayama (28 Rd., Unfall), **Lavaggi** (27, Getriebe), **Badoer** (23, Unfall), **Berger** (22, Elektronik), **Irvine** (21, Brand), **Papis** (20, Dreher), **Montermini** (18, Benzinmangel), **Coulthard** (13, Getriebe), **Alesi** (4, Aufhängung), **Häkkinen** (1, Dreher)

WM-Führung (Top 5):
Schumacher (66), Hill (51), Alesi (32), Coulthard (29), Herbert (28)

12. Lauf – 10. Sept. 1995
Italien (Monza)

Erste Startreihe:
David Coulthard, Michael Schumacher

Schnellste Runde:
Gerhard Berger (A)
in 1.26,419 Min. (= 240,363 km/h)

Sieger: Johnny Herbert (GB),
Benetton-Renault, in 1:18.27,916 Std.
(= 233,814 km/h)
2. Platz: **M. Häkkinen (SF)**, McLaren-Mercedes, 17,779 Sek. zurück
3. Platz: **H.-H. Frentzen (D)**, Sauber-Ford, 24,321 Sek. zurück
4. Platz: **M. Blundell (GB)**, McLaren-Mercedes, 28,223 Sek. zurück
5. Platz: **M. Salo (SF)**, Tyrrell-Yamaha, 1 Runde zurück
6. Platz: **J. Boullion (F)**, Sauber-Ford, 1 Runde zurück

Weitere:
7. Papis (1 Rd.), **8. Inoue** (1 Rd.), **9. Diniz** (3 Rd.), **10. Katayama** (6 Rd.)

Ausfälle:
Alesi (45 Rd., Aufhängung hinten), **Barrichello** (43, Hydraulik), **Irvine** (40, Motor), **Berger** (32, Aufhängung vorn), **Badoer** (26, Unfall), **Schumacher** (23, Unfall), **Hill** (23, Unfall), **Panis** (20, Dreher), **Coulthard** (13, Radlager), **Brundle** (10, Reifen), **Lavaggi** (6, Dreher), **Lamy** (0, Differential), **Montermini** (Nichtstarter), **Moreno** (Nichtstarter)

WM-Führung (Top 5):
Schumacher (66), Hill (51), Herbert (38), Alesi (32), Coulthard (29)

13. Lauf – 24. Sept. 1995
Portugal (Estoril)

Erste Startreihe:
David Coulthard, Damon Hill

Schnellste Runde:
David Coulthard (GB)
in 1.23,220 Min. (= 188,608 km/h)

Sieger: David Coulthard (GB),
Williams-Renault, in 1:41.52,145 Std.
(= 182,319 km/h)
2. Platz: **M. Schumacher (GB)**, Benetton-Renault, 7,248 Sek. zurück
3. Platz: **D. Hill (GB)**, Williams-Renault, 22,121 Sek. zurück
4. Platz: **G. Berger (A)**, Ferrari, 1.24,879 Min. zurück
5. Platz: **J. Alesi (F)**, Ferrari, 1.25,429 Min. zurück
6. Platz: **H.-H. Frentzen (D)**, Sauber-Ford, 1 Runde zurück

Weitere:
7. Herbert (1 Rd.), **8. Brundle** (1 Rd.), **9. Blundell** (1 Rd.), **10. Irvine** (1 Rd.), **11. Barrichello** (1 Rd.), **12. Boullion** (1 Rd.), **13. Salo** (2 Rd.), **14. Badoer** (3 Rd.), **15. Inoue** (3 Rd.), **16. Diniz** (5 Rd.), **17. Moreno** (7 Rd.)

Ausfälle:
Montermini (53 Rd., Getriebe), **Häkkinen** (44, Motor), **Delétraz** (14, Aufgabe), **Panis** (10, Dreher), **Lamy** (7, Getriebe), **Papis** (0, Getriebe), **Katayama** (0, Unfall)

WM-Führung (Top 5):
Schumacher (72), Hill (55), Coulthard (39), Herbert (38), Alesi (34)

14. Lauf – 1. Oktober 1995
Europa (Nürburg)

Erste Startreihe:
David Coulthard, Damon Hill

Schnellste Runde:
Michael Schumacher (D)
in 1.21,180 Min. (= 202,039 km/h)

Sieger: Michael Schumacher (D),
Benetton-Renault, in 1:39.59,044 Std.
(= 183,180 km/h)
2. Platz: **J. Alesi (F)**, Ferrari, 2,684 Sek. zurück
3. Platz: **D. Coulthard (GB)**, Williams-Renault, 35,382 Sek. zurück
4. Platz: **R. Barrichello (BR)**, Jordan-Peugeot, 1 Runde zurück
5. Platz: **J. Herbert (GB)**, Benetton-Renault, 1 Runde zurück
6. Platz: **E. Irvine (GB)**, Jordan-Peugeot, 1 Runde zurück

Weitere:
7. Brundle (1 Rd.), **8. Häkkinen** (2 Rd.), **9. Lamy** (3 Rd.), **10. Salo** (3 Rd.), **11. Badoer** (3 Rd.), **12. Papis** (3 Rd.), **13. Diniz** (5 Rd.), **14. Tarquini** (6 Rd.), **15. Delétraz** (7 Rd.)

Ausfälle:
Hill (58 Rd., Dreher), **Montermini** (45, Benzinmangel), **Boullion** (44, Unfall), **Berger** (40, Elektrik), **Moreno** (22, Halbachse), **Frentzen** (17, Unfall), **Panis** (14, Dreher), **Blundell** (14, Unfall), **Inoue** (0, Elektronik)

WM-Führung (Top 5):
Schumacher (82), Hill (55), Coulthard (43), Alesi, Herbert (je 40)

15. Lauf – 22. Oktober 1995
Pazifik (Aida)

Erste Startreihe:
David Coulthard, Damon Hill

Schnellste Runde:
Michael Schumacher (D)
in 1.16,374 Min. (= 180,090 km/h)

Sieger: Michael Schumacher (D),
Benetton-Renault, in 1:48.49,972 Std.
(= 169,442 km/h)
2. Platz: **D. Coulthard (GB)**, Williams-Renault, 14,902 Sek. zurück
3. Platz: **D. Hill (GB)**, Williams-Renault, 48,333 Sek. zurück
4. Platz: **G. Berger (A)**, Ferrari, 1 Runde zurück
5. Platz: **J. Alesi (F)**, Ferrari, 1 Runde zurück
6. Platz: **J. Herbert (GB)**, Benetton-Renault, 1 Runde zurück

Weitere:
7. Frentzen (1 Rd.), **8. Panis** (2 Rd.), **9. Blundell** (2 Rd.), **10. Magnussen** (2 Rd.), **11. Irvine** (2 Rd.), **12. Salo** (3 Rd.), **13. Lamy** (3 Rd.), **14. Katayama** (3 Rd.), **15. Badoer** (3 Rd.), **16. Moreno** (5 Rd.), **Diniz** (6 Rd.)

Ausfälle:
Barrichello (67 Rd., Motor), **Morbidelli** (53, Motor), **Inoue** (38, Motor), **Montermini** (14, Antriebsschaden), **Suzuki** (10, Dreher), **Boullion** (7, Dreher), **Gachot** (2, Getriebehydraulik)

WM-Führung (Top 5):
Schumacher (92), Hill (59), Coulthard (49), Alesi (42), Herbert (41)

16. Lauf – 27. Oktober 1995
Japan (Suzuka)

Erste Startreihe:
Michael Schumacher, Jean Alesi

Schnellste Runde:
Michael Schumacher (D)
in 1.42,976 Min. (= 205,003 km/h)

Sieger: Michael Schumacher (D),
Benetton-Renault, in 1:36.52,930 Std.
(= 192,349 km/h)
2. Platz: **M. Häkkinen (SF)**, McLaren-Mercedes, 19,337 Sek. zurück
3. Platz: **J. Herbert (GB)**, Benetton-Renault, 1.23,804 Min. zurück
4. Platz: **E. Irvine (GB)**, Jordan-Peugeot, 1.42,136 Min. zurück
5. Platz: **O. Panis (F)**, Ligier-Mugen-Honda, 1 Runde zurück
6. Platz: **M. Salo (SF)**, Tyrrell-Yamaha, 1 Runde zurück

Weitere:
7. Blundell (1 Rd.), **8. Frentzen** (1 Rd.), **9. Badoer** (2 Rd.), **10. Wendlinger** (2 Rd.), **11. Lamy** (2 Rd.), **12. Inoue** (2 Rd.)

Ausfälle:
Hill (40 Rd., Dreher), **Coulthard** (39, Unfall), **Diniz** (32, Dreher), **Alesi** (24, Differential), **Montermini** (23, Dreher), **Berger** (16, Elektronik), **Barrichello** (15, Unfall), **Katayama** (12, Unfall), **Gachot** (6, Lagerschaden), **Moreno** (1, Getriebe), **Morbidelli** (0, Dreher)

WM-Führung (Top 5):
Schumacher (102), Hill (59), Coulthard (49), Herbert (45), Alesi (42)

17. Lauf – 12. Nov. 1995
Australien (Adelaide)

Erste Startreihe:
Damon Hill, David Coulthard

Schnellste Runde:
Damon Hill (GB)
in 1.17,943 Min. (= 174,589 km/h)

Sieger: Damon Hill (GB),
Williams-Renault, in 1:49.15,946 Std.
(= 168,129 km/h)
2. Platz: **O. Panis (F)**, Ligier-Mugen-Honda, 2 Runden zurück
3. Platz: **G. Morbidelli (I)**, Arrows-Hart, 2 Runden zurück
4. Platz: **M. Blundell (GB)**, McLaren-Mercedes, 2 Runden zurück
5. Platz: **M. Salo (SF)**, Tyrrell-Yamaha, 3 Runden zurück
6. Platz: **P. Lamy (P)**, Minardi-Ford, 3 Runden zurück

Weitere:
7. Diniz (4 Rd.), **8. Gachot** (5 Rd.)

Ausfälle:
Katayama (70 Rd., Öldruck), **Herbert** (69, Antrieb), **Irvine** (62, Motorpneumatik), **Frentzen** (39, Getriebe), **Berger** (34, Motor), **Brundle** (29, Unfall), **Schumacher** (25, Aufhängung hinten), **Alesi** (23, Unfall), **Moreno** (21, Unfall), **Barrichello** (20, Unfall), **Coulthard** (19, Unfall), **Inoue** (15, Dreher), **Wendlinger** (8, Aufgabe), **Montermini** (2, Getriebe), **Badoer** (Nichtstarter, Elektrik)

WM-Führung (Top 5):
Schumacher (102), Hill (69), Coulthard (49), Herbert (45), Alesi (42)

Was passierte noch…

FEBRUAR

Für viel Wirbel sorgte bei der Präsentation der McLaren MP4/10 wegen seines zusätzlichen Flügels. Das „Mercedes-T-Modell", wie der McLaren von Spöttern genannt wurde, war dadurch jedoch kein bißchen schneller…

MÄRZ

Die Saison 1995 begann, wie die vorige geendet hatte – mit einem Skandal. Glücklicherweise blieb die Benzinaffäre die einzige, die für lange Diskussionen sorgte.

Die Probleme mit Mansells zu engem Cockpit kommentierte Ron Dennis: „Das neue Monocoque für Nigel wird so geräumig sein, daß wir ihm noch eine Stereoanlage und eine Klimaanlage einbauen könnten."

APRIL

Für das französische Team Larrousse kam das endgültige Aus. Nach verpaßtem Saisonstart wollte das Team in Imola an den Start gehen. Chronischer Geldmangel beendete alle Formel-1-Pläne.

Mit Gerhard Berger fuhr beim Großen Preis von San Marino zum ersten Mal seit Donington 1993 kein Benetton- oder Williams-Pilot die schnellste Runde des Rennens. In Donington war es Ayrton Senna im McLaren.

MAI

Nach einem planmäßigen Boxenstopp während des Spanien-GP raste Benetton-Pilot Johnny Herbert mit „Anhänger" los. Der hintere Wagenheber hing fest, löste sich aber am Ende der Boxengasse. Herbert landete trotz dieses Mißgeschicks auf Platz zwei – sein bis dahin bestes F1-Ergebnis.

Aus: Die „Traumverbindung" Mansell-McLaren hielt nur für zwei Rennen.

Taki Inoues schnellste Zeit im freien Donnerstags-Training in Monaco war mit 1.36,169 Min. langsamer als die von Ralf Schumacher im Formel-3-Renner. Schumacher II. schaffte eine Runde in 1.36,084 Min.

JUNI

Renault holte mit Michael Schumacher in Kanada die 100. Pole-Position in der Formel-1-Firmengeschichte.

Die traditionelle Regatta der Formel-1-Teams auf der Ruderstrecke von Montreal fiel 1995 aus. Die Teams traten normalerweise mit „Booten" an, die nur aus teameigenem Material zusammengebaut werden durften. Angeblich konnte sich Bernie Ecclestone nicht die Fernsehrechte sichern…

JULI

Ligier fuhr in Magny-Cours seinen 300. Grand Prix. Außerdem feierte das Team 1995 sein 20jähriges Bestehen.

Am 17. Juli starb die Formel-1-Legende Juan-Manuel Fangio im Alter von 84 Jahren in Buenos Aires. Der Weltmeister von 1951, 54, 55, 56 und 57 gewann 24 Grand Prix bei 51 Starts.

AUGUST

Heiratswut: Am 5. August 1995 ehelichte Michael Schumacher seine Corinna, Gerhard Berger und Ana standen am 1. September vor dem Altar. Jean-Christophe Boullion streifte Alexandra Andersen fünf Tage nach dem Italien-Grand-Prix den Ring über den Finger und Mark Blundell heiratete Debbie Jones im Oktober.

SEPTEMBER

Niki Lauda, bei Ferrari als Berater in Lohn und Brot, wurde gefeuert. Den ständigen Meinungsverschiedenheiten zwischen Teamchef Jean Todt und dem Österreicher setzte Luca di Montezemolo ein Ende. Später wurde der Rausschmiß wieder rückgängig gemacht…

OKTOBER

In der Einführungsrunde zum Europa-GP drehte sich Pole-Mann David Coulthard ins Kiesbett. Dennoch konnte er am Rennen teilnehmen. Das gleiche Kunststück brachte der Schotte drei Wochen zuvor auch in Monza fertig…

NOVEMBER

Mika Häkkinen fuhr beim Japan-GP ein Superrennen und wurde Zweiter. Knapp zwei Wochen vorher war ihm der Blinddarm entfernt worden. Darauf sagte Teamchef Ron Dennis: „Angesichts Mikas exzellenter Leistung nach seiner Operation werden wir bei unseren Piloten nach und nach weitere Körperteile entfernen, um noch schneller zu werden."

Heinz-Harald Frentzen gewann alle 17 Trainingsduelle gegen seine Teamkollegen (Wendlinger und Boullion). Der Mönchengladbacher war der einzige Pilot, der dieses Kunststück fertigbrachte.

Fahrer-WM

		Brasilien	Argentinien	San Marino	Spanien	Monaco	Kanada	Frankreich	England	Deutschland	Ungarn	Belgien	Italien	Portugal	Europa	Pazifik	Japan	Australien	Endstand
1. Michael Schumacher	Benetton-Renault	10	4	–	10	10	2	10	–	10	–	10	–	6	10	10	10	–	102
2. Damon Hill	Williams-Renault	–	10	10	3	6	–	6	–	–	10	6	–	4	–	4	–	10	69
3. David Coulthard	Williams-Renault	6	–	3	–	–	–	4	4	6	6	–	–	10	4	6	–	–	49
4. Johnny Herbert	Benetton-Renault	–	3	–	6	3	–	–	10	3	3	–	10	–	2	1	4	–	45
5. Jean Alesi	Ferrari	2	6	6	–	–	10	2	6	–	–	–	–	2	6	2	–	–	42
6. Gerhard Berger	Ferrari	4	1	4	4	4	–	–	–	4	4	–	–	3	–	3	–	–	31
7. Mika Häkkinen	McLaren-Mercedes	3	–	2	–	–	–	–	–	–	–	–	6	–	–	–	6	–	17
8. Olivier Panis	Ligier-Mugen-Honda	–	–	–	1	–	3	–	3	–	1	–	–	–	–	–	2	6	16
9. Heinz-Harald Frentzen	Sauber-Ford	–	2	1	–	1	–	–	1	–	2	3	4	1	–	–	–	–	15
10. Mark Blundell	McLaren-Mercedes	1	–	–	–	2	–	–	2	–	–	2	3	–	–	–	–	3	13
11. Rubens Barrichello	Jordan-Peugeot	–	–	–	–	–	6	1	–	–	–	1	–	–	3	–	–	–	11
12. Eddie Irvine	Jordan-Peugeot	–	–	–	2	–	4	–	–	–	–	–	–	–	1	–	3	–	10
13. Martin Brundle	Ligier-Mugen-Honda	–	–	–	–	–	–	3	–	–	–	4	–	–	–	–	–	–	7
14. Gianni Morbidelli	Arrows-Hart	–	–	–	–	–	1	–	–	–	–	–	–	–	–	–	–	4	5
Mika Salo	Tyrrell-Yamaha	–	–	–	–	–	–	–	–	–	–	–	2	–	–	–	–	3	5
16. Jean-Christophe Boullion	Sauber-Ford	–	–	–	–	–	–	–	–	2	–	–	1	–	–	–	–	–	3
17. Pedro Lamy	Minardi-Ford	–	–	–	–	–	–	–	–	–	–	–	–	–	–	–	–	1	1
Aguri Suzuki	Ligier-Mugen-Honda	–	–	–	–	–	–	–	–	1	–	–	–	–	–	–	–	–	1

Konstrukteurs-WM

	Brasilien	Argentinien	San Marino	Spanien	Monaco	Kanada	Frankreich	England	Deutschland	Ungarn	Belgien	Italien	Portugal	Europa	Pazifik	Japan	Australien	Endstand
1. Benetton-Renault	–	7	–	16	13	2	10	10	13	3	10	10	6	12	11	14	–	137
2. Williams-Renault	–	10	13	3	6	–	10	4	6	16	6	–	14	4	10	–	10	112
3. Ferrari	6	7	10	4	4	10	2	6	4	4	–	–	5	6	5	–	–	73
4. McLaren-Mercedes	4	–	2	–	2	–	–	2	–	–	2	9	–	–	–	6	3	30
5. Ligier-Mugen-Honda	–	–	–	1	–	3	3	3	1	1	4	–	–	–	–	2	6	24
6. Jordan-Peugeot	–	–	–	2	–	10	1	–	–	–	1	–	–	4	–	3	–	21
7. Sauber-Ford	–	2	1	–	1	–	–	1	2	2	3	5	1	–	–	–	–	18
8. Arrows-Hart	–	–	–	–	–	1	–	–	–	–	–	–	–	–	–	–	4	5
Tyrrell-Yamaha	–	–	–	–	–	–	–	–	–	–	–	2	–	–	–	1	2	5
10. Minardi-Ford	–	–	–	–	–	–	–	–	–	–	–	–	–	–	–	–	1	1

Ohne Punkte blieben die Teams Forti-Ford, Pacific-Ford und Simtek-Ford

Das Punkte-System in der Formel 1: Der Sieger erhält 10 Punkte, der Zweite 6 Punkte, der Dritte 4 Punkte, der Vierte 3 Punkte, der Fünfte 2 Punkte, der Sechste 1 Punkt. Die Teams erhalten die Punkte beider Fahrer.
Beim Großen Preis von Brasilien erhielten die Teams Benetton und Williams keine Punkte, da das verwendete Benzin beanstandet wurde.

Kurz nach dem ersten Start: Pole-Mann Jacques Villeneuve liegt in Front, während Teamkollege Damon Hill nach einem Patzer beide

Ferraris passieren lassen muß. Zwar kann Hill den ersten Grand Prix 1996 gewinnen, doch Villeneuve ist der Mann des Wochenendes

GROSSER PREIS VON AUSTRALIEN

MELBOURNE

Die Erinnerungen an den Kehraus in Adelaide sind noch frisch, und schon bevölkert der GP-Troß erneut den fünften Kontinent. Zum Saisonauftakt 1996 trifft man sich diesmal jedoch in Melbourne. Der völlig neugestaltete Stadtkurs überzeugt auf Anhieb Fahrer und Funktionäre. Rund 400.000 Zuschauer und das schon berühmte australische Rahmenprogramm sorgen während des gesamten Wochenendes für gute Laune bei allen Beteiligten.

Neuanfang: Für Briatore hat das Jahr eins nach Schumacher begonnen, Dennis muß mit neuem Auto endlich Siege vorweisen

Von Beginn an dominieren die Williams den Grand Prix. Frentzens Sauber hingegen bereitet dem gesamten Team Sorgenfalten

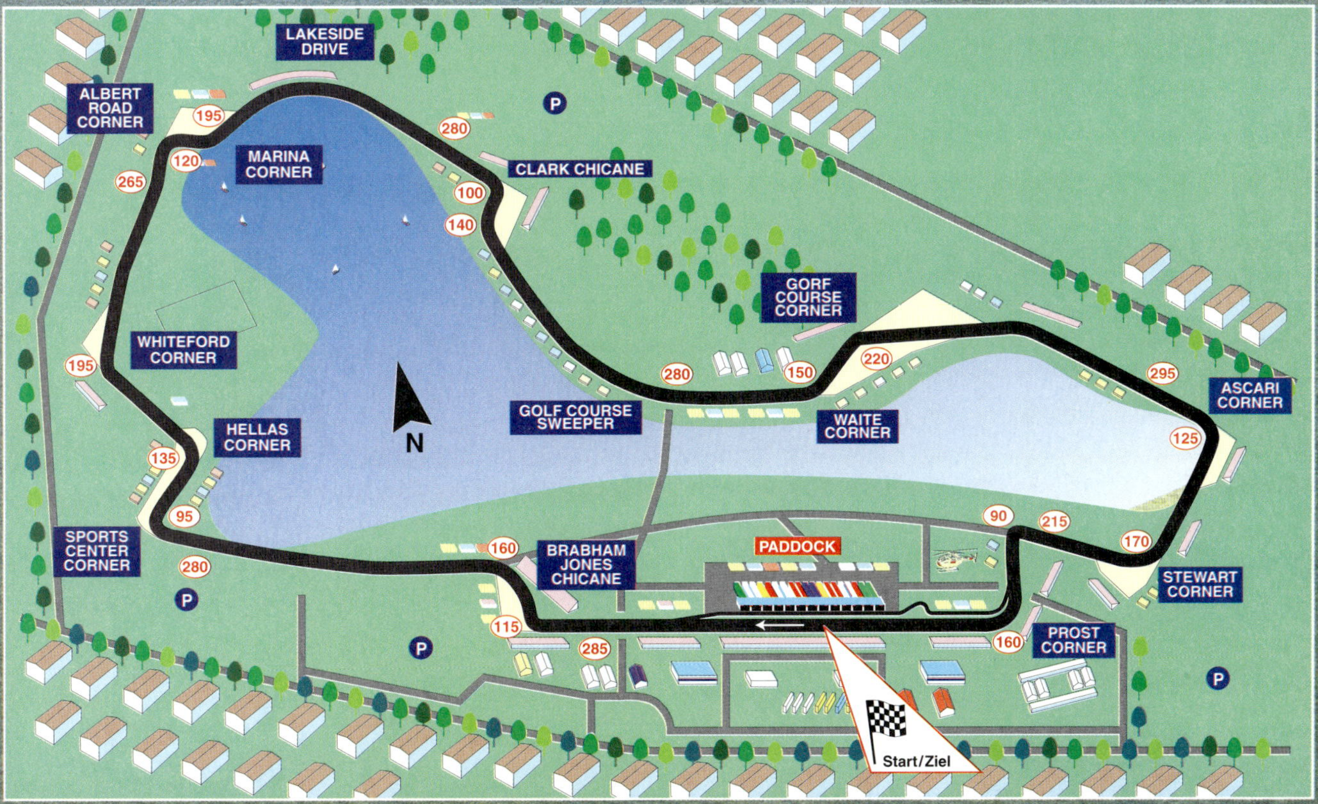

Crashtest bestanden: Unverletzt entsteigt Martin Brundle dem völlig zertrümmerten Jordan – und steigt zum Neustart ins T-Car

Spektakulär fliegt Brundle über seine GP-Konkurrenten. Der Wagen ist schon durchgebrochen

Seit 1985 werden in der Formel 1 WM-Punkte auf dem fünften Kontinent vergeben. Elfmal war Adelaide Schauplatz des australischen Grand Prix, und elfmal fand dieses Rennen zum Abschluß der Saison statt.

Jetzt ist alles ganz anders. In Australien geht die Winterpause zu Ende. Der Austragungsort des WM-Laufs ist Melbourne, die Hauptstadt des Staates Victoria. Die Mitglieder des Grand-Prix-Zirkus, gewohnt die Welt auf ausgetretenen Pfaden zu umrunden, sind irritiert: Sich im März in down-under aufzu-

Hundeopfer: Bernie Ecclestone

107-Prozent-Opfer: Forti guckt beim Rennen in die (Bild)Röhre

HH Frentzens Freundin Tanja

halten, wird zunächst als Stilbruch empfunden.

Einige Bewohner der heimlichen Hauptstadt Australiens haben mit dem Rennen weitaus größere Probleme. Seit Bekanntgabe des Ortswechsels protestieren sie gegen die Großveranstaltung. Bis zuletzt werden sie mit Anti-Aktionen drohen, doch es wird ruhig bleiben im Albert Park – die überwältigende Mehrheit der drei Millionen Einwohner steht hinter dem Sport-Hit, der Melbourne vier Tage lang zum Nabel der PS-Welt macht.

Zu Fuß, per Fahrrad, Motorroller oder Leihwagen erkunden die Piloten den völlig renovierten Kurs, der bereits in den 50er-Jahren – damals wurde noch gegen den Uhrzeigersinn gefahren – drei Auflagen des GP von Australien erlebte. In jenen Tagen fehlte dem Rennen allerdings der WM-Status.

Das Urteil der Fahrer ist einhellig: Die Piste mit ihren zahlreichen Kurven unterschiedlichster Radien ist recht schnell und erlaubt einen flüssigen Fahrstil. Ein Stadtkurs im herkömmlichen Sinne ist der Circuit von Melbourne jedenfalls nicht.

Reifen-Hersteller Goodyear füttert im Vorfeld des Saisonauftakts einen Computer mit allen verfügbaren Daten, um die Rundenzeiten und Durchschnittsgeschwindigkeiten hochzurechnen. Anschließend prophezeien die Gummi-Ingenieure eine Pole-Zeit von 1.34,7 Minuten und eine schnellste Rennrunde in 1.37,6 – das entspräche 199,5 bzw. 193,5 Kilometern pro Stunde.

Donnerstags wird die Piste zweimal je eine Stunde für ein freies Info-Training geöffnet. Jetzt werden die Karten zaghaft auf den Tisch gelegt. Das erste Ausloten des neuen Kräfteverhältnisses beginnt: 90 Sekunden lang geschieht nichts, dann rollt Weltmeister Michael Schumacher im Cockpit des feuerroten Ferrari aus der Boxengasse – die Winterpause ist beendet!

Die große Frage im Lager des Titelverteidigers lautet: Wie gut ist der neue Ferrari F310, der viel zu spät auf die Räder gestellt wurde und einen entsprechend großen Testrückstand aufweist? Mit „einer Sekunde Rückstand auf die Williams“ rechnet Champion Schumacher, der auch Konstrukteurs-Weltmeister Benetton und McLaren als sehr stark einschätzt.

Qualifying nur noch samstags

Dem neuen Reglement entsprechend geht es samstags innerhalb von 60 Minuten um die Qualität der Startplätze. Vorn wird um die erste Pole-Position des neuen Rennjahres gekämpft, hinten geht es aufgrund einer neuen Vorschrift um Sein oder Nichtsein: „107 Prozent“ heißt das Schreckenswort der Hinter-

Melbourne Grand Prix Circuit

Streckenlänge: 5,302 km, Distanz: 58 Runden = 307,516 km
Schnellste Runde 1996: Jacques Villeneuve (CAN)
in 1.33,421 Min. (204,313 km/h)

Historie

Erster Grand Prix auf dieser neugebauten Strecke
Erster Grand Prix von Australien 1985 in Adelaide
Sieger: Keke Rosberg (SF), Williams-Honda Turbo

Sieger der letzten 10 Rennen

1996	Damon Hill	Williams-Renault
1995	Damon Hill	Williams Renault
1994	Nigel Mansell	Williams-Renault
1993	Ayrton Senna	McLaren-Ford
1992	Gerhard Berger	McLaren-Honda
1991	Ayrton Senna	McLaren-Honda
1990	Nelson Piquet	Benetton-Ford
1989	Thierry Boutsen	Williams-Renault
1988	Alain Prost	McLaren-Honda Turbo
1987	Gerhard Berger	Ferrari Turbo

Häufigste Sieger

je 2x: Prost (86, 88); Berger (87, 92); Senna (91, 93); Hill (95, 96)

Die Rennstrecke

Innerhalb von einem Jahr wurde der Kurs im Naherholungsgebiet des Albert Parks gebaut. Die Strecke ist anspruchsvoll und für einen Stadtkurs sehr flüssig und schnell.

Lage:
Der Albert Park liegt im Stadtzentrum und ist mit öffentlichen Verkehrsmitteln sehr gut erreichbar. Hotels aller Kategorien sind in der Stadt verfügbar. Und daß die Stadt sportliche Großereignisse perfekt organisieren kann, sieht man alljährlich bei den Tennismeisterschaften im Januar.

Kartenverkauf:
AGP Corporation
Grand Prix House
232 Albert Road
South Melbourne 3205
Tel. 0061-3-92587100
Fax 0061-3-96993727

Startaufstellung

Pole-Zeit: 1.32.371 Min.

Villeneuve (Williams)	**Hill** (Williams)
Irvine (Ferrari)	**Schumacher** (Ferrari)
Häkkinen (McLaren)	**Alesi** (Benetton)
Berger (Benetton)	**Barrichello** (Jordan)
Frentzen (Sauber)	**Salo** (Tyrrell)
Panis (Ligier)	**Verstappen** (Arrows)
Coulthard (McLaren)	**Herbert** (Sauber)
Katayama (Tyrrell)	**Fisichella** (Minardi)
Lamy (Minardi)	**Rosset** (Arrows)
Brundle (Jordan)	**Diniz** (Ligier)

107-Prozent-Limit (1.38.837 Min.) auf die Pole-Zeit überschritten: Badoer (Forti), 1.39,202 Min. Montermini (Forti), 1.42,087 Min.

bänkler. Wer an diesem Schwellenwert scheitert, der kann einpacken und heimfahren – falls die Funktionäre kein Auge zudrücken.

Michael Schumacher hat seine Vorhersagen aufgrund der freien Trainingssitzungen zu seinen Gunsten korrigiert. Mehr als eine halbe Sekunde, so glaubt er nun, wird ihm das Williams-Duo nicht abnehmen können.

Als „60 Minuten action pur“ hat F1-Zampano Bernie Ecclestone – nach einer Hundeattacke mit neuer Nasenspitze ausgestattet – das einstündige Qualifying angekündigt. Doch zunächst tut sich nichts. Die Stars spielen das altbekannte Spielchen: Jeder belauert jeden.

Schumacher reißt der Geduldsfaden

Niemand will zum Vorteil des Gegners zusätzlich Gummi auf die Ideallinie radieren.

Nach 17 Minuten reißt Schumacher als erstem der Asse der Geduldsfaden. Die Temperaturen steigen, damit sinken die Chancen auf schnelle Rundenzeiten. Nur zwei Minuten nach dem Deutschen rollt das Williams-Duo in scheinbar einträchtiger Zweisamkeit gemeinsam auf die Piste. Der erste Schlagabtausch der drei Stars entwickelt sich schnell zur Sensation: Schumacher ist schneller als Hill und Villeneuve!

Als sich Giancarlo Fisichella dreht – der Italiener sitzt überraschend im Minardi-Cockpit Taki Inoues, weil der Japaner bisher seine „Mitgift“ schuldig blieb – wird das Qualifying für 5,35 Minuten unterbrochen. Als der Weg wieder frei ist, setzt sich Hill an die Spitze, aber noch einmal kann der rheinische Ferrari-Pilot zurückschlagen. Mit einer Zeit von 1.33,125 geht Schumacher erneut in Front. Doch damit hat

Gedankenaustausch: McLaren-Testpilot Alain Prost mit Willi Weber und Michael Schumacher

Alesi zerstört erneut vorzeitig seine Chancen, als er sich ungestüm an Irvine vorbeipreßen will

Ölverschmiert aber glücklich: Hill steuert seinen Williams nach dem Sieg durch die Boxengasse

Nach dem Zieleinlauf eilt Schumacher zum Parc fermé und gratuliert nacheinander Teamkollege Irvine, Villeneuve und Sieger Hill

er sein Pulver verschossen. Wegen eines Getriebe-Defektes mußte er nach der Morgensitzung in den Reserve-Ferrari umsteigen. Der ist nicht ganz so schnell wie sein Einsatz-Wagen, und außerdem bemerkt niemand, daß sich ein Flap im unteren Bereich des Heckflügels zu lösen beginnt.

Jetzt trumpfen die Favoriten auf: Hill erobert die Spitze zurück, dann fährt Rookie Villeneuve absolute Bestzeit! Knapp neun Minuten sind noch zu fahren, als Schumacher das Visier ein letztes Mal herunterklappt, aber die erhoffte Steigerung gelingt nicht. Bereits im Verlauf der ersten fliegenden Runde löst sich der lockere Flap – anschließend verhindert das „nervöse Heck" Topzeiten. Der Deutsche scheint sich mit Rang drei abfinden zu müssen, doch dann folgt ein irischer Paukenschlag: 30 Sekunden, bevor das schwarzweiß-karierte Tuch das Ende der Aktivitäten signalisiert, knallt Eddie Irvine eine Zeit von 1.32,889 Minuten auf den sommerlich heißen Asphalt. Damit steht auch Irvine vor Superstar Schumacher.

Der Kerpener nimmt's gelassen: „Ich hab' immer schon gesagt, daß Eddie verdammt schnell ist. Außerdem waren mir im T-car mit defektem Heckspoiler die Hände gebunden." Der kleine Schönheitsfehler stört Schumacher tatsächlich nicht, er ist gut gelaunt, weil die Lücke zu den Williams kleiner ist, als während des Winters befürchtet.

Der umringte Star heißt Jacques Villeneuve. Vor ihm schafften es nur zwei Piloten – Mario Andretti (1968 in Watkins Glen) und Carlos Reutemann (1972 in Buenos Aires) – auf Anhieb, die Pole-Position zu erobern. In die Favoritenrolle läßt sich der junge Kanadier trotz seines spektakulären Einstandes nicht drängen: „Damon fuhr nur unwesentlich langsamer – noch ist nichts entschieden."

Villeneuve nicht in der Favoritenrolle

Eddie Irvine, zuvor nie so weit vorn in der Startaufstellung, bleibt auch in der Stunde des Erfolgs seiner saloppen Art treu. Auf die – sicherlich unsinnig früh gestellte – Frage nach der Zuverlässigkeit des F310 antwortet er mit lässig hochgezogener linker Braue: „Willst du mich verarschen?"

Ruhig und gesittet hingegen ist Mika Häkkinen, der beim Training für das Saisonfinale 1995 in Adelaide so schwer gestürzt war und sich einen Schädelbasisbruch zugezogen hatte: Still und introvertiert freut sich der Finne über seinen fünften Startplatz. Keinen Grund zum Jubel hat hingegen Sauber-Pilot Heinz-Harald Frentzen. „Noch sieht es nicht so gut aus", gesteht er, „dem Chassis und dem Motor fehlen jeweils eine Sekunde…"

Das Rennen beginnt mit einem dramatischen Zwischenfall. Vor der Sports Center Corner überbremst David Coulthard seinen McLaren und schießt quer durchs Feld. Im Tohuwabohu knallt Martin Brundle auf das Heck des Herbert'schen Sauber und steigt auf. Nach einer spektakulären Flugeinlage landet der Jordan des Briten völlig zerstört im Kies der Auslaufzone. Bange Sekunden, dann klettert Brundle aus der Überlebenszelle, die sich total von Motor, Getriebe und Hinterachse gelöst hat! „Nur kurz hatte ich Angst", erklärt der routinierte Rennfahrer, bevor er sich im Reserve-Jordan anschnallen läßt, „als es plötzlich feucht wurde, dachte ich, Sprit laufe aus. Tatsächlich war es nur der Inhalt meiner Trinkflasche."

Nach dem Neustart gibt Jacques Villeneuve den Ton an. Damon Hill und das Ferrari-Pärchen folgen dicht dahinter. Bereits in Runde zwei läßt Irvine seinem Teamkollegen den Vortritt. Während der Ire das Tempo der Spitze nicht mithalten kann, folgt Schumacher den blauweißen Boliden wie ein Schatten. Weil er einen Tankstopp mehr als seine Vorderleute einkalkuliert hat, ist der Ferrari des Deutschen leichter als die Williams. Nach 20 Runden lenkt der Weltmeister sein Auto zum Service an die Boxen, wo er innerhalb von 12,9 Sekunden abgefertigt wird. Jetzt beträgt sein Rückstand auf Villeneuve gut eine halbe Minute.

Nach 27 Runden beginnt der Rückstand des Titelverteidigers stark anzuwachsen. Die Flüssigkeit des hinteren Bremssystems entweicht. Nach einem Ausrutscher in den Kies kommt an den Boxen das Aus. Trotzdem ist Schumacher nicht unzufrieden: „Gemessen an unserem Testrückstand gegenüber Williams sehen wir ganz gut aus."

Jetzt machen Villeneuve und Hill das Rennen unter sich aus. Irvine, Berger, Häkkinen und Salo sind zu langsam, um ganz vorn mitkämpfen zu können. Deutschlands „zweites Eisen" ist weit ab vom Schuß: Der Ford-V10 ist zu mager eingestellt. Von der ohnehin geringen Power fehlen deshalb sechs Prozent! Und Geheimfavorit Jean Alesi brachte sich schon früh um alle Chancen auf eine gute Plazierung, als er Irvine übermütig angriff und dabei seinen Benetton zerstörte.

Frentzens Ford zu mager eingestellt

Die beiden Williams-Piloten ziehen alle Register ihres Könnens und kämpfen beinhart. Alles spricht für einen Sieg des Neulings, der nur aufgrund der Boxenstopps kurz hinter Hill zurückfällt. Aber er stellt die alte Reihenfolge sofort wieder her und gibt auch dann die Führung nicht ab, als er kurz aufs Grün gerät.

Entschieden wird das Duell durch die Technik: Villeneuves Motor verliert Öl. Das Signal „Slow – langsam" wird ihm gezeigt. Aber er reagiert erst, als er die mahnenden Worte seines Ingenieurs im Helmlautsprecher hört und fast gleichzeitig ein rotes Warnlicht im Cockpit aufleuchtet.

Um keinen Ausfall zu riskieren, nimmt der Kanadier jetzt Tempo weg und schenkt damit notgedrungen Hill den Sieg. Der Brite feiert seinen 14. Formel-1-Erfolg. Auch Vater Graham gewann 14 Mal, doch dem reichten diese Triumphe, zwei Titel zu gewinnen! Damon Hill hat aber noch nicht eine Formel-1-WM in der Tasche, und seit Melbourne weiß er, daß diesem Ziel ein Mann aus dem eigenen Lager im Weg steht.

Furioser Einstand: Ire Irvine steuert seinen Ferrari auf Platz drei

Großer Preis von Australien 1996

10. März 1996, 1. WM-Lauf. Sonnig, warm
150.000 Zuschauer
1. Reihe: Villeneuve (Pole), Hill
Michael Schumacher auf Startplatz 4

Zieleinlauf

1. Damon Hill	Williams-Renault	1:32.50,491 Std.
2. Jacques Villeneuve	Williams-Renault	38,020 Sek. zur.
3. Eddie Irvine	Ferrari	1.02,571 Min. zur.
4. Gerhard Berger	Benetton	1.17,037 Min. zur.
5. Mika Häkkinen	McLaren-Mercedes	1.35,071 Min. zur.
6. Mika Salo	Tyrrell-Yamaha	1 Runde zur.

Weitere

7. Panis (1 Runde zurück), 8. Frentzen (1 Runde), 9. Rosset (2 Runden), 10. Diniz (2 Runden), 11. Katayama (3 Runden)

Ausfälle

Lamy (42 Runden, Sicherheitsgurt gerissen), Schumacher (32, Bremshydraulik), Fisichella (32, Kupplung), Barrichello (29, Motor), Coulthard (24, Gaszug), Verstappen (15, Ventilschaden), Alesi (9, Unfallfolgen), Brundle (1, Unfall), Herbert (0, Nichtstarter nach Unfall bei Start 1)

Fahrer-WM

		Punkte
1. Damon Hill (GB)	Williams-Renault	10
2. Jacques Villeneuve (CAN)	Williams-Renault	6
3. Eddie Irvine (GB)	Ferrari	4
4. Gerhard Berger (A)	Benetton-Renault	3
5. Mika Häkkinen (FIN)	McLaren-Mercedes	2
6. Mika Salo (FIN)	Tyrrell-Yamaha	1

Konstrukteurs-WM Punkte

1. Williams 16, 2. Ferrari 4, 3. Benetton 3, 4. McLaren 2, 5. Tyrrell 1

RTL TELEVISION

Zuschauerreisen Formel 1

Auch 1996/1997 führen wir unsere seit Jahren beliebten und erfolgreichen RTL Zuschauerreisen durch.

RTL TELEVISION

GP Spanien Juni 1996

5 Tage Flugreise, 1. Klasse Hotel, Fahrten, Besichtigungen, erstklassige Eintrittskarten zum GP für FR/SA/SO. Deutsche Reiseleitung.

RTL TELEVISION

GP Portugal September 1996

5 Tage Reise, Linienflüge, Transfers, Steuern, Stadtrundfahrt, Fado Abend, 1. Klasse Hotel mit Frühstück sowie erstklassige Eintrittskarten zum GP für FR/SA/SO. Deutsche Reiseleitung.

RTL TELEVISION

GP Australien März 1997

20 Tage Reise, Bangkok-Sydney-Melbourne-Bali. 18 Tage Reise, Singapore-Sydney-Melbourne-Hongkong. Linienflüge, alle Steuern und Transfers, sehr großes Besichtigungsprogramm, Luxus- bzw. 1. Klasse Hotels, tägliches Frühstücksbuffet, erstklassige Eintrittskarten zum GP für FR/SA/SO. Verlängerungsmöglichkeit Cebu Philippinen. Deutsche Reiseleitung.

RTL TELEVISION

GP Brasilien März 1997

14 Tage Reise, Iguazu-Argentinien-Rio De Janeiro-São Paulo. Linienflüge, Transfers, alle Steuern, sehr umfangreiches Besichtigungsprogramm, Luxus- bzw. 1. Klasse Hotels, tägliches Frühstücksbuffet, teilweise Halbpension. Top Eintrittskarten (beste Tribüne) zum GP für FR/SA/SO. Verlängerungsmöglichkeit Bahia. Deutsche Reiseleitung.

RTL TELEVISION

GP Kanada Juni 1997

13 Tage Reise, Toronto-Niagara Fälle-Lodge im Norden Ontarios-Montreal. Linienflüge, Transfers, alle Steuern, großes Besichtigungsprogramm mit Schiffsfahrt durch die 30.000 Inseln der Georgian Bay, Flug mit Wasserflugzeug etc., 1. Klasse Hotels, Frühstücksbuffet und Halbpension auf der Lodge. Top Eintrittskarten zum GP für FR/SA/SO. Verlängerungsmöglichkeit in Longboat Key an der Westküste Floridas. Deutsche Reiseleitung.

Für alle Reisen Buchung der exklusiven Paddock Club Karte gegen Aufpreis möglich, außerdem attraktive Businessclass-Preise.
Restliche Grand Prix auf Anfrage.

Information und Buchung

RTL TELEVISION

Zuschauerreisen

CS-Touristik
Zülpicherplatz 8-10
50674 Köln
Tel. 0221-212873
Fax 0221-244031

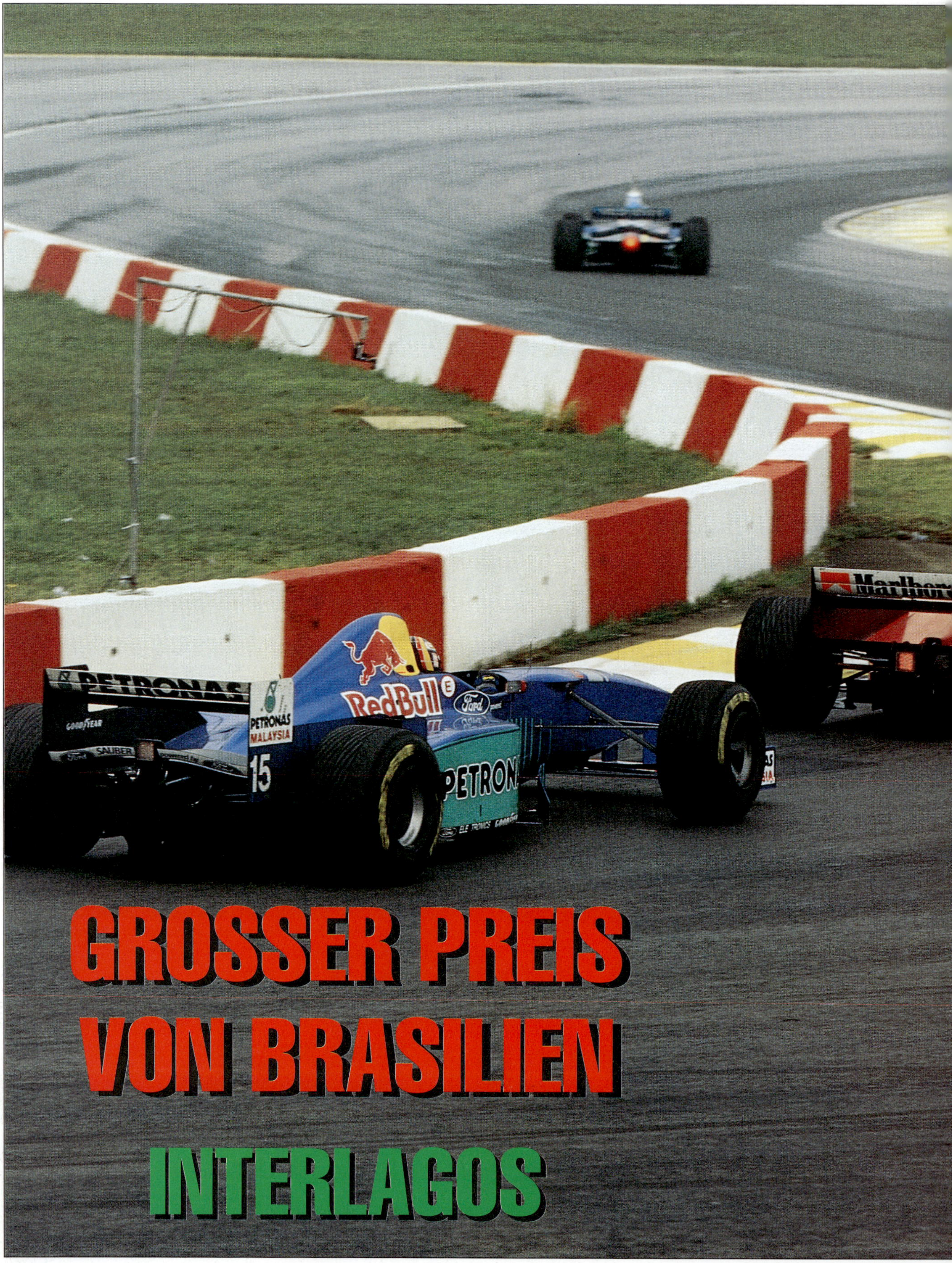

Packende Duelle bestimmen den Brasilien-GP. Rundenlang fighten Frentzen und Schumacher. Vor ihnen jagen sich die Kampfhähne

Alesi und Barrichello

Bis zum Beginn des Qualifikations–Trainings deutet alles auf einen ganz gewöhnlichen Grand Prix hin: Williams vor dem Rest der Welt. Doch dann bricht ein Pilot in die Phalanx Hill-Villeneuve ein, und der ist ausgerechnet Brasilianer. Rubens Barrichello weckt bei seinen Landsleuten Erinnerungen an Ayrton Senna. Kurz vor Rennbeginn mischt ein Wolkenbruch die Karten komplett neu, Garantie für ein spannendes Rennen.

São Paulo empfing die Formel 1 mit großer Begeisterung. Während die brasilianischen Fans vor Jahresfrist noch unter dem Schock des Todes ihres Nationalhelden Ayrton Senna litten, hat die Zeit inzwischen alle Wunden geheilt. Auch das Kriegsbeil wurde begraben: Seitdem der beliebte brasilianische Sportjournalist Galvao Bueno vor laufenden TV-Kameras verkündete, Michael Schumacher sei ein würdiger Nachfolger des tödlich verunglückten Senna, sind die Massen versöhnt. Niemand nimmt es dem Kerpener mehr übel, daß er 1994 nicht an der Beisetzung des unvergessenen Formel-1-Superstars teilnahm. Auch sind die Stimmen verstummt, der „häßliche Deutsche" habe den Südamerikaner am Steuer eines illegalen Boliden in den Tod gehetzt.

Freitags wird das Kräfteverhältnis erstmals ausgelotet. Vorn rangieren pärchenweise die Piloten der Teams Benetton und McLaren. Aber niemand will so recht glauben, die sieggewohnten Williams würden sich auch im Qualifying hinten anstellen.

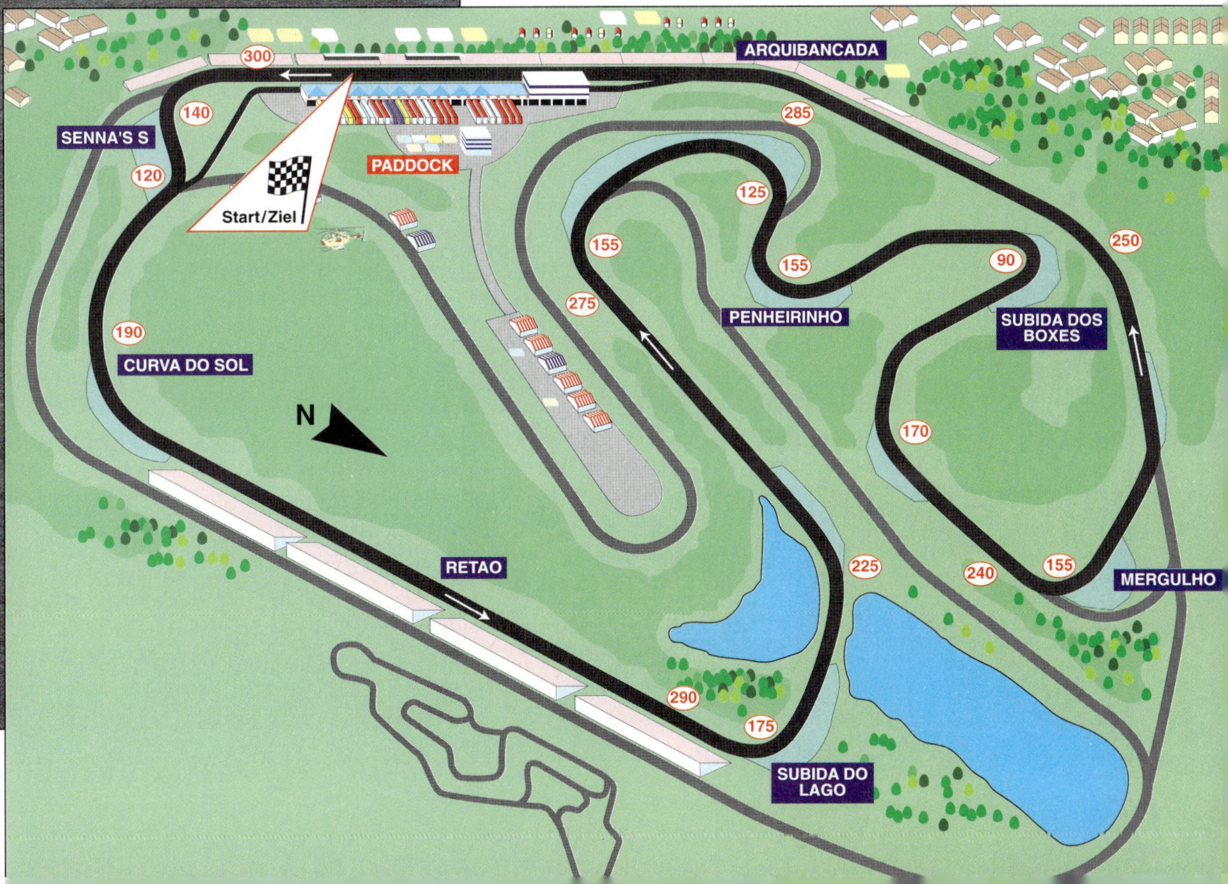

Autodromo José Carlos Pace São Paulo

Streckenlänge: 4,325 km, Distanz: 71 Runden = 307,075 km
Schnellste Runde 1996: Damon Hill (GB)
in 1.21,547 Min. (190,932 km/h)

Historie

Erster Grand Prix von Brasilien 1973 in São Paulo
Sieger: Emerson Fittipaldi (BR), Lotus-Ford

Sieger der letzten 10 Rennen

1996	Damon Hill	Williams-Renault
1995	Michael Schumacher	Benetton-Renault
1994	Michael Schumacher	Benetton-Ford
1993	Ayrton Senna	McLaren-Ford
1992	Nigel Mansell	Williams-Renault
1991	Ayrton Senna	McLaren-Honda
1990	Alain Prost	Ferrari
1989	Nigel Mansell	Ferrari
1988	Alain Prost	McLaren-Honda Turbo
1987	Alain Prost	McLaren-TAG-Porsche Turbo

Häufigste Sieger

6x Prost (82, 84, 85, 87, 88, 90); 3x Reutemann (77, 78, 81)

Die Rennstrecke

Der Kurs bietet dem Formel-1-Fan eine hervorragende Übersicht. Die besten Plätze sind – wegen der Überholmanöver und Boxenstopps – im Bereich des Senna-S sowie am Ende der Gegengeraden.

Lage:
Der Vorort Interlagos liegt im Süden der 20-Millionen-Metropole. Gute Hotels findet man im Stadtzentrum. Auf der Fahrt zur Strecke sollte man Staus einkalkulieren, die Rush-Hour dauert in São Paulo 24 Stunden.

Kartenverkauf:
International Promotions
Rua Prof. Arthur Ramos 183
01454-011 São Paulo
Brasilien
Tel. 0055-11-8135775
Fax 0055-11-2124079

Startaufstellung

Pole-Zeit: 1.18,111 Min.

	Hill (Williams)
Barrichello (Jordan)	**Villeneuve** (Williams)
Schumacher (Ferrari)	**Alesi** (Benetton)
Brundle (Jordan)	**Häkkinen** (McLaren)
Berger (Benetton)	**Frentzen** (Sauber)
Irvine (Ferrari)	**Salo** (Tyrrell)
Herbert (Sauber)	**Verstappen** (Arrows)
Coulthard (McLaren)	**Panis** (Ligier)
Katayama (Tyrrell)	**Rosset** (Arrows)
Lamy (Minardi)	**Badoer** (Forti)
Montermini (Forti)	**Marques** (Minardi)
Diniz (Ligier)	

Verlierer des Tages ist Eddie Irvine. Der Ire, der noch in Melbourne überraschend vor seinem Teamkollegen Michael Schumacher starten durfte, steht am Abend des ersten Trainingstages mit null Runden in den Ergebnislisten. Gleich zu Beginn der ersten Sitzung hatte der wilde Eddie seinen Ferrari spektakulär in die Leitplanken geworfen und dabei arg beschädigt. Rechtsseitig fehlen beide Räder. Irvine wäscht seine Hände in Unschuld und erklärt, zuerst habe er Vibrationen in der Lenkung gespürt und den Wagen anschließend in einer Bodenwelle aus der Kontrolle verloren. Seine Mechaniker müssen abends auf den Anblick der Samba-Mädchen verzichten.

Auch Jacques Villeneuve sorgt für Gesprächsstoff. Der Super-Rookie von Melbourne rangiert nur auf Rang 15, und voreilig werden Stimmen laut, der Kanadier habe sein Pulver bereits verschossen. Die Wahrheit sieht anders aus. Der clevere Neuling: „Ohne richtig Gas zu geben, spulte ich meine 30 Runden ab. Mir ging es heute darum, den Kurs kennenzulernen. Die Startplätze werden erst morgen vergeben."

Zu diesem Zeitpunkt blickt der Niederländer Jos Verstappen bereits auf stressige Minuten zurück: Weil er seine Geldstrafe in Höhe von 2.500 Dollar, zu der er während des ersten WM-Laufs verdonnert worden war, noch nicht bezahlt hatte, wollten die Funktionäre den Arrows-Piloten nicht ins Cockpit

10.000 Dollar Strafe für Frentzen

lassen! Erst unmittelbar vor Trainingsbeginn begleicht Verstappen die Schuld. Und die FIA wird an diesem Tag noch reicher: Heinz-Harald Frentzen werden gleich 10.000 Dollar abgeknöpft, weil er die schwarz-weiß-karierte Flagge bei Trainingsende ignoriert. Der Deut-

Rubens Barrichello zieht vor seiner Haustür alle Register. Ein bestens eingestellter Jordan hält den Kampf um Platz 2 lange offen

Pole-Mann Hill startet souverän und fährt einen Start-Ziel-Sieg heraus. Der Rest des Feldes kämpft im Blindflug gegen die Gischt

sche, dessen logische Erklärung für das Mißgeschick bei den Stewards kein Gehör findet, stellt verärgert eine provozierende rhetorische Frage: „Wieviel mußte eigentlich der Streckenposten zahlen, der 1995 in Ungarn Taki Inoue überfuhr?“

Vor Jahresfrist war die Piste von Interlagos, wo seit dem 12. Mai 1938 Autorennen gefahren werden, noch so „bumpy“, daß die Piloten von einem „Formel-1-Rodeo“ sprachen. Nachdem der Circuit zur Jahreswende neu asphaltiert wurde, sind die gröbsten Mängel beseitigt. Trotzdem sprechen Michael Schumacher und seine Kollegen offen davon, daß der Belag noch nicht optimal ist. Kritik wird auch laut, weil der Sturzraum in der schnellen Linkskurve hinter dem Senna-S unverändert klein ist.

Für diese sachlich vorgetragene Kritik fängt sich der Champion einen Rüffel von höchster Stelle ein. São Paulos Bürgermeister Paolo Maluf wettert: „Schumacher ist arrogant. Als Tages-Siebter würde er in der vierten Startreihe stehen – er muß den Staub der anderen schlucken.“ Der Gescholtene nimmt's weltmeisterlich gelassen.

Als es samstags ernst wird, hat Schumacher Pech. Nach nur acht Runden im freien Training kollabiert der Zehnzylinder in seinem Rücken wegen eines Kühlwasserlecks. Um das Chassis optimal auf das Qualifying vorzubereiten, hätte er die restlichen 22 Umläufe dringend benötigt. „Ich kann meinen Wagen“, erklärt Schumacher, „auf dieser Piste ohnehin nur halbwegs kontrollieren, wenn wir ein sehr hartes Set-up wählen – ideal ist das nicht.“

Williams trumpft wie erwartet auf

Wie erwartet, trumpft Williams im Qualifying groß auf. Damon Hill sichert sich den besten Startplatz. Für Villeneuve bleibt nur Rang drei, aber eine Wiederholung der Melbourne-Sensation hat durchaus in der Luft gelegen: Auf seiner letzten

Gelöst: Der Weltmeister und Hills Teamchef Frank Williams

Mika Häkkinen macht mit Gerhard Berger kurzen Prozeß. Der Österreicher scheidet später aus

Zuwachs bei Schumachers

schnellen Runde ist der Kanadier nach mehr als drei Vierteln nur um 0,077 Sekunden hinter Hills Zeit – dann aber rodelt er ins Gras, wo der Frontspoiler abreißt. „Während der letzten Runde mußte ich aufs Ganze gehen", gibt der Sohn des „Giganten Gilles" zu Protokoll, „denn eine weitere hätte ich ohnehin nicht drehen können. Der Abflug geht natürlich auf mein Konto. Mein Williams begann zu rutschen, und ich blieb voll auf dem Gas. Das hätte ich besser nicht gemacht."

Während der viertplazierte Michael Schumacher seinen Optimismus noch nicht verloren hat – „Wenn ich ins Ziel komme, dann steht mir das Podest offen!" – jubelt in der Jordan-Box Rubens Barrichello: „Beim Heim-Grand-Prix aus der ersten Startreihe ins Rennen zu gehen, ist für mich das Größte. Ich fühle mich noch besser als damals in Spa. Die Pole-Position in Belgien erreichte ich mit etwas Glück, hier aber eroberte ich Rang zwei nach fairem Kampf."

Rubinho startet von Platz zwei

Am Rande wird die FIA um weitere 10.000 Dollar reicher – diesmal übersieht Minardi-Pilot Pedro Lamy die Schachbrett-Flagge.

Erschöpft aber glücklich: Mika landet erneut in den Punkten

Seit sechs Uhr morgens pilgern die Fans sonntags nach Interlagos. Mit ihrem „Rubinho" haben sie ein neues Idol, auch wenn dem Jordan-Piloten natürlich der Glanz des unvergessenen Ayrton Senna fehlt. Das Warm-up verspricht bereits viel Spannung: Nur 0,9 Sekunden trennen Platz eins, den sich der „Kunstflieger" von Melbourne, Martin Brundle, sichert, von Heinz-Harald Frentzen auf Rang 13. Dem Ford V10 des Deutschen fehlen im Vergleich mit den Top-Aggregaten 70 PS, was pro Runde etwa einer Sekunde entspricht. Die Beobachter rechnen sich an zwei Fingern aus, wo der Mann rangieren würde, stünden ihm ein paar Pferde mehr zu Verfügung…

Als gut eine halbe Stunde vor dem Start ein heftiger Regenguß die Rennstrecke überschwemmt, stehen die Teams vor großen Problemen. Jetzt ist es zu spät, die Autos auf ein weiches Regen-Set-up abzustimmen. Speziell die beiden Ferrari-Piloten haben nun schlechte Karten. In der verbleibenden Zeit werden lediglich die Spoiler etwas steiler gestellt, mehr können die Ingenieure nicht für ihre Fahrer tun. Ein zusätzliches 30-minütiges Info-Training auf nasser Bahn wird nicht gestattet. Das ist nur dann möglich, wenn der erste Regen des Wochenendes mehr als eine volle Stunde vor dem Start niedergeht.

Rechtzeitig vor Erlöschen des Rotlichts der Startampel läßt der Regen nach. Trotz eines kurzen Zwischenschauers wird der Asphalt sogar bis zum Ende des Rennens in knapp zwei Stunden abtrocknen. Zunächst aber steht das Wasser noch auf der Piste, und deshalb schlägt die große Stunde des zweifachen Vize-Meisters Damon Hill: Während der Brite vorn freie Sicht hat, können seine Verfolger nicht so recht Gas geben – die Gischt reduziert die Sichtweite nahezu auf Null!

Sicht ist gleich null

So kann der Spitzenreiter innerhalb von nur zehn Umläufen stolze 13,5 Sekunden zwischen sich und seine Jäger legen. Während Hill einsam seine Runden dreht, tobt ein wilder Kampf um Rang zwei. Villeneuve, der das zweite Regenrennen seiner Rennsport-Karriere fährt, wird hart von Alesi, Barrichello, Schumacher und Frentzen bedrängt. Isoliert folgt der naßforsche Verstappen, dann der Rest des Feldes.

Sehenswert sind die mutigen Angriffe von Barrichello auf Alesi, und Frentzen klopft mutig bei Schumacher an, der aber zunächst wie Alesi ein As mehr im Ärmel hat.

Ausgerechnet die 27. Runde – die Startnummer 27 ist ein Symbol für Gilles Villeneuve – bringt für den kanadischen Williams-Piloten das Aus. Von Alesi bedrängt, unterläuft ihm ein Fahrfehler. Frentzen liegt zu diesem Zeitpunkt aufgrund der Boxenstopps vor Schumacher,

Rabenschwarzer Tag für Sauber

doch auch der Mönchengladbacher sieht an diesem Tag nicht die Zielflagge. Ein Motorschaden wirft ihn, ebenso wie seinen Team-Kollegen, aus dem Rennen – kaum vorstellbar, da die Aggregate auf nasser Bahn nur unterdurchschnittlich gefordert werden.

Als die Schlußphase eingeläutet wird, liegt Hill unverändert deutlich vorn. Jean Alesi, inzwischen Zweiter, kann seinen Rückstand nicht mehr verkürzen. Platz drei hingegen bleibt umkämpft. Rubens Barrichello kommt immer näher an Michael Schumacher heran. Die Bremsen des Ferrari lassen nach. Zu Beginn der 59. Runde wehrt der Deutsche trotzdem eine Attacke des Brasilianers ab. Die Fans erheben sich begeistert von ihren Sitzen! Kurz darauf landet ihr Liebling im Gras. Trotz des Schnitzers kassiert er dankbaren Applaus.

Noch ein allerletzter Höhepunkt, als Michael Schumacher von Hill überrundet wird, dann wird abgewunken. Dank seines 20 WM-Punkte dicken Kontos fühlt sich der Sieger wie im siebten Himmel. Alesi plaudert entspannt über sein Duell mit Barrichello, das er als echten Zweikampf nicht einmal besonders ernst nahm…

Und Michael Schumacher? Dessen Prophezeiung vom Podestplatz wurde wahr. Aber trotzdem fühlt er sich nicht ganz wohl in seiner Haut – die Überrundung durch den alten Rivalen Damon Hill schmerzt, auch wenn er nüchtern und sachlich feststellt: „Der Williams war halt klar schneller."

Von solch banalen Problemen kann Heinz-Harald Frentzen nur träumen. Der Kloß im Hals des Sauber-Fahrers hat sich zwar inzwischen aufgelöst, aber der Frust wegen der verpaßten möglichen Top-Plazierung vor Schumacher ist immer noch spürbar.

Idol und Sportminister: Der ehemalige Fußball-Star Pélé überreicht Sieger Damon Hill den Pokal

Großer Preis von Australien 1996

10. März 1996, 2. WM-Lauf. Anfangs Regen, später trocken
65.000 Zuschauer
1. Reihe: Hill (Pole), Barrichello
Michael Schumacher auf Startplatz 4

Zieleinlauf

1. Damon Hill	Williams-Renault	1:49.52,976 Std.
2. Jean Alesi	Benetton-Renault	17,982 Sek. zur.
3. Michael Schumacher	Ferrari	1 Runde zur.
4. Mika Häkkinen	McLaren-Mercedes	1 Runde zur.
5. Mika Salo	Tyrrell-Yamaha	1 Runde zur.
6. Olivier Panis	Ligier-Mugen-Honda	1 Runde zur.

Weitere
7. Irvine (1 Runde zurück), 8. Diniz (2 Runden), 9. Katayama (2 Runden), 10. Lamy (3 Runden), 11. Badoer (4 Runden), 12. Brundle (6 Runden/Dreher)

Ausfälle
Barrichello (59 Runden, Dreher), Frentzen (36, Motor), Herbert (28, Motor), Villeneuve (26, Dreher), Berger (26, Getriebehydraulik), Montermini (26, Dreher), Rosset (24, Unfall), Verstappen (19, Motor), Marques (0, Dreher)

Fahrer-WM nach zwei Läufen		Punkte
1. Damon Hill (GB)	Williams-Renault	20
2. Jean Alesi (F)	Benetton-Renault	6
Jacques Villeneuve (CAN)	Williams-Renault	6
4. Mika Häkkinen (FIN)	McLaren-Mercedes	5
5. Eddie Irvine (GB)	Ferrari	4
Michael Schumacher (D)	Ferrari	4
7. Gerhard Berger (A)	Benetton-Renault	3
Mika Salo (FIN)	Tyrrell-Yamaha	3
9. Olivier Panis (F)	Ligier-Mugen-Honda	1

Konstrukteurs-WM

1. Williams 26, 2. Benetton 9, 3. Ferrari 8,
4. McLaren 5, 5. Tyrrell 3, 6. Ligier 1

GROSSER PREIS VON ARGENTINIEN

BUENOS AIRES

Die Formel 1 im Streß. Eine Woche nach dem Großen Preis von Brasilien ist der Troß „eine Tür weiter" nach Buenos Aires gereist. Dort siegte vor einem Jahr Damon Hill, nachdem 15 Jahre kein Formel-1-Rennen im Land der Pampasstiere stattgefunden hatte. 1996 will der Brite seinen Triumph wiederholen – und mit der idealen Punktzahl 30 in die Europa-Tour starten. Rivale Schumacher hat nicht so gute Erinnerungen an Argentinien. Er hatte 95 im Reifenpoker verwachst und war „nur" Dritter geworden.

Drei Tage lang dürfen die Formel-1-Piloten im Anschluß an den WM-Lauf in São Paulo ausspannen. Während die Techniker sofort in die argentinische Hauptstadt weiterreisen, um die Boliden für den nächsten Einsatz vorzubereiten, tanken die Fahrer in Brasilien Kraft.

Die Mehrheit zieht es nach Rio de Janeiro, einige fliegen ins Innere des Regenwald-Staates. Zu den wenigen, die sofort in Richtung Argentinien aufbrechen, zählen die beiden deutschen Superlizenz-Inhaber. Heinz-Harald Frentzen fliegt mit Tanja nach Buenos Aires, wo er seine Mutter trifft. Wegen des schlechten Wetters fallen allerdings die geplanten Unternehmungen ins Wasser. Frentzen pflegt im Hotel seine geschundene Nackenmuskulatur – die ungewohnte Belastung der

Den Start zum GP von Argentinien verhaut Jacques Villeneuve total. Sechs Konkurrenten muß er passieren lassen, ehe er sich auf Platz

Bei ihrem ersten GP: Villeneuve-Freundin Sandrine Gros d'Aillon

Kriegsrat vor dem Start: Michael und Manager Willi Weber

Autodromo de la Ciudad de Buenos Aires

Streckenlänge: 4,257 km, Distanz: 72 Runden = 306,482 km
Schnellste Runde 1996: Jean Alesi (F)
in 1.29,413 Min. (171,478 km/h)

Historie

Erster Grand Prix von Argentinien 1953
Sieger: Alberto Ascari (I), Ferrari

Sieger der letzten 10 Rennen

1996	Damon Hill	Williams-Renault
1995	Damon Hill	Williams-Renault
1981	Nelson Piquet	Brabham-Ford
1980	Alan Jones	Williams-Ford
1979	Jacques Laffite	Ligier-Ford
1978	Mario Andretti	Lotus-Ford
1977	Jody Scheckter	Wolf-Ford
1975	Emerson Fittipaldi	McLaren-Ford
1974	Denis Hulme	McLaren-Ford
1973	Emerson Fittipaldi	Lotus-Ford

Häufigste Sieger

4x Fangio (54-57)

Die Rennstrecke:

Das Motodrom bietet eine Reihe mittelschneller Kurven und kurzer Geraden. Einzige echte Überholmöglichkeit ist am Ende der Start-Ziel-Geraden. Die Tribünen bieten nicht unbedingt optimale Übersicht.

Lage:
Die Strecke befindet sich auf halbem Weg zwischen Zentrum und Flughafen. Hervorragende Hotels und Restaurants halten jedem Vergleich mit europäischen Städten stand.

Kartenverkauf:
Autodromo Nacional de la Ciudad de Buenos Aires
Av. General Paz y Av. Julio Roca
RA-1439 Buenos Aires
Argentinien
Tel. 0054-1-6381995
Fax 0054-1-6381999

Startaufstellung

Pole-Zeit: 1.18,111 Min.

Schumacher (Ferrari)	**Hill** (Williams)
Alesi (Benetton)	**Villeneuve** (Williams)
Barrichello (Jordan)	**Berger** (Benetton)
Häkkinen (McLaren)	**Verstappen** (Arrows)
Irvine (Ferrari)	**Coulthard** (McLaren)
Panis (Ligier)	**Frentzen** (Sauber)
Marques (Minardi)	**Katayama** (Tyrrell)
Salo (Tyrrell)	**Brundle** (Jordan)
Diniz (Ligier)	**Herbert** (Sauber)
Rosset (Arrows)	**Lamy** (Minardi)
Montermini (Forti)	**Badoer** (Forti)

neun hart einbremst. Im Gegensatz zu 1995 geht diesmal nach dem Start alles glatt. Die spektakulären Stunts sollen noch folgen...

gegen den Uhrzeigersinn gefahrenen Piste von Interlagos fordert Tribut.

Auch der Champion ist in Begleitung seiner „Besseren Hälfte“. Aber die Schumachers meiden zunächst die Zwölf-Millionen-Gemeinde an der Mündung des Rio de la Plata. Beide zieht es Richtung Süden des riesigen Landes, um sich Pinguine anzuschauen. Findelhund Floh, der in São Paulo aufgelesen wurde, reist natürlich als vierbeiniges Handgepäck mit.

Bereits donnerstags wird es überraschend ernst: Die ersten Inspektionen der Piste beunruhigen die Formel-1-Asse. Vor der Ascari-Kurve verlaufen quer zur Fahrtrichtung zwei imposante Bodenwellen – eine weitere lauert am Ende der Start-Ziel-Geraden. Die Piloten sind empört. Die Fahrervereinigung GPDA hätte wohl doch besser rechtzeitig einen Vertreter auf Besichtigungs-Tour schicken sollen, anstatt kollektiv den Müßiggang zu pflegen…

Den neuen Spielregeln entsprechend wird freitags lediglich frei trainiert. Die Zeiten haben keinerlei Auswirkung auf die Startaufstellung und Frentzen urteilt: „Das Resultat von heute ist ebenso bedeutsam wie die Nachricht, daß in Hinterindien ein Sack Reis umgefallen ist.“

Thema Nummer eins sind unverändert die Bodenwellen. Auf ihnen heben sich die Vorderräder der Boliden bis zu 15 Zentimeter in die Luft! Die Unebenheiten erinnern an jene Schwellen, die eingangs verkehrsberuhigter Zonen wie Pilze aus dem Boden schießen. Viele Piloten klagen aufgrund der „bumps“ über Kopfschmerzen, und wer Plomben in den Zäh-

Mann des Tages: Mit seinem untermotorisierten Arrows-Hart landet Verstappen auf Platz sechs

Als Feuerball schießt der Ligier vo

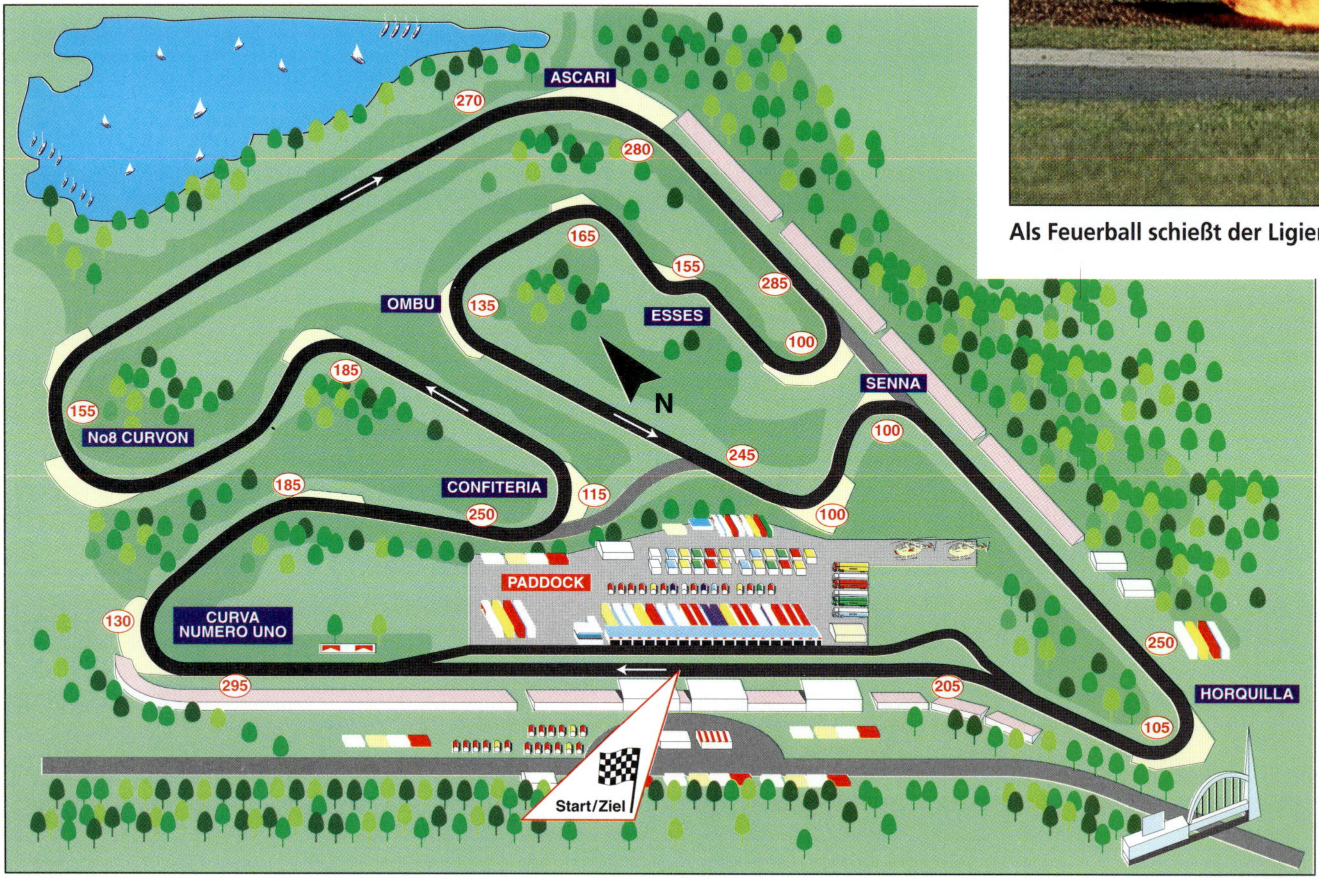

edro Diniz ins Kiesbett. Der Brasilianer kann den Flammen unverletzt entkommen. Übrig bleibt ein stark verkohlter Rennwagen

nen trägt, meldet sich bereits zum Check bei seinem heimischen Zahnarzt.

Trotz eines starken Unwetters schickt die Streckenverwaltung in der Nacht auf Samstag einige „Asphaltschleifer“ zur Nachbesserung auf die Piste. Die Jungs sind fleißig, aber ihr an das frühe Mittelalter erinnernde Arbeitsgerät versagt: Wo es um Zentimeter geht, werden nur Millimeter abgeschliffen.

Im Qualifying beginnt das bekannte Pokerspiel. Die Stars belauern sich. Während Tarso Marques bereits seine ersten Runden dreht, verspüren die übrigen Piloten keine Eile. Nach 25 Minuten tauchen lediglich sieben Namen auf dem Ergebnis-Monitor auf.

Knapp eine halbe Stunde ist dahingeplätschert, als Michael Schumacher das Zeichen zum Anlassen des Ferrari-V10 gibt: Lässig hebt er den Zeigefinger der Rechten.

Mit 1.30,8 Minuten legt der Rheinländer anschließend eine Zeit auf den Asphalt, an der sich die sofort ausschwärmende Konkurrenz zunächst die Zähne ausbeißt.

Bis in die 47. Minute, der „Stunde der Wahrheit“, bleibt Schumachers Zeit ungeschlagen. Jacques Villeneuve verpaßt sie allerdings lediglich um 95 Tausendstel.

Dann wird endlich ein neuer Bestwert gemeldet: 1.30,5 – gefahren von Michael Schumacher. Jetzt scheint er seine erste Pole in Ferraris Diensten tatsächlich in der Tasche zu haben. Dann setzt Hill, der auf den Bodenwellen auch den letzten Muskel seines Körpers fordert – „Seit gestern geht's mir schlecht.

Hill erneut auf der Pole-Position

Was ich auch zu mir nehme, es verläßt meinen Körper am anderen Ende nach kürzester Zeit.“ – alles auf eine Karte.

Die Zwischenzeiten kündigen eine neue Bestzeit an: Minus 0,1 auf den Champion, minus 0,3… Bis zum rettenden Zielstrich verliert der Brite dann zwar wieder ein Zehntel, aber die verbleibenden 0,2 Sekunden Vorsprung reichen locker zur Pole-Position.

Auch im Rücken der Besten wird knallhart gefightet. Erst in den allerletzten Sekunden gelingt es Barrichello, den Niederländer Jos Verstappen aus der dritten Startreihe zu verdrängen. Als Siebter hat der Arrows-Pilot immerhin noch die Genugtuung, das McLaren-Duo geschlagen zu haben. „Es ginge noch besser", sagt Verstappen stolz, „wenn ich ein Cockpit in einem großen Team finden würde."

Heinz-Harald Frentzen hadert als Elfter mit dem Schicksal. Sieben Minuten verlor er, weil FIA-Funktionäre die Elektronik seines Sauber kontrollierten, weitere kostbare Zeit verstrich, als er sofort im Anschluß daran auf die Waage kommandiert wurde, und schließlich trifft er wiederholt Kollegen, die den Fuß vom Gas nehmen. Tatsächlich tummeln sich in der Endphase des Qualifyings zeitgleich bis zu 18 (!) Rennwagen auf dem Circuit.

Hill gesteht nach dem Qualifying: „Natürlich bin ich happy, aber ich war mir meiner Sache heute nicht sicher. Als ich sah, wie schnell Michael und Jacques unterwegs waren, saß ich im Cockpit und kaute Fingernägel – soweit das möglich ist, wenn man Handschuhe trägt."

Der Weltmeister findet für den Formanstieg seines F310 eine einleuchtende Erklärung: „In São Paulo war die Piste

Heißsporn HH Frentzen dreht sich nach einer mißglückten Attacke gegen Coulthard ins Kiesbett

Schumacher rechnet sich Chancen aus

überall sehr wellig – damit kamen wir nicht zurecht. Hier ist der Asphalt, abgesehen von den Super-Bumps, insgesamt besser." Für das Rennen rechnet sich der Deutsche recht gute Chancen aus. Ein Überrundungs-Desaster à la Interlagos erwartet er hier keinesfalls. Sorgen macht er sich allerdings wegen des Starts: „Die Kupplungs-Elektronik des alten Getriebes, das wir seit Brasilien wieder verwenden, funktioniert nicht optimal."

Die Befürchtungen des Titelverteidigers werden nicht wahr, als das Rotlicht der Startampel erlischt. Der Hackordnung des Qualifyings entsprechend, bremst er sich als Zweiter hinter Hill in die erste Kurve ein. Dichtauf folgt das Benetton-Duo in der Reihenfolge Alesi vor Berger. Dahinter werden bereits der erste Gewinner und der erste Verlierer registriert: In Villeneuves Williams rutscht die Kupplung – der Kanadier fällt vom dritten auf den neunten Platz zurück.

David Coulthard gelingt hingegen ein Superstart. Der Schotte schießt vom neunten auf den fünften Platz nach vorn. Knapp zwei Stunden später wird sich Villeneuve freuen, der McLaren-Pilot hingegen mit dem Schicksal hadern…

Vorn kann Schumacher auf der rutschigen Piste die Nachteile seines Ferrari durch fahrerisches Können kompensieren. Mit knappem Rückstand folgt der Deutsche dem Williams-Star. Zu Beginn der siebten Runde lenkt er den roten Boliden am Ende der Startgeraden sogar kurzfristig aus dem Windschatten des Vordermannes.

Die Situation ändert sich durch die Boxenstopps nur geringfügig zu Schumachers Ungunsten. Dann wird der bisherige Rennverlauf durch unerwartete und spektakuläre Zwischenfälle wertlos. In Runde 26 wollen die beiden Pedros – Lamy und Diniz – den einen Umlauf zurückliegenden Luca Badoer überholen. Der Italiener gibt dem Minardi den Weg frei, übersieht allerdings den Ligier. Bei der folgenden Kollision zieht Badoer den kürzeren: Sein Forti überschlägt sich und kommt kopfüber zum Stand.

Unverletzt läßt sich Badoer aus dem Cockpit des gelben Rennwagens in den Kies gleiten. Dann neutralisiert die Rennleitung den WM-Lauf durch den Einsatz des Safety-Car, um den umgestürzten Boliden bergen zu

Diniz-Ligier in Flammen

können. Das Feld reiht sich zum langsamen Gänsemarsch auf, alle Abstände schmelzen nahezu auf Null ab.

Niemand ahnt in dieser Phase Böses, doch dann der Schock: Kurz nach einem Tankstopp fängt der Ligier des Brasilianers Pedro Diniz Feuer. Das Auto dreht sich, kommt zum Stand und verschwindet in einem spektakulären Flammenmeer. Noch bevor die Firemarshals in Aktion treten – der erste Helfer stürzt auf dem Weg zum Brandherd – springt der Südamerikaner unverletzt aus seinem Auto.

Unmittelbar nach erneuter Freigabe des Rennens fällt die Vorentscheidung. Tarso Marques rammt Martin Brundles Jordan, dann will Frentzen – auf noch zu kalten Reifen – zuviel und dreht sich in den Kies. Erneut wäre der Mönchengladbacher locker in die Punkte gefahren, hätte er das Rennen beenden können.

Zurückbleibende Trümmerteile der Marques-Brundle-Kollision sorgen für den nächsten Zwischenfall: Eines der Plastik-Teile aus der „Marques-Erbmasse" wird hochgewirbelt und trifft den Heckspoiler des Schumacher'schen Ferrari. Zunächst flattert der oberste Flügel des Spoilers, dann bricht er weg. Jetzt fehlen „Schumi" je nach Tempo bis zu 500 Kilogramm Anpreßdruck. Der Ferrari ist unfahrbar und verschwindet im Dunkel der Boxen.

Schumacher bleibt trotz des „dummen Ausfallgrundes" ruhig: „Mein Auto war gut. Ich

Ein Küßchen zur Belohnung: Georgie ist stolz auf ihren Damon

Großer Preis von Argentinien 1996

7. April 1996, 3. WM-Lauf. Sonnig, warm
70.000 Zuschauer
1. Reihe: Damon Hill (Pole), Michael Schumacher

Zieleinlauf

1. Damon Hill	Williams-Renault	1:54.55,322 Std.
2. Jacques Villeneuve	Williams-Renault	12,167 Sek. zur.
3. Jean Alesi	Benetton-Renault	14,754 Sek. zur.
4. Rubens Barrichello	Jordan-Peugeot	55,131 Sek. zur.
5. Eddie Irvine	Ferrari	1.04,991 Min. zur.
6. Jos Verstappen	Arrows-Hart	1.08,913 Min. zur.

Weitere

7. Coulthard (1.13,400 Min. zur.), 8. Panis (1.14,295 Min. zur.), 9. Johnny Herbert (1 Runde), 10. Montermini (3 Runden)

Ausfälle

Berger (56 Runden, Aufhängung hi. l.), Schumacher (46, Heckflügel gebrochen), Lamy (39, Differential), Salo (36, Gaszug), Brundle (34, Unfallfolgen), Marques (33, Kollision), Frentzen (32, Dreher), Diniz (29, Brand), Katayama (28, Antriebsdefekt), Rosset (24, Batterie), Badoer (24, Unfall), Häkkinen (19, Gaszug)

Fahrer-WM

		Punkte
1. Damon Hill (GB)	Williams-Renault	30
2. Jean Alesi (F)	Benetton-Renault	12
Jacques Villeneuve (CAN)	Williams-Renault	12
4. Eddie Irvine (GB)	Ferrari	10
5. Mika Häkkinen (FIN)	McLaren-Mercedes	6
6. Michael Schumacher (D)	Ferrari	4
7. Rubens Barrichello (BRA)	Jordan-Peugeot	3
Gerhard Berger (A)	Benetton-Renault	3
Mika Salo (FIN)	Tyrrell-Yamaha	3
10. Olivier Panis (F)	Ligier-Mugen-Honda	1
Jos Verstappen (NL)	Arrows-Hart	1

Konstrukteurs-WM

1. Williams 42, 2. Benetton 13, 3. Ferrari 10,
4. McLaren 5, 5. Jordan, Tyrrell je 3, 7. Arrows, Ligier je 1

wäre mit recht knappem Rückstand Zweiter hinter Damon geworden. Zum Sieg hätte es nicht gereicht, nur während der ersten Runden hätte ich etwas schneller als Damon fahren können." Dem fliegenden Trümmerteil hatte sich der Deutsche durch reflexartiges „Abducken" ins Cockpit entziehen können.

Jetzt hat Hill keinen Gegner mehr, zumal Jean Alesi den Renault-V10 seines Benetton beim Boxenstopp abwürgt. Der Zeitverlust bringt ihn um alle theoretischen Siegchancen. Berger erwischt es noch ärger: Den Tiroler wirft eine defekte Hinterradaufhängung aus dem Rennen.

Hill wird vor Teamkollege Villeneuve – der dank des Safety-Car wieder Anschluß fand – und Alesi abgewunken. „Drei Rennen, drei Siege", scherzt Damon Hill nach der Siegerehrung, „es noch besser zu machen, wäre mir schwergefallen.

Alesi lästert über Ferrari

Mein Auto war phantastisch." Villeneuve freut sich über das Happy End nach dem verpatzten Start, und Jean Alesi lästert über Ferrari: „Ich sah Michaels Probleme und bat Flavio, Ferrari zu informieren, um das rote Auto an die Box zu holen – aber nichts geschah. Ich bin froh, nicht mehr für Ferrari fahren zu müssen." Tatsächlich hatte Briatore den „SOS-Ruf" nie erhalten. Alesi sprach ins Nichts, denn der Chef hatte Gerhard Berger in der Leitung.

Wie nach dem Qualifying, hat Jos Verstappen erneut beste Laune: Der Niederländer holt Platz sechs und einen WM-Punkt, war während des Rennens so schnell wie Eddie Irvine. Und David Coulthard im schlecht ausbalancierten McLaren-Mercedes war in der Schlußphase kein Gegner für den Arrows-Piloten!

Die weiteren Rennen

Drei Läufe der Formel-1-Saison 1996 haben unsere Autoren und Fotografen verfolgt, um diese aktuelle Vorschau auf die Rennen des Jahres 1996 fertigstellen zu können.

Zu den weiteren Rennen präsentieren wir Vorberichte. Sie geben Ihnen zahlreiche ergänzende Informationen zu den RTL-Übertragungen.

Wie immer können Sie die Ergebnisse der einzelnen Läufe in den vorbereiteten Tabellen nachtragen. Im Oktober haben Sie dann eine ganz persönliche Chronik über die Formel-1-Saison 1996.

Falls Ihnen einzelne Ergebnisse fehlen, senden wir Ihnen nach dem Saisonende gerne eine Liste sämtlicher Rennen kostenlos zu. Bitte, schicken Sie dann einen ausreichend frankierten Briefumschlag (20 g) mit Ihrer Anschrift an:

ZEITGEIST VERLAG
Postfach 111335
40513 Düsseldorf

Einen ganz umfangreichen Rückblick auf die Saison 1996 wird Ihnen natürlich unser Buch

RENNREPORT 96

liefern. Es erscheint im November 96. Preis ca. 36 DM.

Übrigens: Kennen Sie die beiden einzigen Bücher, zu denen Michael Schumacher selbst ausführliche Beiträge geliefert hat?

MICHAEL SCHUMACHER – LEBEN FÜR DIE EINS

Die ganz persönliche Biografie, über 200 Farbfotos.
ISBN 3-613-30315-9, DM 39,80

KARTFAHREN – SCHULE DER WELTMEISTER

Alles, was man über den Kartsport wissen sollte. Rund 200 Farbfotos.
ISBN 3-613-30321-3, DM 39,80

Im Buchhandel. Oder direkt vom Verlag.

GROSSER PREIS VON EUROPA

NÜRBURGRING

Nürburgring

Streckenlänge: 4,556 km, Distanz: 67 Runden = 305,252 km
Schnellste Runde 1995: Michael Schumacher (D)
in 1.21,180 Min. (202,039 km/h)

Historie

Erster Grand Prix auf dem Nürburgring 1951 als Großer Preis von Deutschland (Nordschleife)
Sieger: Alberto Ascari (I), Ferrari
Erster Grand Prix auf dieser Strecke 1984
Sieger: Alain Prost (F), McLaren-TAG-Porsche Turbo

Sieger der letzten 10 Rennen

1995	Michael Schumacher	Benetton-Renault
1985	Michele Alboreto	Ferrari Turbo
1984	Alain Prost	McLaren-TAG-Porsche
1976	James Hunt	McLaren-Ford
1975	Carlos Reutemann	Brabham-Ford
1974	Clay Regazzoni	Ferrari
1973	Jackie Stewart	Tyrrell-Ford
1972	Jacky Ickx	Ferrari
1971	Jackie Stewart	Tyrrell-Ford
1969	Jacky Ickx	Brabham-Ford

Häufigste Sieger

3x Fangio (54, 56, 57); 3x Stewart (68, 71, 73)

Großer Preis von Europa 1995

1. Oktober 1995, 14. WM-Lauf. Bedeckt, kühl, anfangs feucht
100.000 Zuschauer
1. Reihe: David Coulthard (Pole), Damon Hill
Michael Schumacher auf Startplatz 3

Zieleinlauf

1. Michael Schumacher	Benetton-Renault	1:39.59,044 Std.
2. Jean Alesi	Ferrari	2,684 Sek. zur.
3. David Coulthard	Williams-Renault	35,382 Sek. zur.
4. Rubens Barrichello	Jordan-Peugeot	1 Runde zur.
5. Johnny Herbert	Benetton-Renault	1 Runde zur.
6. Eddie Irvine	Jordan-Peugeot	1 Runde zur.

Weitere

7. Brundle (1 Runde zurück), 8. Häkkinen (2 Runden), 9. Lamy (3 Runden), 10. Salo (3 Runden), 11. Badoer (3 Runden), 12. Papis (3 Runden), 13. Diniz (5 Runden), 14. Tarquini (6 Runden), 15. Delétraz (7 Runden)

Ausfälle

Hill (58 Runden, Dreher), Montermini (45, Benzinmangel), Boullion (44, Unfall), Berger (40, Elektrik), Moreno (22, Halbachse), Frentzen (17, Unfall), Panis (14, Dreher), Blundell (14, Unfall), Inoue (0, Elektronik)

Anläßlich des Europa-GP Ende September 1995 wurden in der Formel 1 Schals, Wollmützen und Handschuhe ausgepackt und über dem Fahrerlager hing der Duft von Glühwein. Das Warm Up mußte am Sonntag wegen Nebels verschoben werden und südländische Reporter, die um diese Jahreszeit 25 Grad gewohnt sind, sprachen von einem Ausflug ins deutsche Sibirien…

Experten beteuerten im Vorfeld des ersten Grand Prix auf dem Nürburgring seit zehn Jahren, die Vermutungen, es werde am 1. Oktober in der Eifel schneien, seien Unfug. Diese Gefahr bestünde nur, wenn man das Rennen Ende April austragen würde. In der Tat war es zwar dunkel wie zu Allerheiligen, aber der Schnee blieb aus.

In diesem Jahr allerdings kehrt die Formel 1 in der von den Eifel-Experten als schneesicher bezeichneten Jahreszeit zum Auftakt der Europa-Saison in die Eifel zurück.

Der Große Preis von Europa im vergangenen Jahr zeichnete sich durch eine exzellente Organisation aus. Trotzdem sollte es ursprünglich bei dem einmaligen Gastspiel der F1 in der Eifel bleiben. Aber Dr. Kafitz, der Geschäftsführer der Nürburgring GmbH, ließ nicht locker und arbeitete unermüdlich daran, 1996 erneut ein Rennen ausrichten zu können. Die Mühe hat sich gelohnt: Der Pazifik-Grand-Prix im japanischen Niemandsland wurde gestrichen und stattdessen der Ring ins Programm gehoben.

RTL
LIVE-ÜBERTRAGUNG ZEITTRAINING
SAMSTAG, 27. APRIL
12.45 UHR

LIVE-ÜBERTRAGUNG RENNEN
SONNTAG, 28. APRIL
13.15 UHR

START: 14.00 UHR

Rennen 1995:

Bei miesen äußeren Bedingungen entwickelte sich das Rennen schnell zu einem der spannendsten des Jahres. Pole-Mann Coulthard schmiß seinen Williams wieder einmal vor dem Start ins Gelände, schaffte es aber, mit dem Ersatzwagen am Rennen teilzunehmen. Gestartet wurde auf feuchter Piste.

Der Schotte, den McLaren-Mercedes am Vormittag als Teamkollegen von Mika Häkkinen für 1996 präsentiert hatte, ging in Führung. Aber die 100.000 durchgefrorenen Zu-

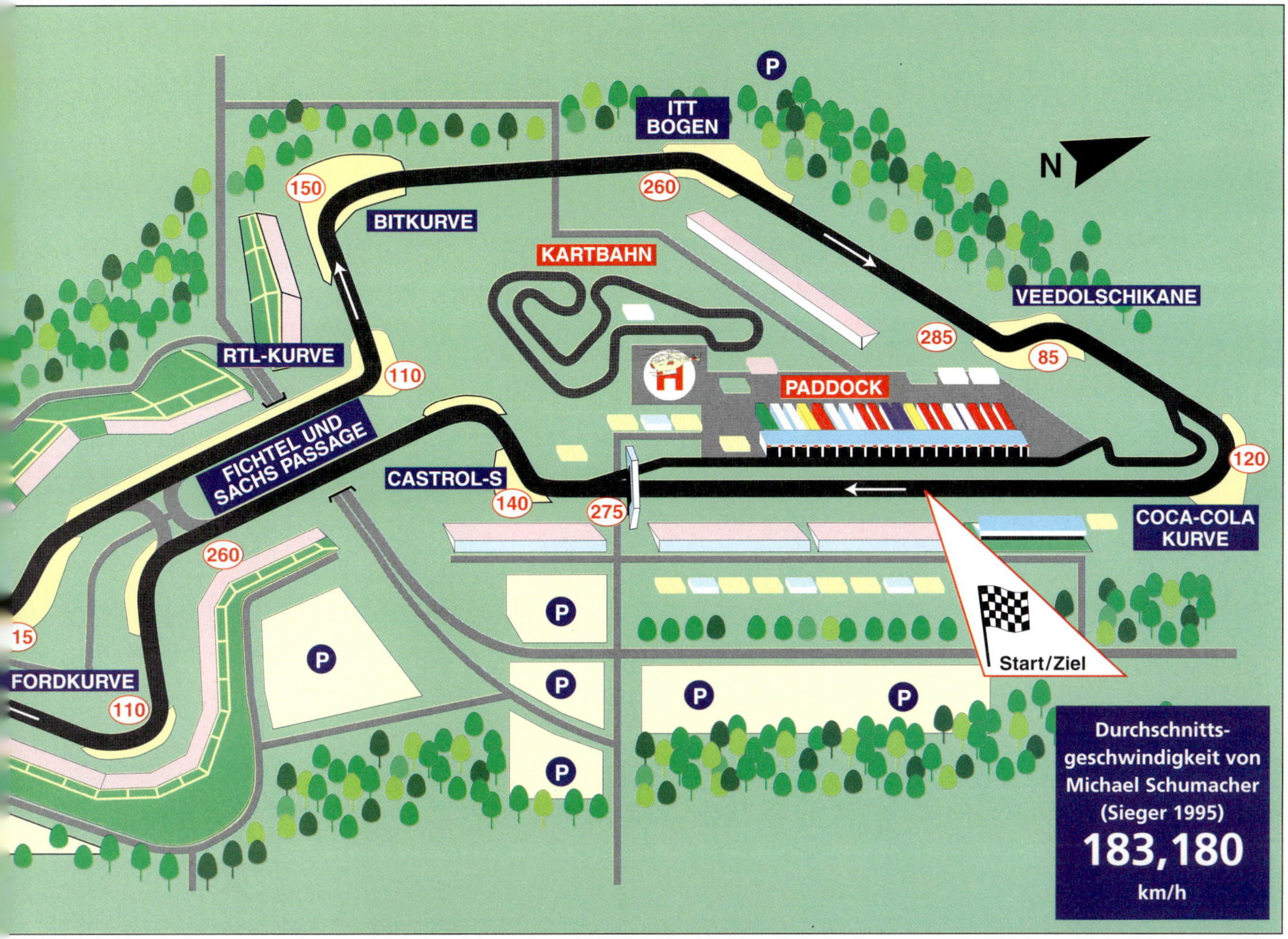

Wetterkarussell '95: Nebel, Regen und ein paar schüchterne Sonnenstrahlen beherrschten den Grand Prix bei kühlen acht Grad

Gipfeltreffen '95: Mosley, Berger, Schumacher und Ecclestone

Reisetips

Das „Social-Life" kommt für den Fan in der Eifel auf jeden Fall zu kurz. Die wenigen Hotels der Umgebung sind frühzeitig ausgebucht. Auch die Chance, ein Privatzimmer in den Dörfern zu ergattern, ist gering. So bleibt dem Fan eigentlich nur, im Zelt oder Wohnmobil zu übernachten.

Die besten Zuschauerplätze bietet der Nürburgring im Castrol-S. Aber auch die Dunlop-Kehre und die Ford-Kurve garantieren gute Übersicht.

Tip: Eine Fahrt durch die legendäre „grüne Hölle", die 23 km lange Nordschleife, mit dem eignen PKW sollte sich der Formel-1-Fan gönnen.

Kartenverkauf:
Nürburgring GmbH
Abt. Kartenvorverkauf
53520 Nürburg
Tel. 02691-923060
Fax 02691-923066

Preise:
ca. 110 - 480 DM
AUSVERKAUFT!

Und tschüß... Nach seinem Dreher verspielte Damon Hill die letzte Chance auf den WM-Titel

Volle Ränge sorgten 95 für Stimmung. Die Fans trieben Schumacher zur grandiosen Aufholjagd

schauer waren nur am Duell Schumacher-Hill interessiert.

Jean Alesi hatte gepokert und war auf Slicks gestartet. Nachdem die Piste weiter abtrocknete, wechselten auch die anderen Piloten auf Slicks. Da Alesi auf eine Ein-Stopp-Strategie gesetzt hatte, führte er plötzlich mit über 40 Sekunden.

Nach Alesis Routine-Service war plötzlich Hill kurz vor seinem zweiten Stopp dicht an Alesi herangekommen. Hill versuchte, den Franzosen zu überholen und ruinierte sich dabei den Frontspoiler. Der anschließende Boxenstopp warf den Briten aussichtslos zurück. In der 58. Runde kam dann durch einen Dreher das endgültige Aus.

Währenddessen machte Schumacher auf Alesi immer mehr Boden gut. Bis ihn seine Crew zu einem dritten Tankstopp an die Boxen holte. Das Rennen schien entschieden. Mit 25 Sekunden Rückstand kam der Benetton-Pilot zurück auf die Piste. Was dann folgte, war die vielleicht stärkste Leistung seiner Karriere.

Innerhalb von zwölf Runden eliminierte der Deutsche Alesis komfortablen Vorsprung. Drei Runden vor Schluß überholte er den Ferrari unter dem frenetischen Jubel der Fans.

Damit war Schumacher so gut wie Weltmeister. Diese Tatsache konnte auch Damon Hill nicht leugnen, der Michael fair applaudierte.

RENNREPORT ZUM AUSFÜLLEN

Startaufstellung

Pole ____
2. ____
3. ____
4. ____
5. ____
6. ____
7. ____
8. ____
9. ____
10. ____
11. ____
12. ____
13. ____
14. ____
15. ____
16. ____
17. ____
18. ____
19. ____
20. ____
21. ____
22. ____

Pole-Zeit 1.__,___ Min.

Wetter bitte ankreuzen

Training

☐ ☐ ☐ ☐

Rennen

☐ ☐ ☐ ☐

Zieleinlauf

Fahrer	Punkte
1.	10
2.	6
3.	4
4.	3
5.	2
6.	1
7.	
8.	
9.	
10.	
11.	
12.	
13.	
14.	
15.	
16.	
17.	
18.	
19.	
20.	

WM-Stand nach 4 Läufen

Fahrer	Punkte
1.	
2.	
3.	
4.	
5.	
6.	
7.	
8.	
9.	
10.	
11.	
12.	
13.	
14.	
15.	
16.	
17.	
18.	
19.	
20.	

Notizen

Ausfälle

Fahrer/Runde/Ursache

Konstrukteurs-WM nach 4 Läufen

Team	Punkte
1.	
2.	
3.	
4.	
5.	
6.	
7.	
8.	
9.	

GROSSER PREIS VON SAN MARINO

IMOLA

Autodromo Enzo e Dino Ferrari

Streckenlänge: 4,892 km, Distanz: 63 Runden = 308,196 km
Schnellste Runde 1995: Gerhard Berger (A)
in 1.29,568 Min. (196,744 km/h)

Historie

Erster Grand Prix in Imola 1980 als GP von Italien
Sieger: Nelson Piquet (BR), Brabham-Ford
Erster Grand Prix von San Marino in Imola 1981
Sieger: Nelson Piquet (BR), Brabham-Ford

Sieger der letzten 10 Rennen

1995	Damon Hill	Williams-Renault
1994	Michael Schumacher	Benetton-Ford
1993	Alain Prost	Williams-Renault
1992	Nigel Mansell	Williams-Renault
1991	Ayrton Senna	McLaren-Honda
1990	Riccardo Patrese	Williams Renault
1989	Ayrton Senna	McLaren-Honda
1988	Ayrton Senna	McLaren-Honda-Turbo
1987	Nigel Mansell	Williams-Honda Turbo
1986	Alain Prost	McLaren-TAG-Porsche Turbo

Häufigste Sieger

3x Prost (84, 86, 93); 3x Senna (88, 89, 91)

Großer Preis von San Marino 1995

30. April 1995, 3. WM-Lauf. Kühl und regnerisch
100.000 Zuschauer
1. Reihe: Michael Schumacher (Pole), Gerhard Berger

Zieleinlauf

1. Damon Hill	Williams-Renault	1:41.42,552 Std.
2. Jean Alesi	Ferrari	18,510 Sek. zur.
3. Gerhard Berger	Ferrari	43,116 Sek. zur.
4. David Coulthard	Williams-Renault	51,890 Sek. zur.
5. Mika Häkkinen	McLaren-Mercedes	1 Runde zur.
6. Heinz-H. Frentzen	Sauber-Ford	1 Runde zur.

Weitere

7. Herbert (2 Runden zurück), 8. Irvine (2 Runden), 9. Panis (2 Runden), 10. Mansell (2 Runden), 11. Suzuki (3 Runden), 12. Martini (4 Runden), 13. Morbidelli (4 Runden), 14. Badoer (4 Runden), 15. Diniz (7 Runden), 16. Moreno (7 Runden)

Ausfälle

Wendlinger (43 Runden, Radmutter-Sicherung hinten links), Gachot (36, Getriebe), Schiattarella (35, Aufhängung hinten), Barrichello (31, Getriebe), Katayama (23, Dreher), Salo (19, Motor), Montermini (15, Getriebe), Verstappen (14, Getriebe), Inoue (12, Unfall), Schumacher (10, Unfall)

Seit 1981 wird der Große Preis von San Marino in Imola ausgetragen, und bis zum 1. Mai 1994 war dort eine der schönsten Rennstrecken der Welt. Aber an diesem Wochenende starben auf dieser Strecke am Fuße der Toskana zwei Rennfahrer: Roland Ratzenberger und Ayrton Senna, der die Formel 1 in den vergangenen Jahren dominiert hatte wie kein anderer.

Seither hat der Kurs einschneidende Korrekturen erfahren. Die High-Speed-Kurve Tamburello, der Senna zum Opfer gefallen war und schon früher zahlreiche Unfälle provoziert hatte (Bergers Feuerunfall 1989 und Piquets Trainingsunfall 1987 waren die schlimmsten), wurde komplett umgebaut. Sie verläuft in einer Links-Rechts-Links-Kombination mit gigantischen Auslaufzonen. Die berüchtigte Anfahrt zur Tosa, in der Ratzenberger verunglückte, wurde ebenfalls durch eine Kurvenkombination ersetzt.

Auch an anderen Stellen wurden Mauern versetzt, Auslaufzonen vergrößert und Kurvenverläufe korrigiert. So veränderten die Streckenverantwortlichen auch die Variante Bassa, die 1994 den Barrichello-Crash verursachte.

Trotz dieser Modifikationen ist Imola ein Hochgeschwindigkeitskurs geblieben, die Sicherheit wurde jedoch bedeutend verbessert. Der Schumacher-Crash im letzten Jahr bewies al-

RTL
LIVE-ÜBERTRAGUNG ZEITTRAINING SAMSTAG, 4. MAI 12.45 UHR
LIVE-ÜBERTRAGUNG RENNEN SONNTAG, 5. MAI 13.15 UHR
START: 14.00 UHR

In Imola ist Ferrari ein Heiligtum. In

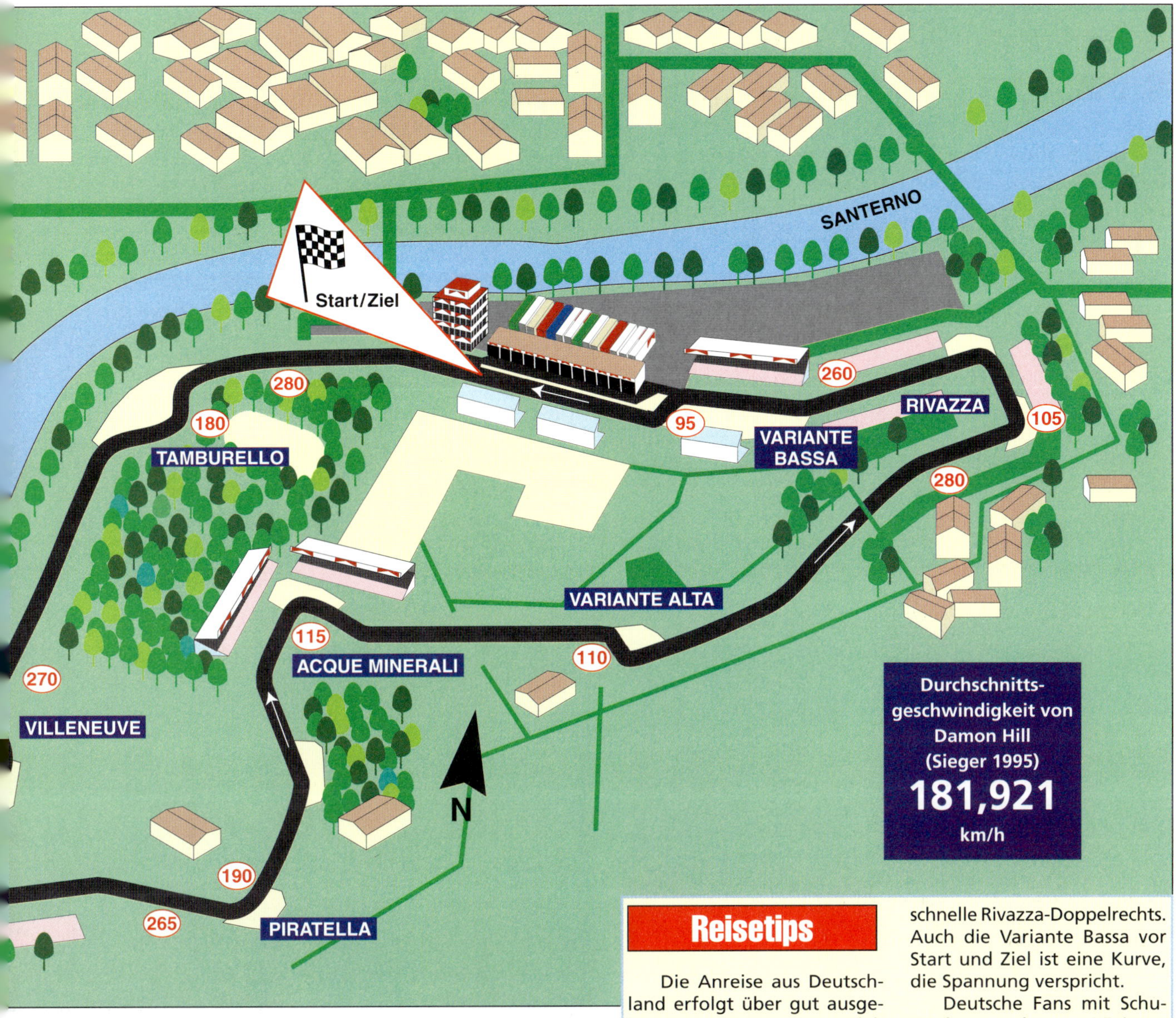

...etzten Jahr wurde Gerhard Berger Dritter, Alesi landete auf Platz 2

Reisetips

Die Anreise aus Deutschland erfolgt über gut ausgebaute Autobahnen. Ein Nadelöhr ist allerdings die Mautstation von Imola, die am Renntag stundenlange Staus verursacht. Besser ist es, eine Abfahrt früher die Autobahn zu verlassen und außerhalb von Imola einen Parkplatz zu suchen. Nach dem Rennen ist viel Geduld erforderlich, um die Heimfahrt antreten zu können.

Hotelzimmer sind in Imola zur GP-Zeit ein Problem, aber wer rechtzeitig bucht, wird zumindest an der Adria-Küste ohne Schwierigkeit ein Zimmer finden. Und die Hotelzimmer in den Badeorten der Adria sind um dieses Jahreszeit noch günstig.

Imola bietet viele gute Zuschauerplätze. Action versprechen die Aqua-Minerali-Kurve, die Variante Alta und die schnelle Rivazza-Doppelrechts. Auch die Variante Bassa vor Start und Ziel ist eine Kurve, die Spannung verspricht.

Deutsche Fans mit Schumacher- und Ferrari-Fahnen werden 1996 in Imola herzlich willkommen sein. Trotzdem gilt bei den hysterischen italienischen F1-Fans das alte Motto, wer zuerst kommt, mahlt zuerst. Auch numerierte Tribünenplätze sollten frühzeitig belegt werden, denn einen Italiener wird man nur schwer dazu bewegen können, von einem einmal eingenommenen Sitzplatz aufzustehen…

Kartenverkauf:
SAGIS S.p.A.
Ufficio Biglietteria
Piazzale Leonardo da Vinci, 1
40026 Imola
Italien
Tel. 0039-542-34116
Fax 0039-542-34159

Preise:
ca. 45 - 600 DM
Landeswährung: ital. Lire
1.000 Lit. = ca. 0.95 DM

lerdings, daß der Kurs immer noch seine Tücken hat.

Die Rennstrecke liegt vor den Toren des malerischen Städtchens Imola, das sich in der Woche des Grand Prix im Ausnahmezustand befindet. Ferrari-Fahnen schmücken hier jedes Gebäude. Das Rennen ist in jeder Pizzeria, in jedem Café Gesprächsthema Nr. 1.

Die wichtigste Frage dreht sich um das Abschneiden der Ferrari. Deren Heimat Maranello ist nur 50 km von Imola entfernt, die Rennstrecke gehört der Scuderia. Die zahllosen Fans, die ab Donnerstag in Imola campieren und auf den Naturtribünen ihre Malergerüste aufstellen, haben nur Augen für die Roten. 1996 wird Michael Schumacher in Imola zum ersten Mal erleben, was es wirklich bedeutet, für Ferrari Formel 1 zu fahren. Der Deutsche hält Ferrari noch immer für „ein ganz normales Formel-1-Team“.

Rennen 1995:

Vor dem Start gedachten die Piloten mit einer Schweigeminute der vor einem Jahr in Imola tödlich verunglückten Fahrer Ayrton Senna und Roland Ratzenberger. Imola präsentierte sich „ein Jahr danach“ entschärft. Die Todeskurvenkombinationen Tamburello und Villeneuve wurden komplett umgebaut und auch die Acque Minerali wurde modifiziert.

Der Start erfolgte auf abtrocknender Fahrbahn mit Regenreifen. Bis zu seinem Reifenwechsel-Stopp lag Pole-Mann Schumacher in Front. Danach allerdings benötigte er alle Schutzengel, als er auf dem Weg zur Piratella bei ca. 250 km/h den Benetton aus der Kontrolle verlor und sich heftig in einen Reifenstapel bohrte.

Gerhard Berger konnte sich seiner Führung, die er dank eines frühen Boxenstopps erobert hatte, nicht lange erfreuen. Beim Routine-Tankstopp würgte der Ferrari-Star den Motor ab und der Weg für Damon Hills zweiten Sieg in Folge war frei.

Das Duell des Rennens lieferte sich David Coulthard mit Ferrari-Pilot Alesi. Der junge Schotte trotzte tapfer allen Angriffen des erfahreneren Franzosen, der Coulthard nach dem Rennen der Unfairneß bezichtigte: „Noch nie habe ich einen unfairen Gegner gehabt“, schimpfte Alesi, der einen sicheren zweiten Platz nach Hause fuhr, als sich Coulthard drehte. Zusätzlich erhielt er eine Zehn-Sekunden-Strafe wegen zu hoher Geschwindigkeit in der Boxengasse.

Formel-1-Heimkehrer Mansell kollidierte bei seinem Comeback für McLaren-Mercedes auf Platz fünf liegend mit Jordan-Pilot Irvine und beendete das Rennen abgeschlagen als Zehnter.

Mansells Debüt bereitete Teamchef Ron Dennis Sorgenfalten

Zielflagge: Ein fehlerfreier Lauf brachte Hill zehn WM-Punkte

Mit Volldampf in den Himmel: Hinter dieser Kuppe verlor Schumacher 1995 die Kontrolle über seinen Benetton und schied aus

RENNREPORT ZUM AUSFÜLLEN

Startaufstellung

Pole ____ 2. ____
3. ____ 4. ____
5. ____ 6. ____
7. ____ 8. ____
9. ____ 10. ____
11. ____ 12. ____
13. ____ 14. ____
15. ____ 16. ____
17. ____ 18. ____
19. ____ 20. ____
21. ____ 22. ____

Pole-Zeit 1.__,___ Min.

Wetter bitte ankreuzen

Training

☐ ☐ ☐ ☐

Rennen

☐ ☐ ☐ ☐

Zieleinlauf

Fahrer	Punkte
1.	10
2.	6
3.	4
4.	3
5.	2
6.	1
7.	
8.	
9.	
10.	
11.	
12.	
13.	
14.	
15.	
16.	
17.	
18.	
19.	
20.	

WM-Stand nach 5 Läufen

Fahrer	Punkte
1.	
2.	
3.	
4.	
5.	
6.	
7.	
8.	
9.	
10.	
11.	
12.	
13.	
14.	
15.	
16.	
17.	
18.	
19.	
20.	

Notizen

Ausfälle

Fahrer/Runde/Ursache

Konstrukteurs-WM nach 5 Läufen

Team	Punkte
1.	
2.	
3.	
4.	
5.	
6.	
7.	
8.	
9.	

GROSSER PREIS VON MONACO

MONTE CARLO

Circuit de Monte Carlo

Streckenlänge: 3,328 km, Distanz: 78 Runden = 259,584 km
Schnellste Runde 1995: Jean Alesi (F)
in 1.24,621 Min. (141,581 km/h)

Historie

Erster Grand Prix von Monaco 1950
Sieger: Juan-Manuel Fangio (ARG), Alfa Romeo

Sieger der letzten 10 Rennen

1995	Michael Schumacher	Benetton-Renault
1994	Michael Schumacher	Benetton-Ford
1993	Ayrton Senna	McLaren-Ford
1992	Ayrton Senna	McLaren-Honda
1991	Ayrton Senna	McLaren-Honda
1990	Ayrton Senna	McLaren-Honda
1989	Ayrton Senna	McLaren-Honda
1988	Alain Prost	McLaren-Honda Turbo
1987	Ayrton Senna	Lotus-Honda Turbo
1986	Alain Prost	McLaren-TAG-Porsche Turbo

Häufigste Sieger

6x Senna (87, 89-93); 5x G. Hill (63-65, 68, 69);
4x Prost (84-86, 88); 3x Stewart (66, 71, 73)

Großer Preis von Monaco 1995

28. Mai 1995, 5. WM-Lauf. Sonnig und warm
120.000 Zuschauer
1. Reihe: Damon Hill (Pole), Michael Schumacher

Zieleinlauf

1. Michael Schumacher	Benetton-Renault	1:53.11,258 Std.
2. Damon Hill	Williams-Renault	34,817 Sek. zur.
3. Gerhard Berger	Ferrari	1.11,447 Min. zur.
4. Johnny Herbert	Benetton-Renault	1 Runde zur.
5. Mark Blundell	McLaren-Mercedes	1 Runde zur.
6. Heinz-H. Frentzen	Sauber-Ford	2 Runden zur.

Weitere

7. Martini (2 Runden zurück), 8. Boullion (4 Runden/Dreher), 9. Morbidelli (4 Runden), 10. Diniz (6 Runden)

Ausfälle

Badoer (68 Runden, Aufhängung hinten), Panis (65, Unfall), Salo (63, Gaszug), Barrichello (60, Gaszug), Gachot (42, Getriebe), Alesi (41, Unfall), Brundle (40, Unfall), Inoue (27, Getriebe), Katayama (26, Unfall), Montermini (23, Disqualifikation), Irvine (22, Unfall), Coulthard (16, Getriebe), Moreno (9, Bremsen), Häkkinen (8, Motor), Verstappen (0, Getriebe), Schiattarella (0, Nichtstarter)

Mit „Helikopter-Fliegen im Wohnzimmer" hat der dreifache Weltmeister Nelson Piquet die Fahrt mit einem Formel-1-Wagen um den Stadtkurs von Monaco verglichen. Die F1-Projektile sind für die Leitplanken-Orgie durch das Fürstentum überdimensioniert. Und trotzdem oder gerade deswegen ist der Grand Prix von Monaco das berühmteste Rennen der Formel-1-Saison.

Die Strecke in Monaco ist sicherlich nicht der Formel 1 würdig. Aber das Rennen ist der Klassiker und als solcher fester Bestandteil des F1-Kalenders. Über eine Milliarde TV-Zuschauer verfolgen alljährlich den Grand Prix am Bildschirm, und nirgendwo kann ein Sponsor seine Gäste so mondän ausführen wie in Monaco.

Auf keiner anderen Rennstrecke wird die Geschwindigkeit und die Power der Boliden so deutlich wie auf den engen Straßen des Fürstentums. Wer die Faszination Formel 1 begreifen will, sollte zumindest einmal in seinem Leben in Monaco zugeschaut haben. Wenn sich Schumacher zum berühmten Casino hinaufkatapultiert, Alesi sich durch das Kurvengeschlängel am Schwimmbad windet,

Ready for Take-off: Berger flog ge

negassischen Himmel. Nach der harten Landung folgte Start zwei

Mark Blundell: Mit Sitz unterm Arm auf dem Weg zu McLaren

Durchschnitts-geschwindigkeit von Michael Schumacher (Sieger 1995)

137,603

km/h

RTL

LIVE-ÜBERTRAGUNG
ZEITTRAINING
SAMSTAG, 18. MAI
12.45 UHR

LIVE-ÜBERTRAGUNG
RENNEN
SONNTAG, 19. MAI
13.45 UHR

START: 14.30 UHR

Reisetips

Für Zuschauer ist Monaco das Paradies. Nirgendwo kommen sie den Formel-1-Boliden so nahe wie hier. Das Fahrerlager am Hafen ist kaum abgesichert und dementsprechend viele Fans treiben sich an den Kais, an denen die teuersten Yachten ankern, herum.

Monaco heißt sehen und gesehen werden. Nirgendwo sonst ist die Ferrari- und Lamborghini-Dichte höher als im Fürstentum zur Grand-Prix-Zeit, wenn sich auch 500-PS-Schlitten nur noch im Schneckentempo den Berg zum Casino hinaufquälen. Und nirgendwo sonst werden so unverschämte Preise verlangt wie beim Monaco-Grand-Prix. Die meisten Hotels sind auf Jahre ausgebucht, die Côte verdoppelt am Wochenende von Christi Himmelfahrt die Preise. Und die F1-Fans zahlen. Denn die Show ist jeden Franc wert.

Die besten Zuschauer-Plätze? Es gibt eigentlich keine schlechten. Die Privilegierten sitzen auf den Balkons exquisiter Appartments oder Hotels am Rande der Start-Ziel-Geraden, der Bergauf-Kombination oder im Loews. Die Insider-Fans auf der K-Tribüne im Schwimmbad-Bereich. Aber auch am Casino wird den Zuschauern etwas geboten. Und wer sich das Abenteuer Monte Carlo keine Tausender kosten lassen möchte, klettert (am Sonntag allerdings frühzeitig!!) auf den Felsen unterhalb des Fürstenpalastes.

Kartenverkauf:
Automoblie Club de Monaco (ACM)
23 Boulevard Albert 1er
BP 464
98000 Monaco
Tel. 0033-93152600
Fax 0033-93258008

Preise:
ca. 100 - 600 DM
Landeswährung: Francs
100 FF = ca. 29 DM

Mika Häkkinen mit hübscher Begleitung im berühmten Casino

Häkkinen todesmutig an der berühmten Tiptop-Bar und an Jimmyz Diskothek vorbei in Richtung Mirabeau hinuntersticht, versteht man erst die Leistung der Piloten.

Überholen scheint im Fürstentum verboten. Wer seinen Hintermann nicht vorbeilassen möchte, an dem ist nur mit der Brechstange vorbeizukommen. Dies erfuhr auch Nigel Mansell, der 1992 das Rennen anführte, dann Reifen wechseln und dabei Ayrton Senna vorbeilassen mußte. Mansell auf frischen Reifen schob den auf abgefahrenen Pneus herumrutschenden Senna vor sich her. Aber Senna, der Monaco-Meister mit sechs Siegen, machte seinen McLaren immer breiter und Mansell mußte sich frustriert mit Platz zwei zufrieden geben.

Deshalb ist in Monaco die Startaufstellung beinahe rennentscheidend. Der Start ist fast die einzige Gelegenheit, Boden gutzumachen. Allerdings zeugen die Rennabbrüche nach Kollisionen in der Ste. Dévote davon, daß die Überholversuche häufig mit Schrott enden. Interessanterweise hat sich in den letzten Jahren die enge Loews-Kurve als Ort entpuppt, wo Mutige zumindest zum Überrunden ansetzen, aber auch schon manches Überholmanöver einen erfolgreichen Abschluß fand.

Monaco ist ein Fahrer-Kurs. Wer die beste Fahrzeugbeherrschung hat, seinen Wagen möglichst materialschonend im Renntempo an die Leitplanken herandriften läßt, wer mit möglichst viel Gefühl das Stakkato auf Brems- und Gaspedal beherrscht, wird in Monaco gut aussehen.

Rennen 1995:

Mit zwei Rausschmissen begann das Monaco-Wochenende 1995. Mclaren-Mercedes trennte sich von Nigel Mansell „in gegenseitigem Einvernehmen“ und Sauber ersetzte Karl Wendlinger, der ein Jahr zuvor seinen schlimmen Unfall in Monaco erlitten hatte, durch Williams-Testfahrer Jean-Christophe Bouillon.

Mit acht Zehnteln Vorsprung sicherte sich Damon Hill die in Monte Carlo oftmals schon vorentscheidende Pole-Position. Nach einer saftigen Startkarambolage – Berger und Alesi nahmen Monaco-Neuling Coulthard in die Zange und brachten bei der unausweichlichen Kollision zwei Drittel des Feldes zum Stehen – klappte der Neustart besser. Hill führte knapp vor Schumacher.

Als der Williams von Hill nach 24 Runden zum Nachtanken an die Boxen kam, Schumacher jedoch zunächst weiterfuhr, war die unterschiedliche Renntaktik offensichtlich: Benetton plante ein Einstopp-Rennen, Williams zwei Stopps. Damit waren die Plätze bezogen und Michael Schumacher feierte seinen zweiten Sieg im Fürstentum. Für Renault war es, so unglaublich das nach 17 Jahren in der Formel 1 klang, der erste Monaco-Sieg überhaupt. Publikumsliebling Alesi dagegen beendete das Rennen im Schwimmbadbereich in den Leitplanken. Er war beim Überrunden von Brundle's Ligier ausgerutscht.

Auf dem Weg zu seinem zweiten Monaco-Sieg überrundete Schumacher Sauber-Pilot Frentzen

RENNREPORT ZUM AUSFÜLLEN

Startaufstellung

Pole	2.
3.	4.
5.	6.
7.	8.
9.	10.
11.	12.
13.	14.
15.	16.
17.	18.
19.	20.
21.	22.

Pole-Zeit 1.__,___ Min.

Wetter bitte ankreuzen

Training

☐ ☐ ☐ ☐

Rennen

☐ ☐ ☐ ☐

Zieleinlauf

Fahrer	Punkte
1.	10
2.	6
3.	4
4.	3
5.	2
6.	1
7.	
8.	
9.	
10.	
11.	
12.	
13.	
14.	
15.	
16.	
17.	
18.	
19.	
20.	

WM-Stand nach 6 Läufen

Fahrer	Punkte
1.	
2.	
3.	
4.	
5.	
6.	
7.	
8.	
9.	
10.	
11.	
12.	
13.	
14.	
15.	
16.	
17.	
18.	
19.	
20.	

Notizen

Ausfälle

Fahrer/Runde/Ursache

Konstrukteurs-WM nach 6 Läufen

Team	Punkte
1.	
2.	
3.	
4.	
5.	
6.	
7.	
8.	
9.	

GROSSER PREIS VON SPANIEN

BARCELONA

Circuit de Catalunya

Streckenlänge: 4,727 km, Distanz: 65 Runden = 307,255 km
Schnellste Runde 1995: Damon Hill (GB)
in 1.24,531 Min. (201,313 km/h)

Historie

Erster Grand Prix von Spanien 1951 in Pedrables
Sieger: Juan Manuel Fangio (ARG), Alfa Romeo
Erster Grand Prix auf dieser Strecke 1991
Sieger: Nigel Mansell (GB), Williams-Renault

Sieger der letzten 10 Rennen

1995	Michael Schumacher	Benetton-Renault
1994	Damon Hill	Williams-Renault
1993	Alain Prost	Williams-Renault
1992	Nigel Mansell	Williams-Renault
1991	Nigel Mansell	Williams-Renault
1990	Alain Prost	Ferrari
1989	Ayrton Senna	McLaren-Honda
1988	Alain Prost	McLaren-Honda Turbo
1987	Nigel Mansell	Williams-Honda Turbo
1986	Ayrton Senna	Lotus-Renault Turbo

Häufigste Sieger

3x Mansell (87, 91, 92); 3x Prost (88, 90, 93); 3x Stewart (69-71)

Großer Preis von Spanien 1995

14. Mai 1995, 4. WM-Lauf. Sonnig und warm, windig
50.000 Zuschauer
1. Reihe: Michael Schumacher (Pole), Jean Alesi

Zieleinlauf

1. Michael Schumacher	Benetton-Renault	1:34.20,507 Std.
2. Johnny Herbert	Benetton-Renault	51,988 Sek. zur.
3. Gerhard Berger	Ferrari	1.05,237 Min. zur.
4. Damon Hill	Williams-Renault	2.01,749 Min. zur.
5. Eddie Irvine	Jordan-Peugeot	1 Runde zur.
6. Olivier Panis	Ligier-Mugen-Honda	1 Runde zur.

Weitere

7. Barrichello (1 Runde zurück), 8. Frentzen (1 Runde), 9. Brundle (1 Runde), 10. Salo (1 Runde), 11. Morbidelli (2 Runden), 12. Verstappen (2 Runden), 13. Wendlinger (2 Runden), 14. Martini (3 Runden), 15. Schiattarella (4 Runden)

Ausfälle

Katayama (56 Runden, Motor), Coulthard (54, Getriebe), Häkkinen (53, Benzindruck), Inoue (43, Motor), Gachot (43, Brand), Moreno (39, Aufgabe), Alesi (25, Motor), Badoer (21, Getriebehydraulik), Mansell (18, Unfallfolgen), Diniz (17, Getriebe), Montermini (0, Nichtstarter/Getriebe)

Die katalanische Hauptstadt Barcelona ist ein traditioneller Austragungsort für den Großen Preis von Spanien. Bis Mitte der 70er Jahre fuhr die Formel 1 im Wechsel mit Jarama/Madrid auf einem Stadtkurs im Gebiet des Montjuich-Parkes, dem späteren Olympia-Gelände Barcelonas.

Der malerische Stadtkurs galt als Barcelonas Antwort auf Monaco. Er wies jedoch erhebliche sicherheitstechnische Tükken auf und wurde nach einem Mega-Crash des Deutschen Rolf Stommelen 1975 (der Rheinländer überschlug sich auf einem Hügel und landete kurz vor einer Tribüne) stillgelegt.

Der Spanien-GP zog in der Folge nach Jarama. Später flog er ganz aus dem F1-Programm, bis 1986 Jerez de la Frontera die Formel 1 in den Süden Spaniens zurückholte. Die Katalanen jedoch träumten von einer Rückkehr des GP nach Barcelona und ergriffen in der Olympia-Euphorie Spaniens Ende der 80er Jahre die Gelegenheit.

Dreißig Kilometer nordöstlich des Zentrums stampften sie in wenigen Monaten ein komplett neues Motodrom, den „Circuit de Catalunya", aus dem Boden. Als Olympia-Radstrecke ausgewiesen, ging ein Teil der Baukosten in der gigantischen Olympia-Rechnung unter und urplötzlich hatten die listigen Katalanen wieder eine Grand-Prix-taugliche Rennstrecke.

Als Jerez, das immer unter Zuschauermangel gelitten hatte, im Herbst 1991 ausfiel, wurde zehn Monate vor Beginn der Olympiade schon der erste Formel-1-Lauf auf der neuen Strekke gestartet. Seither hat der F1-Grand-Prix von Spanien in Barcelona wieder seine Heimat.

Barcelona ist im Frühjahr und im Herbst ein Regenloch. Zweimal schon fand seit 1991 der GP im Regen statt, und auch im Training öffnet Petrus ab und zu die Himmelsschleu-

RTL
LIVE-ÜBERTRAGUNG ZEITTRAINING
SAMSTAG, 1. JUNI
12.45 UHR
LIVE-ÜBERTRAGUNG RENNEN
SONNTAG, 2. JUNI
13.15 UHR
START: 14.00 UHR

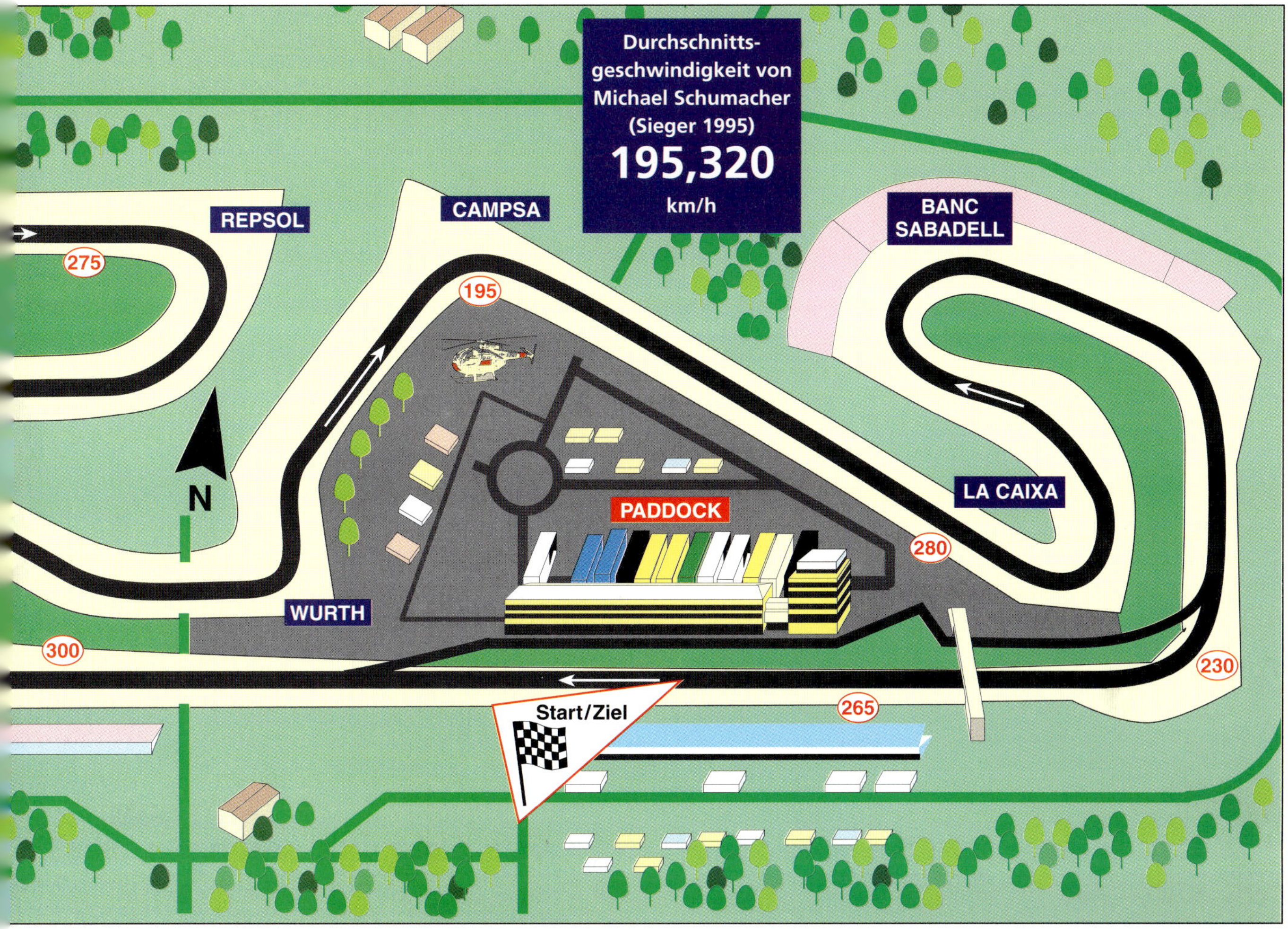

Karl Wendlinger im Duell mit Martin Brundle. Nach dem Spanien-GP ersetzte Peter Sauber den Österreicher durch Jules Boullion

7. LAUF

2. JUNI 1996

RENNREPORT ZUM AUSFÜLLEN

Startaufstellung

Pole ____ 2. ____
3. ____ 4. ____
5. ____ 6. ____
7. ____ 8. ____
9. ____ 10. ____
11. ____ 12. ____
13. ____ 14. ____
15. ____ 16. ____
17. ____ 18. ____
19. ____ 20. ____
21. ____ 22. ____

Pole-Zeit 1.__,___ Min.

Wetter bitte ankreuzen

Training

☐ ☐ ☐ ☐

Rennen

☐ ☐ ☐ ☐

Zieleinlauf

Fahrer	Punkte
1.	10
2.	6
3.	4
4.	3
5.	2
6.	1
7.	
8.	
9.	
10.	
11.	
12.	
13.	
14.	
15.	
16.	
17.	
18.	
19.	
20.	

WM-Stand nach 7 Läufen

Fahrer	Punkte
1.	
2.	
3.	
4.	
5.	
6.	
7.	
8.	
9.	
10.	
11.	
12.	
13.	
14.	
15.	
16.	
17.	
18.	
19.	
20.	

Notizen

Ausfälle

Fahrer/Runde/Ursache

Konstrukteurs-WM nach 7 Läufen

Team	Punkte
1.	
2.	
3.	
4.	
5.	
6.	
7.	
8.	
9.	

sen. Trotzdem ist Montmeló neben Paul Ricard und Estoril eine der beliebtesten Winterteststrecken der Formel 1 geworden. Die Temperaturen bleiben hier auch im Winter „im grünen Bereich". Und die gute Mischung aus schnellen und langsamen Kurven sowie der langen Start-Ziel-Geraden decken ähnlich wie in Estoril Chassis-Schwächen der Formel-1-Autos gnadenlos auf.

Rennen 1995:

Der Große Preis von Spanien brachte für Michael Schumacher einen klaren Start-Ziel-Sieg. Nachdem Benetton die Chassis-Probleme in der Nacht von Freitag auf Samstag beheben konnte, wurde dem Weltmeister im Rennen niemand gefährlich. Pech hatte WM-Leader Damon Hill, der in der letzten Runde nach einem Hydraulik-Defekt kraftlos durchs Ziel rollte und einen sichergeglaubten zweiten Platz verlor.

Nutznießer dieses Mißgeschicks war Schumachers Teamkollege Johnny Herbert, der Zweiter wurde und für den ersten Benetton-Doppelsieg seit Suzuka 1990 sorgte. Die Ferrari, im Training auf Platz zwei und drei, enttäuschten. Alesi erlitt an zweiter Stelle liegend einen Motorschaden, Gerhard Berger rettete sich nach Hills Ausfall noch als Dritter ins Ziel.

Deprimierend war das Abschneiden der Mclaren-Mercedes: Rang neun und zehn im Training, danach ein Ausfall Häkkinens auf Platz neun. Nigel Mansell fuhr das Rennen gar nicht erst zu Ende. Er gab „wegen Unfahrbarkeit des Wagens" auf. Dieser Ausfall hatte Folgen: Noch vor dem nächsten Rennen trennte sich McLaren von dem Ex-Weltmeister von 1992.

Reisetips

Der Rundkurs von Montmeló liegt in einer von Industriebetrieben genutzten Ebene und besitzt eine gute Autobahn- und eine direkte Zuganbindung nach Barcelona.

Die Rennstrecke bietet eine zum Überholen einladende Start-Ziel-Gerade (gute Tribünenplätze), sowie eine ansprechende Mischung aus mittleren und schnellen Kurven, die von den Zuschauern teilweise von Hügeln und teilweise von Tribünen aus einzusehen sind. Allerdings wirkt die Anlage speziell im Bereich der Caixa- und Banc-Sabadell-Kurven steril und antiseptisch. Hier wurden Betontribünen à la Hockenheim errichtet, die jedoch meistens leer bleiben und auf denen sich niemals die Fußball-Atmosphäre des Motodroms von Hockenheim entfaltet.

Der Besuch des GP von Spanien sollte mit einer Stippvisite Barcelonas verbunden werden. Die sehenswerte Stadt bietet Hotelzimmer und Unterhaltungsmöglichkeiten in unendlicher Vielfalt.

Auch die Küstenorte der nahegelegenen Costa Brava (ca. 30 Minuten mit dem Auto) bieten zahllose Übernachtungsmöglichkeiten. Die meist von Bustouristen frequentierten Ortschaften von Arenys bis Lloret besitzen allerdings den Charme sozialistischer Plattenbau-Siedlungen, da die Stadtväter in dem Wahn, möglichst viele Touristenbetten zu errichten, jegliches Lokalkolorit zubetonierten.

Kartenverkauf:
Circuit de Catalunya
Mas la Moreneta
Apartat de Correus 27
08160 Montmeló/Barcelona
Spanien
Tel. 0034-3-35719700
Fax 0034-3-5723061

Preise:
ca. 95 - 340 DM
Landeswährung: Peseta
100 Ptas. = ca. 1,20 DM

Start: Dichtgedrängt verfolgte das Feld Pole-Mann Schumacher

Belohnung für Platz 2: Rebecca freute sich mit Johnny Herbert

Blick über Start und Ziel auf das Gewerbegebiet Montmeló

8. LAUF 16. JUNI 1996

GROSSER PREIS VON KANADA

MONTREAL

Circuit Gilles Villeneuve

Streckenlänge: 4,421 km, Distanz: 69 Runden = 305,049 km
Schnellste Runde 1995: Michael Schumacher (D)
in 1.29,174 Min. (178,841 km/h)

Historie

Erster Grand Prix von Kanada 1967 in Mosport
Sieger: Jack Brabham (AUS), Brabham-Repco
Erster Grand Prix auf dieser Strecke 1978
Sieger: Gilles Villeneuve (CAN), Ferrari

Sieger der letzten 10 Rennen

1995	Jean Alesi	Ferrari
1994	Michael Schumacher	Benetton-Ford
1993	Alain Prost	Williams-Renault
1992	Gerhard Berger	McLaren-Honda
1991	Nelson Piquet	Benetton-Ford
1990	Ayrton Senna	McLaren-Honda
1989	Thierry Boutsen	Williams-Renault
1988	Ayrton Senna	McLaren-Honda Turbo
1986	Nigel Mansell	Williams-Honda Turbo
1985	Michele Alboreto	Ferrari Turbo

Häufigster Sieger

3x Piquet (82, 84, 91)

Großer Preis von Kanada 1995

11. Juni 1995, 6. WM-Lauf. Bedeckt, aufheiternd
87.000 Zuschauer
1. Reihe: Michael Schumacher (Pole), Damon Hill

Zieleinlauf

1. Jean Alesi	Ferrari	1:46.31,333 Std.
2. Rubens Barrichello	Jordan-Peugeot	31,687 Sek. zur.
3. Eddie Irvine	Jordan-Peugeot	32,270 Sek. zur.
4. Olivier Panis	Ligier-Mugen-Honda	36,506 Sek. zur.
5. Michael Schumacher	Benetton-Renault	37,060 Sek. zur.
6. Gianni Morbidelli	Arrows-Hart	1 Runde zur.

Weitere

7. Salo (1 Runde zurück), 8. Badoer (1 Runde), 9. Inoue (2 Runden)

Ausfälle

Brundle (61 Runden, Unfall), Berger (61, Unfall), Martini (60, Unfall), Moreno (54, Benzindruck), Hill (50, Getriebe), Blundell (47, Motor), Katayama (42, Motor), Gachot (36, Batterie), Frentzen (26, Elektronik), Diniz (26, Getriebe), Boullion (19, Unfall), Montermini (5, Getriebehydraulik), Coulthard (1, Dreher), Herbert (0, Unfall), Häkkinen (0, Unfall)

Vor der Skyline von Montreal liegt die Ile Notre Dame, auf der seit 1978 der Grand Prix von Kanada ausgetragen wird. Die frankokanadischen Bewohner Montreals gelten als rennverrückt, und das Stürmen der Strecke noch vor Rennende gehört in Montreal zur schlechten Tradition à la Monza.

1996 werden die Kanadier noch mehr Grund zum Jubeln haben, denn zum ersten Mal seit 1981 ist wieder ein Landsmann am Start: Jacques Villeneuve, der Sohn der 1982 tödlich verunglückten Formel-1-Legende Gilles Villeneuve, nach dem die Rennstrecke von Montreal benannt ist. Der 24jährige wird versuchen, das Kunststück seines Vaters nachzumachen, der 1978 schon in seiner ersten vollen Formel-1-Saison in Montreal seinen Heimat-Grand-Prix gewann. Danach war Montreal im „Villeneuve-Fieber", das erst durch Gilles' tödlichen Unfall in Zolder 1982 jäh gestoppt wurde.

Ihre Zuneigung übertrugen die kanadischen Fans in den vergangenen Jahren auf Jean Alesi, der mit Villeneuves Startnummer 27 und einem ähnlich spektakulären Fahrstil die Herzen der Montrealer eroberte. Entsprechend groß war die Freude, als der Franzose hier 1995 seinen ersten Grand-Prix-Sieg errang.

Die Strecke von Montreal, auf dem Gelände der Weltausstellung von 1967 erbaut, gehört sicherlich nicht zu den anspruchsvollsten Kursen der Formel 1. Aber die malerische Streckenführung bietet den Fahrern immerhin zwei langsame Haarnadelkurven, in deren Anbremszonen Überholversuche erfolgversprechend sind. Die schnellen Rechts-Links-Passagen erfordern eine präzise Fahrweise, denn direkt am Streckenrand lauern Leitplanken, die die Piste zu einem gefährlichen Kanal machen.

Die schnelle Passage hinter der Haarnadelkurve gehörte bis 1994 zu den spektakulärsten Kurven aller F1-Rennstrecken. Eine Fünfte-Gang-Links-Rechts-Kombination, in deren Mitte ein Buckel die mit Vollgas ankommenden Boliden auszuhebeln versuchte. Dies war eine

RTL
LIVE-ÜBERTRAGUNG
ZEITTRAINING
SAMSTAG, 15. JUNI
18.45 UHR
LIVE-ÜBERTRAGUNG
RENNEN
SONNTAG, 16. JUNI
18.15 UHR
START: 19.00 UHR
ORTSZEIT: 13.00 UHR

Gleich nach dem Start verkeilte sich Mika Häkkinen im Benetton von Johnny Herbert. Für beide war das 95er Rennen beendet

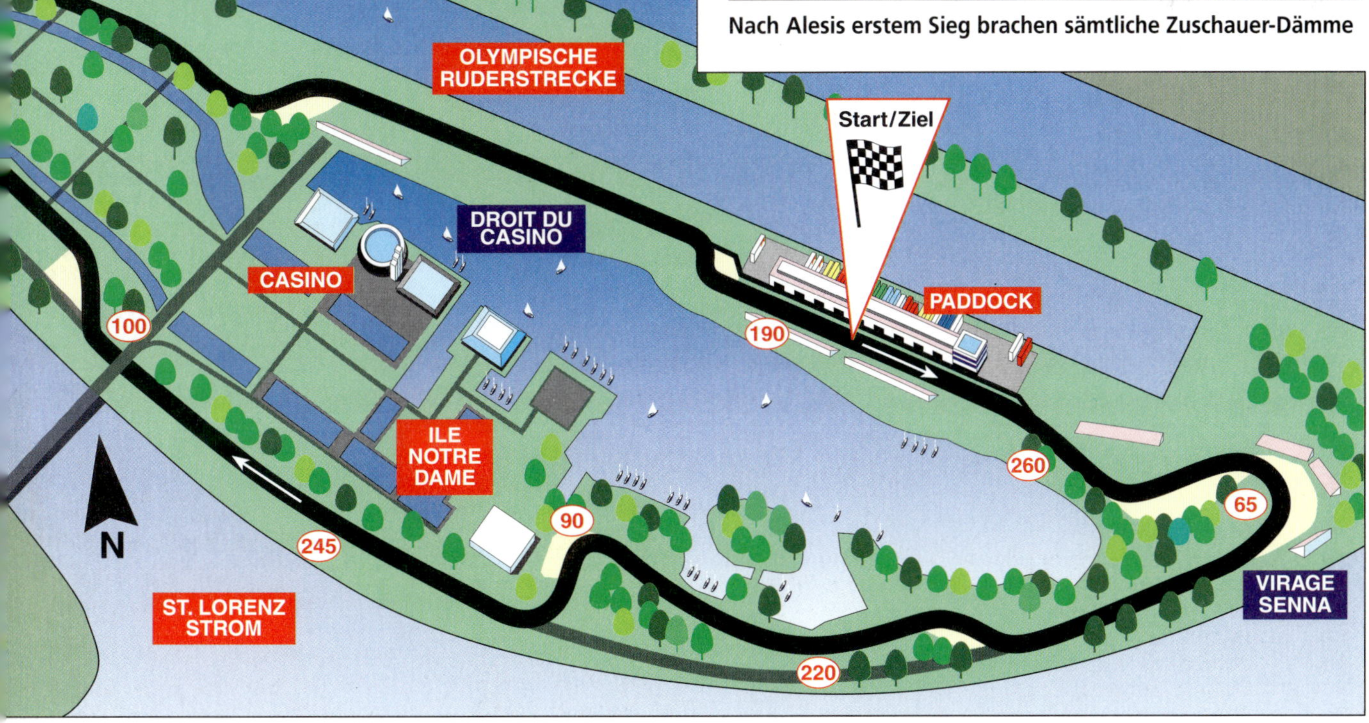

Nach Alesis erstem Sieg brachen sämtliche Zuschauer-Dämme

8. LAUF 16. JUNI 1996

RENNREPORT ZUM AUSFÜLLEN

Startaufstellung

Pole	2.
3.	4.
5.	6.
7.	8.
9.	10.
11.	12.
13.	14.
15.	16.
17.	18.
19.	20.
21.	22.

Pole-Zeit 1.__,___ Min.

Wetter bitte ankreuzen

Training

☐ ☐ ☐ ☐

Rennen

☐ ☐ ☐ ☐

Zieleinlauf

Fahrer	Punkte
1.	10
2.	6
3.	4
4.	3
5.	2
6.	1
7.	
8.	
9.	
10.	
11.	
12.	
13.	
14.	
15.	
16.	
17.	
18.	
19.	
20.	

WM-Stand nach 8 Läufen

Fahrer	Punkte
1.	
2.	
3.	
4.	
5.	
6.	
7.	
8.	
9.	
10.	
11.	
12.	
13.	
14.	
15.	
16.	
17.	
18.	
19.	
20.	

Notizen

Ausfälle

Fahrer/Runde/Ursache

Konstrukteurs-WM nach 8 Läufen

Team	Punkte
1.	
2.	
3.	
4.	
5.	
6.	
7.	
8.	
9.	

Reisetips

Die Strecke zwischen Parkanlagen und Wasser wird nur für den Grand Prix benutzt. Die mitten im St.-Lorenz-Strom gelegene Ile Notre Dame ist sehr gut mit der Montrealer U-Bahn zu erreichen, das bei Formel-1-Rennen übliche Verkehrschaos bleibt den Motorsportfans dadurch weitestgehend erspart. Am Ausgang der Haarnadel befinden sich die interessantesten Zuschauerplätze. Aber auch die 180-Grad-Kurve nach Start und Ziel bietet einen ausgezeichneten Überblick.

Hotels sind in ausreichender Anzahl und allen Kategorien vorhanden. Ohne Reservierung sollte allerdings niemand den Trip nach Quebec wagen, denn oftmals finden zur Grand-Prix-Zeit noch andere Veranstaltungen in der Metropole statt.

Montreal ist eine der sympathischsten Städte, in denen die Formel 1 Station macht. Die Mischung aus französischem Savoir Vivre und amerikanischer Business-Mentalität haben aus Montreal eine freundliche und attraktive Großstadt gemacht. Die historische Altstadt und die riesigen über- und unterirdischen Einkaufspassagen sind sehenswert.

Auch für den Feinschmekker ist Montreal eine Offenbarung. Hier findet er Restaurants jeder Geschmacksrichtung. Die Gastronomie-Szene bildet ein direktes Spiegelbild des multikulturellen Schmelztigels Montreal, der durch den günstigen Dollarkurs für die deutschen Formel-1-Fans zu einem erschwinglichen Ausflugsziel geworden ist.

Kartenverkauf:
Grand Prix Molson du Canada
C.P. 248, Succ. Place d'Armes
Montreal, Quebec
H2Y 3G7
Kanada
Tel. 001-514-3920000
Fax 001-514-3928299

Preise:
ca. 55 - 370 DM
Landeswährung: kan. Dollar
1,– $ = ca. 1,10 DM

der wenigen Mutkurven der Formel 1, die wegen der dicht angrenzenden Leitplanken allerdings sehr gefährlich war und 1994 durch eine Zweite-Gang Schikane entschärft wurde.

Rennen 1995:

Jubel ohne Grenzen herrschte nach dem Großen Preis von Kanada. Nach 90 vergeblichen Anläufen gewann der sympathische Franzose Jean Alesi endlich seinen ersten Grand Prix! Dazu war allerdings ein Elektronik-Defekt des überlegen führenden Michael Schumacher notwendig. Der mußte an den Boxen sein Lenkrad wechseln und seine Getriebe-Software neu programmieren lassen.

Neben dem Überraschungssieger Alesi standen zwei andere ungewohnte Gesichter auf dem Podium: Rubens Barrichello und Eddie Irvine. Die Jordan-Peugeot-Piloten profitierten vom Favoriten-Sterben. Herbert, Häkkinen, Coulthard, Frentzen, Hill, Berger und Brundle fielen durch Unfälle oder Defekte aus.

Vor lauter Freude über den Alesi-Sieg stürmten die kanadischen Fans noch vor Rennende die Fahrbahn. Mit Müh und Not vermieden die Piloten einen Unfall. Und Jean Alesi würgte vor Aufregung den Motor ab. Der fünftplazierte Schumacher nahm Anhalter Alesi mit und die Bilder des auf dem Benetton jubelnden Ferrari-Siegers gingen um die Welt.

Abends feierte Alesi seinen Sieg und seinen Geburtstag in einem italienischen Restaurant. Als ihn andere Gäste erkannten, brauste Jubel auf, der wiederum Passanten aufmerksam machte. Als diese in den Jubel einstimmten, brach auf der Straße mit einem wilden Hupkonzert der Verkehr zusammen…

1995 testete Sieger Alesi bereits den Benetton – als Passagier

Blick vom Festland auf die Insel mit Fahrerlager und Kasino

F1-Legende Jackie Stewart im Gespräch mit Williams-Star Hill

GROSSER PREIS VON FRANKREICH

MAGNY-COURS

RTL

LIVE-ÜBERTRAGUNG ZEITTRAINING
SAMSTAG, 29. JUNI
12.45 UHR

LIVE-ÜBERTRAGUNG RENNEN
SONNTAG, 30. JUNI
13.15 UHR

START: 14.00 UHR

Circuit de Nevers Magny-Cours

Streckenlänge: 4,250 km, Distanz: 72 Runden = 306,000 km
Schnellste Runde 1995: Michael Schumacher (D) in 1.20,218 Min. (190,730 km/h)

Historie

Erster Grand Prix von Frankreich 1950 in Reims
Sieger: Juan-Manuel Fangio (ARG), Alfa Romeo
Erster Grand Prix auf dieser Strecke 1991
Sieger: Nigel Mansell (GB), Williams-Renault

Sieger der letzten 10 Rennen

1995	Michael Schumacher	Benetton-Renault
1994	Michael Schumacher	Benetton-Ford
1993	Alain Prost	Williams-Renault
1992	Nigel Mansell	Williams-Renault
1991	Nigel Mansell	Williams-Renault
1990	Alain Prost	Ferrari
1989	Alain Prost	McLaren-Honda
1988	Alain Prost	McLaren-Honda Turbo
1987	Nigel Mansell	Williams-Honda Turbo
1986	Nigel Mansell	Williams-Honda Turbo

Häufigste Sieger

6x Prost (81, 83, 88, 89, 90, 93); 4x Fangio (50, 51, 54, 57); 4x Mansell (86, 87, 91, 92); 3x Brabham (60, 66, 67); 3x Stewart (69, 71, 72)

Großer Preis von Frankreich 1995

2. Juli 1995, 7. WM-Lauf. Bewölkt, warm
71.000 Zuschauer
1. Reihe: Damon Hill (Pole), Michael Schumacher

Zieleinlauf

1. Michael Schumacher	Benetton-Renault	1:38.28,429 Std.
2. Damon Hill	Williams-Renault	31,309 Sek. zur.
3. David Coulthard	Williams-Renault	1.02,826 Min. zur.
4. Martin Brundle	Ligier-Mugen-Honda	1.03,293 Min. zur.
5. Jean Alesi	Ferrari	1.17,869 Min. zur.
6. Rubens Barrichello	Jordan-Peugeot	1 Runde zur.

Weitere

7. Häkkinen (1 Runde zurück), 8. Panis (1 Runde), 9. Irvine (1 Runde), 10. Frentzen (1 Runde), 11. Blundell (2 Runden), 12. Berger (2 Runden), 13. Badoer (3 Runden), 14. Morbidelli (3 Runden), 15. Salo (3 Runden), 16. Moreno (6 Runden)

Ausfälle

Montermini (62 Runden, Distanz), Boullion (48, Antriebswelle), Gachot (24, Dreher), Martini (23, Antriebswelle), Herbert (2, Unfall), Katayama (0, Unfall), Inoue (0, Unfall), Diniz (0, Unfall)

Der Besuch des Großen Preises von Frankreich wird seit 1991 zur Reise in Frankreichs tiefste Provinz. Ziemlich genau in der Landesmitte liegt südlich des Loire-Städtchens Nevers das Dorf Magny-Cours, das hauptsächlich durch das hier ansässige Team Ligier einen Formel-1-Bezug hat.

Ende der 80er Jahre kam es in Frankreich zur Amigo-Absprache zwischen dem damaligen Präsidenten Mitterrand (ehemals Präfekt der Region um Magny-Cours), seinem Dutzfreund Guy Ligier und dem ehemaligen FIA Präsidenten Balestre. Die Herren wollten der Region Nièvre etwas unter die Arme greifen und entschlossen sich, die hier vorhandene Club-Rennstrecke auf Staatskosten Grand-Prix-tauglich zu machen.

Seit 1991 quält sich daher der Formel-Zirkus in das entlegene Gebiet. Autobahnen sind weitentfernt, ordentliche Hotels Mangelware. Speziell am Sonntag, wenn die F1-Fans aus Paris einfallen, wird die Gegend um die Rennstrecke zum automobilen Roulette-Tisch. Rien ne va plus, nichts geht mehr…

Daß auch eine derart moderne und sicherheitsorientierte Strecke wie Magny-Cours ihre Gefahrenpunkte besitzt, bewies der tödliche Unfall des jungen Brasilianers Marco Campos beim Formel-3000-Rennen 1995. Campos prügelte sich um Rang 9(!), stieg beim Anbremsen auf den Hinterrädern seines Widersachers auf und landete kopfüber auf der Betonmauer, die die Strecke in der Adelaide-Kurve bregrenzt.

Magny-Cours und der französische Grand Prix sehen traditionell erhöhte Anstrengungen des französischen Staatskonzerns Renault, der zum Heimat-GP hohe Gäste einlädt und für den ein Sieg in Frankreich ein Muß ist. Und tatsächlich besitzt Renault bis auf Schumachers 94er Ford-Sieg eine makellose Bilanz. Vier der fünf Läufe in Magny-

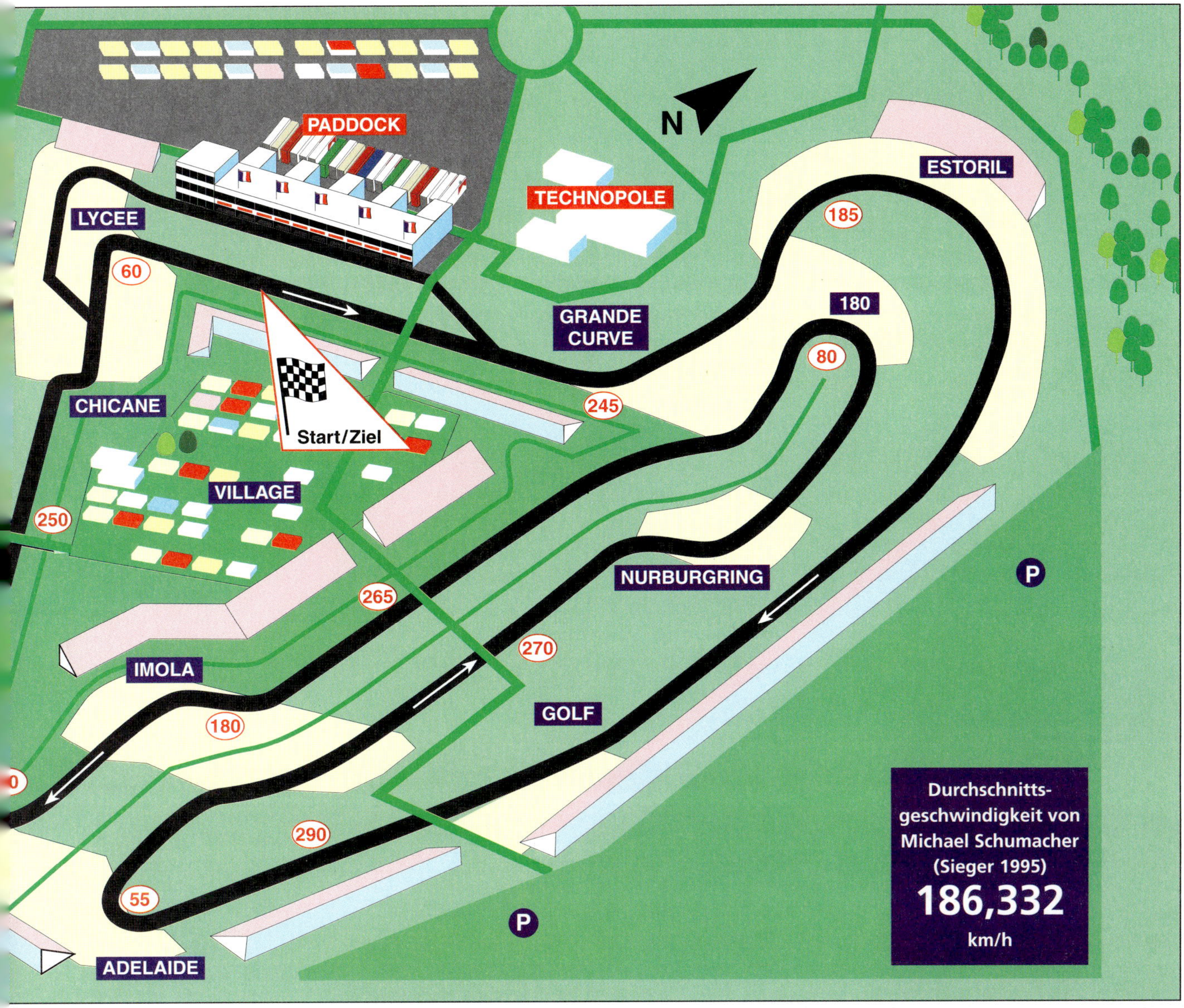

Cours gewannen Renault-Piloten. Auch die Equipe Ligier ist auf ihrer Hausstrecke immer für eine Extra-Sekunde gut.

Ab 1997 wird über den Austragungsort des Frankreich-GP neu verhandelt. Die Formel 1 möchte nach Le Castellet zurück. Die Rennstrecke des Aperitif-Herstellers Paul Ricard ist nicht nur als F1-Teststrecke äußerst beliebt. Wenn Magny-Cours unter der alljährlichen Hitzewelle dörrt, sehnen sich die meisten Angehörigen des Formel-1-Zirkus auf den malerischen Hochgeschwindigkeitskurs von Paul Ricard zurück. Dort verwaiste das Fahrerlager meist schon kurz nach

Anfangsphase 95: Hill und Schumi waren längst weg, dahinter kämpfte das Feld um die Plätze

Martin Brundle diskutierte mit Ligier-Veteran Jacques Laffite

Versiegelt: Minardi hatte '95 Motor-Rechnungen nicht bezahlt

Michael Schumacher fuhr 1995 zu einem ungefährdeten Sieg und baute seine WM-Führung aus

Trainingsende, und Journalisten, Fans und Teammitglieder suchten Erfrischung im Mittelmeer. In Magny-Cours dagegen schützen vor der Hitze nur ein paar vereinzelt dröhnende Klimaanlagen.

Doch auch der 24-Stunden-Rundkurs von Le Mans im Westen Frankreichs ist als neuer Austragungsort im Gespräch. Die Entscheidung liegt – wie immer – bei der FIA.

Rennen 1995:

Rechtzeitig zum französischen Heim-Grand-Prix zündete Renault in Magny-Cours eine neue Entwicklungsstufe seiner V10-Kraftpakete. Das beeinflußte jedoch nicht das Duell Schumacher-Hill, denn schließlich hatten beide Piloten das französische Triebwerk im Rükken.

Größter und sichtbarster Unterschied zwischen den WM-Anwärtern war die unterschiedliche Tankstrategie. Hill lag die ersten 18 Runden knapp vor Schumacher. Als die beiden auf die ersten zu Überrundenden aufliefen, disponierte Benetton blitzschnell um und holte Schumacher zum Tanken herein. Hill hielt dagegen an seiner ursprünglichen Strategie fest und kämpfte sich an den langsameren Fahrern vorbei. Drei Runden später fuhr auch er zum Auftanken an die Box und fand sich mit mehr als 8 Sekunden Rückstand hinter Schumacher wieder. Danach konnte nichts mehr Schumachers zweiten Sieg beim Großen Preis von Frankreich verhindern.

Trotzdem war der Deutsche nach seinem vierten Saisonsieg stocksauer. „Hill ist beim Überrunden von Moreno bei 290 km/h absichtlich kurz vom Gas gegangen und ich wäre ihm fast ins Heck geknallt!“ beklagte er sich nach der Siegerkonferenz. Hill hielt das ganze für ein Mißverständnis.

Die letzten Runden lebten vom Duell zwischen David Coulthard und Martin Brundle, der Ligier zum 300. GP einen Platz auf dem Podium schenken wollte. Aber Coulthard verteidigte seinen Vier-Zehntel-Vorsprung bis über die Ziellinie.

Ein Tankstoppopfer anderer Art wurde Gerhard Berger. Mit Strategie hatte es wenig zu tun, daß Bergers Stopp länger als eine Minute dauerte: Das Tankventil öffnete nicht richtig und die wild gestikulierenden Mechaniker benötigten ewig, bis das Benzin zur Weiterfahrt in den Tank geflossen war…

Reisetips

Der Gegensatz zwischen der beschaulichen Atmosphäre der mittelalterlichen Ortschaften und der hypermodernen Formel-1-Anlage, die wie ein Raumschiff in der sanften Hügellandschaft der Loire aufragt, könnte größer nicht sein. Hier treffen 21. und 19. Jahrhundert direkt aufeinander. Und im Mittelpunkt steckt der Formel-1-Fan, der alles bezahlen muß. Denn die mittelalterlichen Raubritter haben in Magny-Cours und Umgebung in Form von Hoteliers und Restaurant-Besitzern überlebt, die gnadenlos jeden F1-Besucher ausnehmen…

Die ultramoderne Rennstrecke kann nur mit dem Attribut „gesichtslos" charakterisiert werden. Eine Reihe von Dritte- und Vierte-Gang-Kurven wird durch zwei Haarnadeln unterbrochen. Die schnellste Kurve ist der Linksknick nach Start und Ziel. Überholen ist eigentlich nur in der Bremszone der Adelaide-Haarnadel möglich.

Gute Sicht hat man im Bereich der Schikane. Von dort ist auch die Start-Ziel-Gerade und die Boxengasse zu sehen, wo die taktischen „Überholmanöver" stattfinden.

Kartenverkauf:
Circuit de Nevers Magny-Cours
Technopole
58470 Magny-Cours
Frankreich
Tel. 0033-86218000
Fax 0033-86218080

Preise:
ca. 110 - 750 DM
Landeswährung: Francs
100 FF = ca. 29 DM

RENNREPORT ZUM AUSFÜLLEN

Startaufstellung

Pole ____
2. ____
3. ____
4. ____
5. ____
6. ____
7. ____
8. ____
9. ____
10. ____
11. ____
12. ____
13. ____
14. ____
15. ____
16. ____
17. ____
18. ____
19. ____
20. ____
21. ____
22. ____

Pole-Zeit 1.__,___ Min.

Wetter bitte ankreuzen

Training

Rennen

Zieleinlauf

Fahrer	Punkte
1.	10
2.	6
3.	4
4.	3
5.	2
6.	1
7.	
8.	
9.	
10.	
11.	
12.	
13.	
14.	
15.	
16.	
17.	
18.	
19.	
20.	

WM-Stand nach 9 Läufen

Fahrer	Punkte
1.	
2.	
3.	
4.	
5.	
6.	
7.	
8.	
9.	
10.	
11.	
12.	
13.	
14.	
15.	
16.	
17.	
18.	
19.	
20.	

Notizen

Ausfälle

Fahrer/Runde/Ursache

Konstrukteurs-WM nach 9 Läufen

Team	Punkte
1.	
2.	
3.	
4.	
5.	
6.	
7.	
8.	
9.	

GROSSER PREIS VON ENGLAND

SILVERSTONE

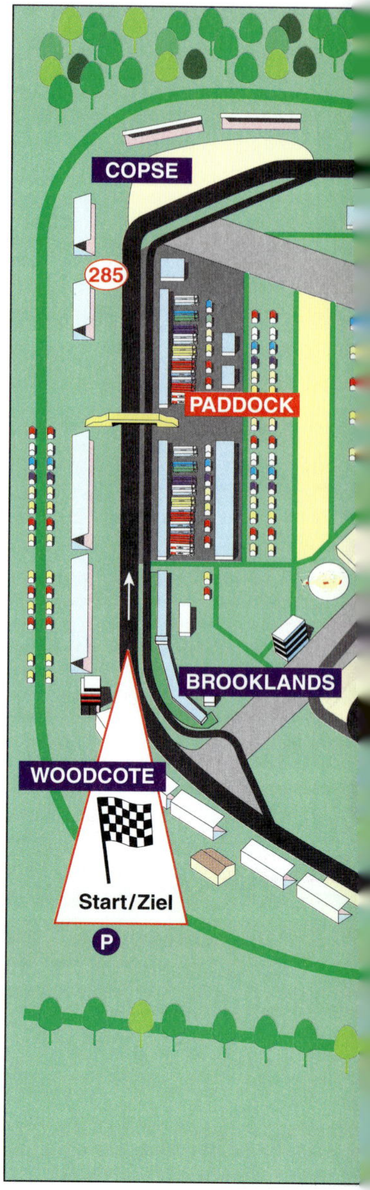

Circuit Silverstone

Streckenlänge: 5,077 km, Distanz: 61 Runden = 309,697 km
Schnellste Runde 1995: Damon Hill (GB)
in 1.29,752 Min. (202,838 km/h)

Historie

Erster Grand Prix von England 1950 in Silverstone
Sieger: Dr. Giuseppe Farina (I), Alfa Romeo

Sieger der letzten 10 Rennen

1995	Johnny Herbert	Benetton-Renault
1994	Damon Hill	Williams-Renault
1993	Alain Prost	Williams-Renault
1992	Nigel Mansell	Williams-Renault
1991	Nigel Mansell	Williams-Renault
1990	Alain Prost	Ferrari
1989	Alain Prost	McLaren-Honda
1988	Ayrton Senna	McLaren-Honda Turbo
1987	Nigel Mansell	Williams-Honda Turbo
1986	Nigel Mansell	Williams-Honda Turbo

Häufigste Sieger

5x Clark (62-65, 67); 5x Prost (83, 85, 89, 90, 93); 4x Mansell (86, 87, 91, 92); 3x Brabham (59, 60, 66); 3x Lauda (76, 82, 84)

Großer Preis von England 1995

16. Juli 1995, 8. WM-Lauf. Bedeckt, sehr warm
90.000 Zuschauer
1. Reihe: Damon Hill (Pole), Michael Schumacher

Zieleinlauf

1. Johnny Herbert	Benetton-Renault	1:34.35,093 Std.
2. Jean Alesi	Ferrari	16,479 Sek. zur.
3. David Coulthard	Williams-Renault	23,888 Sek. zur.
4. Olivier Panis	Ligier-Mugen-Honda	1.33,168 Min. zur.
5. Mark Blundell	McLaren-Mercedes	1.48,172 Min. zur.
6. Heinz-H. Frentzen	Sauber-Ford	1 Runde zur.

Weitere

7. Martini (1 Runde zurück), 8. Salo (1 Runde), 9. Boullion (1 Runde), 10. Badoer (1 Runde), 11. Barrichello (2 Runden/Unfall), 12. Gachot (3 Runden)

Ausfälle

Moreno (48 Runden, Motor), Schumacher (45, Unfall), Hill (45, Unfall), Papis (28, Unfall), Katayama (22, Benzin), Montermini (21, Dreher), Häkkinen (20, Hydraulik), Berger (20, Rad lokker vorne links), Brundle (16, Dreher), Inoue (16, Dreher), Diniz (13, Getriebe), Irvine (2, Motor überhitzt)

Der ehemalige Flugplatz-Kurs der British Air Force wird von seinen Besitzern gerne als Herz des britischen Motorsports bezeichnet. 1950 fand hier der erste zur Formel-Weltmeisterschaft zählende Grand Prix der Neuzeit statt.

Silverstone war lange Zeit zusammen mit Zeltweg die schnellste Formel-1-Rennstrecke der Welt. Die Durchschnittsgeschwindigkeit der schnellsten in Silverstone gedrehten Runde betrug 1985 genau 259,005 km/h, gefahren von Keke Rosberg.

Die steigenden Kurvengeschwindigkeiten machten den Kurs immer mehr zum Sicherheitsrisiko für Fahrer und Zuschauer. Deshalb beschlossen die Verantwortlichen 1990 einen rigorosen Umbau des Vollgaskurses, 1994 wurde die Strecke nochmals entschärft. Seither ist der Charakter der Strecke zwar verändert worden, aber schnelle Kurven gibt es nach wie vor.

Die Teststrecke der britischen Formel-1-Teams ist die Heimatbasis des Jordan-Teams. Das Werksgelände befindet sich direkt gegenüber der Haupteinfahrt zur Rennstrecke. Hier findet am Grand-Prix-Wochenende der Verkauf gebrauchter Formel-1-Teile statt. Mancher Jordan-Fan weiß nach seiner Rückkehr nicht, wohin mit Flügeln oder Seitenteilen...

Seit Nigel Mansells F1-Ausstieg ist es in Silverstone ruhiger geworden. Die Briten liebten ihren „Löwen" Nigel, der vor heimischem Publikum immerhin viermal gewann.

Zumindest ein Teil der Mansell-Mania ist in Silverstone seither auf Damon Hill übertragen worden. „Damon the Demon" (Damon der Dämon) nennen sie den Williams-Piloten, und es gibt hier keine Diskussion, daß Hill der bessere Fahrer als Schumacher ist...

Rennen 1995:

„Wenn Du ihn nicht überholen kannst, schieb ihn von der Strecke", empfahlen die Fans ihrem Damon und der ließ sich nicht zweimal bitten. Bei einem hoffnungslosen Angriff auf den

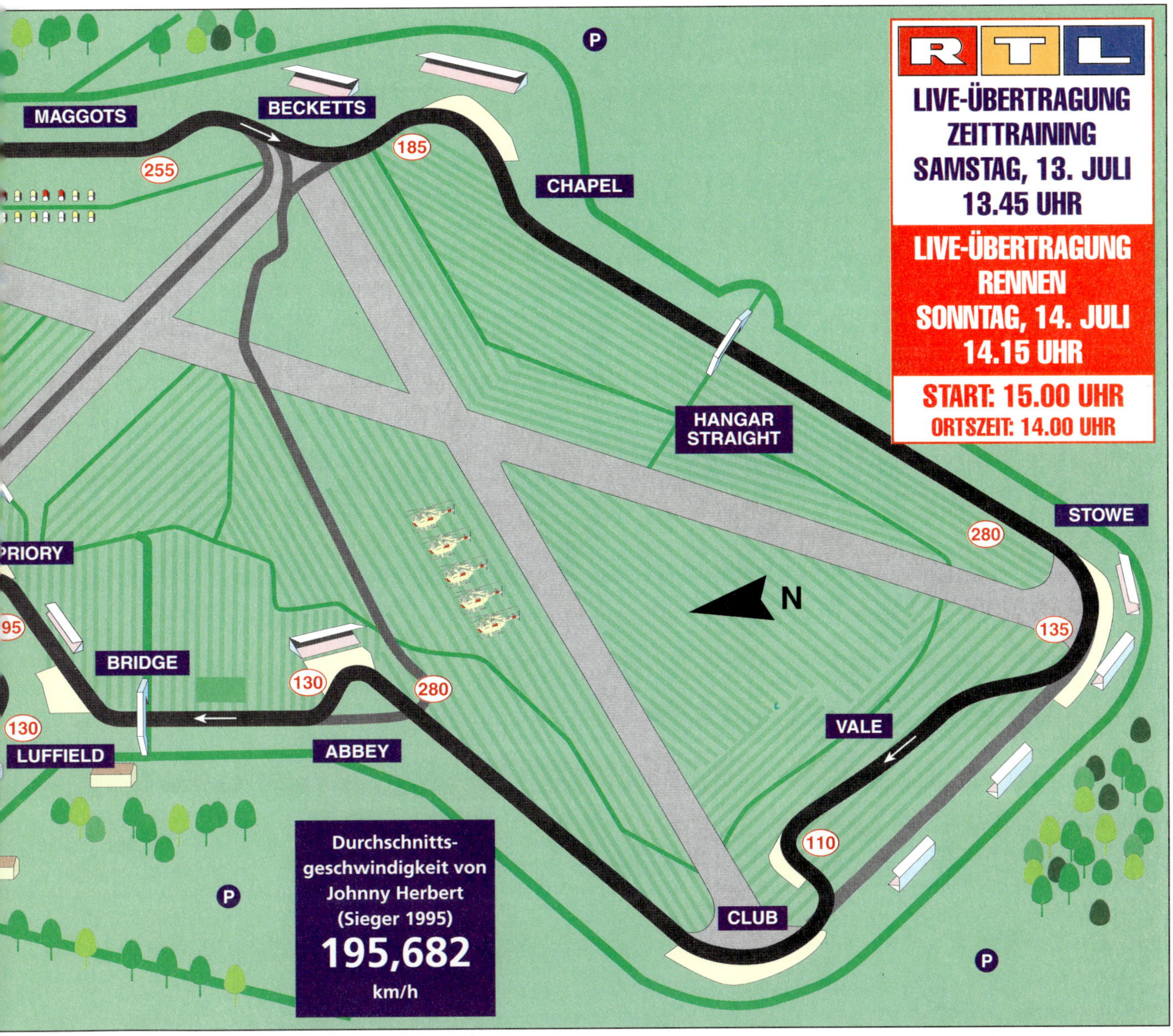

Blackout: Damon Hill fuhr Michael Schumacher in die Seite – beide fielen aus, Herbert gewann

Hill wollte nicht mehr hinsehen

führenden Schumacher knallte Hill seinem Konkurrenten seitlich in den Benetton,und beide flogen in den Kies der Priory-Kurve.

„In dieser Kurve kann man nun wirklich nicht überholen", kommentierte Schumacher sauer, während Hill von einem „ganz normalen Rennunfall" sprach. Die FIA verwarnte später beide Kampfhähne.

Den besten Start erwischte Jean Alesi. Katapultartig kam er von Platz sechs angeschossen und setzte sich zwischen dem Trainingsschnellsten Hill und Schumachers Benetton fest. Das warf die Taktik des Deutschen über den Haufen. Denn Damon Hill konnte sich von Alesi absetzen, während Schumacher hinter dem Franzosen hing.

Unterschiedliche Tankstrategien brachten Michael nach zwei Dritteln des Rennens vor Hill in Führung. Nach seinem zweiten Boxenstopp holte Hill schnell auf Schumacher auf. Aber zwischen Einholen und Überholen ist ein Riesenunterschied. Diese Erfahrung mußte auch Hill machen, als er zu seinem oben erwähnten Manöver ansetzte.

Im Rennen kam es nun zum Duell der Stellvertreter. Herbert lag vor Coulthard in Führung. Der junge Schotte zeigte seinem Teamkollegen in der Folge, wie man in Priory überholt, während Herbert im Kampf um die Führung fair Platz machte. Kaum lag jedoch Coulthard vorn, erhielt er die Nachricht, daß er eine Zehn-Sekunden-Strafe wegen „Raserei" in der Boxengasse erhalten hatte.

Damit war Herberts erster Grand-Prix-Sieg vor Alesi und Coulthard perfekt. Und bei der nachfolgenden Rock-Session im Fahrerlager spielte die Formel-1-Band, bestehend aus Eddie Jordan, Eddie Irvine, Damon Hill und anderen, den alten Song „Johnny be good".

Reisetips

Die Rennstrecke liegt rund 30 km westlich von Northhampton. Nur eine schmale Zufahrtsstraße führt zum Herzen des britischen Motorsports, das zur Grand-Prix-Zeit schon Freitagmorgen von akuter (Verkehrs)infarkt-Gefahr bedroht wird.

Wer Silverstone besuchen möchte, sollte frühzeitig Zimmer buchen. Die Hotels und Privatzimmer der Umgebung sind oftmals auf Jahre ausgebucht und ein paar Nächte auf dem feuchtkalten Boden einer Wiese ist nur hartgesottensten F1-Fans zu empfehlen.

Priory bietet sicherlich die besten Zuschauerplätze. Auf einer großen TV-Leinwand kann der Fan das Rennen verfolgen und live die Überholmanöver begutachten. Ansonsten werden die Formel-1-Fans in Silverstone kurz gehalten. Fast überall sind die Tribünen von der Strecke weit entfernt.

Wichtig: An wetterfeste Kleigung denken, denn das gefürchtete britische Sommerwetter (14 Grad, Nieselregen) kann tückisch sein.

Ein Tip für Fans: Der berühmte Buchladen hinter den Boxen erfüllt alle Wünsche über Rennsportliteratur.

Kartenverkauf:
Silverstone Circuits Ltd.
Silverstone, Towcester
Northants NN12 8TN
England
Tel. 0044-1327-857273
Fax 0044-1327-320300

Preise:
ca. 100 - 400 DM
Landeswährung: brit. Pfund
1,– £ = ca. 2,25 DM

Umdenken: 1995 schraubten Ferrari-Mechaniker noch an zwölf Zylindern, 1996 sind es nur zehn

Johnny Herbert hatte 95 nach seinem ersten F1-Sieg Grund zum Feiern. Eddie Jordan feierte mit

RENNREPORT ZUM AUSFÜLLEN

Startaufstellung

Pole	2.
3.	4.
5.	6.
7.	8.
9.	10.
11.	12.
13.	14.
15.	16.
17.	18.
19.	20.
21.	22.

Pole-Zeit 1.__,___ Min.

Wetter bitte ankreuzen

Training

☐ ☐ ☐ ☐

Rennen

☐ ☐ ☐ ☐

Zieleinlauf

Fahrer	Punkte
1.	10
2.	6
3.	4
4.	3
5.	2
6.	1
7.	
8.	
9.	
10.	
11.	
12.	
13.	
14.	
15.	
16.	
17.	
18.	
19.	
20.	

WM-Stand nach 10 Läufen

Fahrer	Punkte
1.	
2.	
3.	
4.	
5.	
6.	
7.	
8.	
9.	
10.	
11.	
12.	
13.	
14.	
15.	
16.	
17.	
18.	
19.	
20.	

Notizen

Ausfälle

Fahrer/Runde/Ursache

Konstrukteurs-WM nach 10 Läufen

Team	Punkte
1.	
2.	
3.	
4.	
5.	
6.	
7.	
8.	
9.	

GROSSER PREIS VON DEUTSCHLAND

HOCKENHEIM

Hockenheimring

Streckenlänge: 6,823 km, Distanz: 45 Runden = 307,035 km
Schnellste Runde 1995: Michael Schumacher (D) in 1.48,824 Min. (225,711 km/h)

Historie

Erster GP von Deutschland 1951 auf dem Nürburgring
Sieger: Alberto Ascari (I), Ferrari
Erster Grand Prix auf dem Hockenheimring 1970
Sieger: Jochen Rindt (A), Lotus-Ford

Sieger der letzten 10 Rennen

1995	Michael Schumacher	Benetton-Renault
1994	Gerhard Berger	Ferrari
1993	Alain Prost	Williams-Renault
1992	Nigel Mansell	Williams-Renault
1991	Nigel Mansell	Williams-Renault
1990	Ayrton Senna	McLaren-Honda
1989	Ayrton Senna	McLaren-Honda
1988	Ayrton Senna	McLaren-Honda Turbo
1987	Nelson Piquet	Williams-Honda Turbo
1986	Nelson Piquet	Williams-Honda Turbo

Häufigste Sieger

3x Fangio (54, 56, 57); 3x Stewart (68, 71, 73); 3x Piquet (81, 86, 87); 3x Senna (88, 89, 90)

Großer Preis von Deutschland 1995

30. Juli 1995, 9. WM-Lauf. Sonnig und heiß
150.000 Zuschauer
1. Reihe: Damon Hill (Pole), Michael Schumacher

Zieleinlauf

1. Michael Schumacher	Benetton-Renault	1:22.56,043 Std.
2. David Coulthard	Williams-Renault	5,988 Sek. zur.
3. Gerhard Berger	Ferrari	1.08,097 Min. zur.
4. Johnny Herbert	Benetton-Renault	1.23,436 Min. zur.
5. Jean-Ch. Boullion	Sauber-Ford	1 Runde zur.
6. Aguri Suzuki	Ligier-Mugen-Honda	1 Runde zur.

Weitere

7. Katayama (1 Runde zurück), 8. Montermini (3 Runden), 9. Irvine (4 Runden, Motor)

Ausfälle

Häkkinen (33 Runden, Motor), Frentzen (32, Motor), Badoer (28, Getriebe), Lavaggi (27, Getriebe), Moreno (27, Antriebswelle), Barrichello (20, Motor), Blundell (17, Motor), Panis (13, Kühlerleck), Alesi (12, Motor), Martini (11, Motor), Inoue (9, Getriebe), Diniz (8, Bremsen), Hill (1, Unfall), Salo (0, Kupplung), Papis (0, Getriebe)

Hockenheim am letzten Juli-Wochenende bedeutet vier Tage Ausnahmezustand für Deutschlands Formel-1-Fans. Seitdem Michael Schumacher 1992 die Herzen der Hokkenheim-Besucher im Sturm eroberte, steigerte sich die „Schumi-Mania" im badischen Motodrom von Jahr zu Jahr.

Und Schumi spürt die Begeisterung seiner Fans. Sein Sieg 1995 war für ihn „mehr wert als der zweite WM-Titel". Und der Jubel, der den Weltmeister während der Auslaufrunde empfing, war der bewegendste Moment, den ein deutscher Sportler sich vorstellen kann. Ein Jubel aus mehr als 100.000 Kehlen, ein Flaggenmeer deutscher Fahnen, Raketen und Böllerschüsse – die hochaufragenden Beton-Tribünen des Motodroms drohten zusammenzubrechen.

Hockenheim ist von der Streckencharakteristik her zweigeteilt. Das Kurvengeschlängel des Motodroms erfordert viel Abtrieb, die langen Wald-Geraden verlangen flache Flügel für möglichst hohe Topspeed. Hokkenheim ist ein Motorenkiller, weil die Triebwerke lange Strekkenpassagen unter Vollast laufen. Die Spätsommerhitze und die sauerstoffarme Luft im Motodrom tun ein übriges, um die Motoren zu ruinieren.

Rund um das Motodrom ist in der Woche des Deutschen Grand Prix Partyzone. Manche verbringen hier auf dem Campingplatz gleich neben dem Museum ihren Jahresurlaub. Dementsprechend sind die Schumacherfans ausgestattet: Mit Kühlschränken, Duschen und Hängematten lassen sie es sich im Wald von Hockenheim gut gehen. Bier wird für Tage zur wichtigsten Nahrungsquelle,

Endstation Nordkurve: In Runde zwei krachte Hill in die Reifen

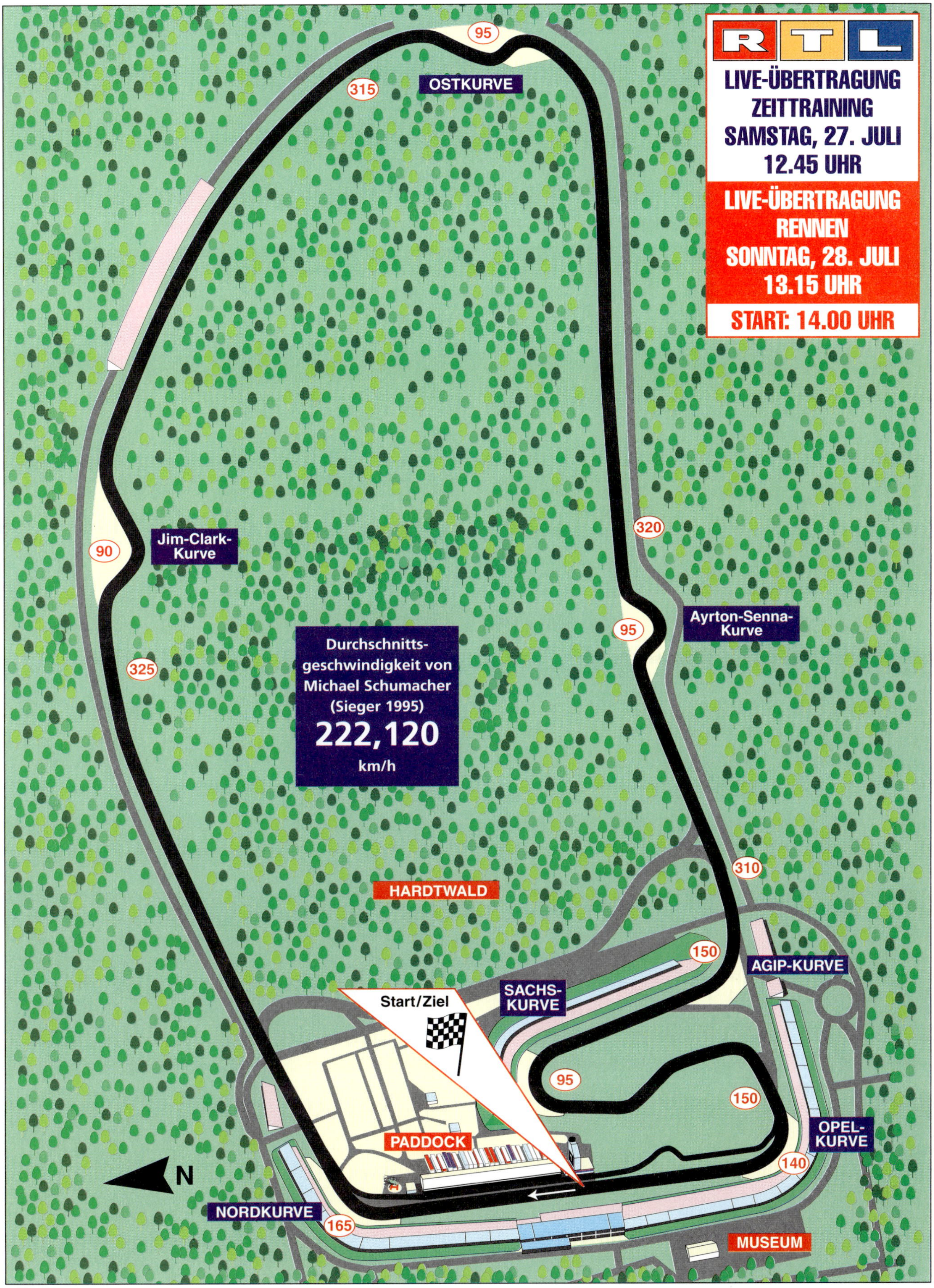
RTL
LIVE-ÜBERTRAGUNG
ZEITTRAINING
SAMSTAG, 27. JULI
12.45 UHR
LIVE-ÜBERTRAGUNG
RENNEN
SONNTAG, 28. JULI
13.15 UHR
START: 14.00 UHR
95
315
OSTKURVE
320
Jim-Clark-Kurve
90
95
Ayrton-Senna-Kurve
325
Durchschnitts-geschwindigkeit von Michael Schumacher (Sieger 1995)
222,120
km/h
310
HARDTWALD
150
AGIP-KURVE
SACHS-KURVE
Start/Ziel
95
150
OPEL-KURVE
PADDOCK
140
N
NORDKURVE
165
MUSEUM

über dem Wald liegt der Duft unzähliger Grillwürste, und die Unverwüstlichen spielen nachts aus Stereo-Anlagen die mittags aufgenommenen Motorengeräusche der Formel-1-Motoren ab…

Rennen 1995:

Nach einer Runde war das Rennen an der Spitze schon gelaufen: Der Führende Damon Hill feuerte am Ende der Start-Ziel-Geraden seinen Williams in die Kiesbetten, was die rund 150.000 Zuschauer mit ohrenbetäubendem Jubel quittierten. Danach war der Weg für Lokalmatador Schumacher frei. Der Deutsche feierte einen nie gefährdeten Heimsieg und wurde im Ziel frenetisch bejubelt.

David Coulthard begnügte sich von Beginn an mit Platz zwei und Vorjahressieger Gerhard Berger wurde an größeren Leistungen durch eine Stop-and-go-Strafe gehindert, die gegen ihn wegen eines Frühstarts verhängt wurde.

Die McLaren, denen Motorenlieferant Mercedes für die Powerstrecke von Hockenheim stärkere Triebwerke spendiert hatte, fielen vor den Augen diverser Mercedes-Vorstände wegen Motordefekten aus. Das gleiche Schicksal ereilte den zweiten Deutschen im Feld, Heinz-Harald Frentzen.

Reisetips

Hockenheim ist ausgesprochen übersichtlich. Wer einen Platz auf der Südtribüne ergattert, sieht die Wagen bei der Einfahrt ins Motodrom, verfolgt sie in der Sachskurve, hinein in die Opel-Kurve und hinaus auf die Start-Ziel-Gerade. Im Motodrom finden allerdings nur selten Überholmanöver statt. Die Action passiert auf den langen Waldgeraden, zum Beispiel beim Anbremsen der Jim-Clark-Kurve. Die Tribüne gilt als Geheimtip.

Tickets für 1996 erhält man nur noch auf dem Schwarzmarkt. Wer 1997 live dabei sein möchte, sollte spätestens direkt nach dem Rennen buchen.

Obwohl zehntausende Autos die Umgebung verstopfen, hat die Polizei das Chaos gut im Griff. Zwei Stunden nach Rennende ist das Schlimmste überstanden. Die Leitplanken der A6 werden geöffnet, und die Fans können die Strecke zügig verlassen. Allerdings sollten die Bierseligsten ihrem Körper ein paar Stunden Ruhe gönnen. Die Polizei zieht alkoholisierte Autofahrer rigoros aus dem Verkehr.

Kartenverkauf:
Hockenheimring
Postfach 1106
D-68754 Hockenheim
Tel. 06205-950222
Fax 06205-950299

Preise:
ca. 110 - 500 DM
SEIT AUGUST 1995 AUSVERKAUFT!

Krisengipfel zwischen Mercedes-Chef Hubbert, Dennis, Haug

Freundin Andrea Murray begleitet David Coulthard zu den GP

Bierselige Fans bejubelten Sieger Schumacher nach seinem historischen Sieg. Die Ehrenrunde absolvierte er am Haken der ONS

RENNREPORT ZUM AUSFÜLLEN

Startaufstellung

Pole	2.
3.	4.
5.	6.
7.	8.
9.	10.
11.	12.
13.	14.
15.	16.
17.	18.
19.	20.
21.	22.

Pole-Zeit _.__,___ Min.

Wetter bitte ankreuzen

Training

☐ ☐ ☐ ☐

Rennen

☐ ☐ ☐ ☐

Zieleinlauf

Fahrer	Punkte
1.	10
2.	6
3.	4
4.	3
5.	2
6.	1
7.	
8.	
9.	
10.	
11.	
12.	
13.	
14.	
15.	
16.	
17.	
18.	
19.	
20.	

WM-Stand nach 11 Läufen

Fahrer	Punkte
1.	
2.	
3.	
4.	
5.	
6.	
7.	
8.	
9.	
10.	
11.	
12.	
13.	
14.	
15.	
16.	
17.	
18.	
19.	
20.	

Notizen

Ausfälle

Fahrer/Runde/Ursache

Konstrukteurs-WM nach 11 Läufen

Team	Punkte
1.	
2.	
3.	
4.	
5.	
6.	
7.	
8.	
9.	

GROSSER PREIS VON UNGARN

BUDAPEST

Magyarorzág Nagydij (Hungaroring)

Streckenlänge: 3,968 km, Distanz: 77 Runden = 305,536 km
Schnellste Runde 1995: Damon Hill (GB)
in 1.20,247 Min. (178,010 km/h)

Historie

Erster GP von Ungarn 1986 in Budapest
Sieger: Nelson Piquet (BR), Williams-Honda Turbo

Sieger der letzten 10 Rennen

1995	Damon Hill	Williams-Renault
1994	Michael Schumacher	Benetton-Ford
1993	Damon Hill	Williams-Renault
1992	Ayrton Senna	McLaren-Honda
1991	Ayrton Senna	McLaren-Honda
1990	Thierry Boutsen	Williams-Renault
1989	Nigel Mansell	Ferrari
1988	Ayrton Senna	McLaren-Honda Turbo
1987	Nelson Piquet	Williams-Honda Turbo
1986	Nelson Piquet	Williams-Honda Turbo

Häufigster Sieger

3x Senna (88, 91, 92)

Großer Preis von Ungarn 1995

13. August 1994, 10. WM-Lauf. Leicht bewölkt, heiß
90.000 Zuschauer
1. Reihe: Damon Hill (Pole), David Coulthard

Zieleinlauf

1. Damon Hill	Williams-Renault	1:46.25,721 Std.
2. David Coulthard	Williams-Renault	33,398 Sek. zur.
3. Gerhard Berger	Ferrari	1 Runde zur.
4. Johnny Herbert	Benetton-Renault	1 Runde zur.
5. Heinz-H. Frentzen	Sauber-Ford	1 Runde zur.
6. Olivier Panis	Ligier-Mugen-Honda	1 Runde zur.

Weitere

7. Barrichello (1 Runde zurück), 8. Badoer (2 Runden), 9. Lamy (3 Runden), 10. Boullion (3 Runden), 11. Schumacher (4 Runden, Benzinpumpe), 12. Montermini (4 Runden), 13. Irvine (7 Runden, Kupplung)

Ausfälle

Brundle (67 Runden, Motor), Salo (58, Gaszug), Blundell (54, Benzinleitung), Katayama (46, Reifen), Papis (45, Bremsen), Alesi (42, Motor), Diniz (32, Motor), Inoue (13, Motor), Moreno (8, Schalthebel), Lavaggi (5, Dreher), Häkkinen (3, Motor)

Zu Zeiten des Eisernen Vorhangs war der Große Preis von Ungarn ein besonderes Ereignis. Der einzige Auftritt der dekadenten und urkapitalistischen Formel 1 auf dem Gebiet kommunistischer Arbeiter- und Bauernstaaten erregte 1986 weltweites Aufsehen. Zum ersten Mal hatten die Formel-1-Fans im Ostblock Gelegenheit, die Königsklasse leibhaftig zu erleben. Und über 200.000 kamen mit ihren Trabis nach Budapest. Der Ungarn-Grand-Prix wurde zu einem Motorsport-Happening, das seinesgleichen suchte.

Inzwischen ist das Rennen zu einem „normalen" Grand Prix geworden. Die Ungarn haben andere (wirtschaftliche) Sorgen und können sich die auf westliches Niveau angehobenen Eintrittspreise nicht mehr leisten. Deshalb sind die treuesten Ungarn-Fans heute die Östereicher, die den Ungarn-GP als Ersatz-Heim-Grand-Prix ansehen. Gerhard Berger hat hier ein Heimspiel.

Wegen des geringer gewordenen Zuschaueraufkommens halten sich seit Jahren Gerüchte, daß der Ungarn-Grand-Prix aus dem F1-Kalender fliegt. Aber Budapest hat einen mächtigen Fürsprecher: Die Zigarettensponsoren, für die der osteuropäische Markt extrem wichtig ist und die in die malerische Donau-Metropole Budapest gerne ihre Gäste einladen. Budapest bietet ähnlich Monaco und Montreal das richtige Ambiente

Fuhr einen ausgezeichneten fünft

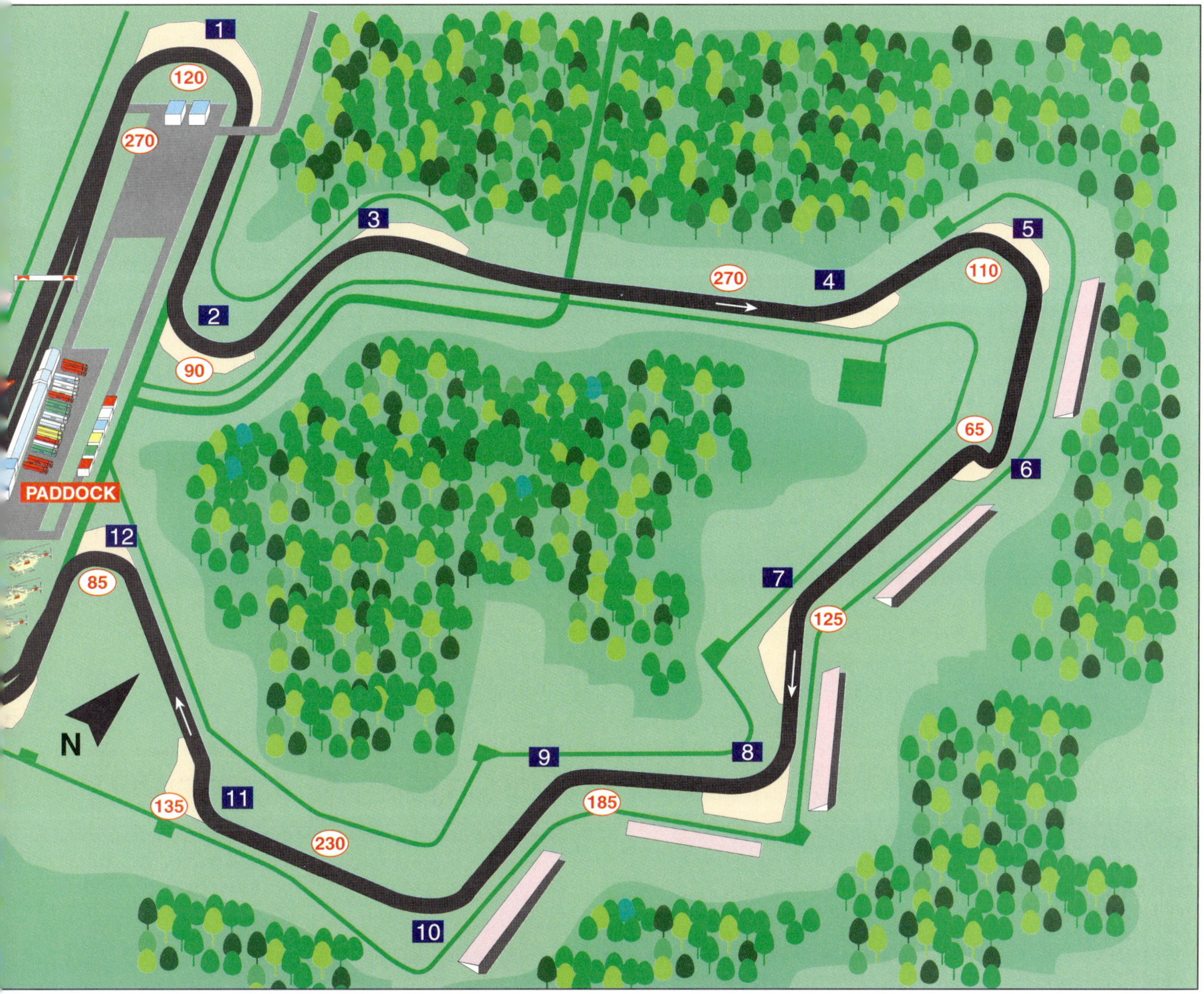

atz heraus: Heinz-Harald Frentzen

In Ungarn schaute Michael Schumacher schon mal bei seinem künftigen Arbeitgeber vorbei

Reisetips

Der Kurs ist von Budapest aus einfach mit dem PKW über die Autobahn M4 (Richtung Micols) zu erreichen. Die besten Zuschauerplätze sind am Ende der Start-Ziel-Geraden und bei der Einfahrt zur Schikane.

Budapest ist ähnlich wie Montreal eine Reise wert. Die malerische Donau-Promenade, der atemberaubende Blick von der Fischerbastei auf das Parlamentsgebäude und die Donau, die Kettenbrücke sind nur die berühmtesten Sightseeing-Punkte der ungarischen Hauptstadt. In den Tagen des Grand Prix finden in Budapest Open-Air-Konzerte statt, die ganze Stadt ist abends auf den Beinen.

Kartenverkauf:
Ostermann Formula 1 Kft.
GFG Import GmbH
Modecenterstr. 15
1110 Wien
Österreich
Tel. 0043-1-7493560
Fax 0043-1-7498826/7496795

Preise:
ca. 30 - 575 DM
Landeswährung: Forint

Aus für Barrichello. 1995 war für Jordan kein glückliches Jahr

für Einladungen, die in Magny-Cours oder Spa vielleicht nicht den geeigneten Rahmen finden würden…

Die Rennstrecke Hungaroring zählt zu den langsamsten im Formel-1-Kalender. Zusätzlich ist hier das Überholen extrem schwierig. Daher ist das Training und der Sprint zur ersten Kurve extrem wichtig. Danach geschehen Überholmanöver meistens in der Boxengasse, ausgelöst durch unterschiedliche Tankstopp-Strategien.

Rennen 1995:

Nach dem Debakel von Hockenheim wahrte Damon Hill in Budapest durch einen überzeugenden Start-Ziel-Sieg seine letzten Titel-Chancen. Michael Schumacher brachte seine „Hochzeitsreise" nach Budapest – am Wochenende davor hatte er in Deutschland geheiratet – wenig Glück: Bei seinem ersten Tankstopp füllte ihm die Benetton-Crew wegen eines Defektes in der Tankanlage zu wenig Benzin ein und kurz vor Rennende versagte an seinem Renault-Motor die Elektronik.

Nach Schumachers Ausfall erbte David Coulthard den zweiten Platz und sorgte für einen Williams-Doppelsieg. Der auf Platz drei fahrende Barrichello wurde wegen eines Motorschadens in der letzten Runde von der Kampfgruppe Berger-Herbert-Frentzen überholt. Berger wurde dadurch noch Dritter und konnte sich von den zahlreichen österreichischen Fans frenetisch feiern lassen.

Trotz seines Ausfalls beherrschte Michael Schumacher nach dem Grand Prix von Ungarn alle Schlagzeilen: Sein sensationeller Multi-Millionen-Dollar-Transfer zu Ferrari brachte das Fahrerlager zum rotieren. Durch seine Entscheidung für Ferrari entbrannte ein harter Kampf um die 96er Cockpits.

War trotz Platz 12 zu Scherzen aufgelegt: Andrea Montermini

Die Rennstrecke liegt in einer sanften Hügellandschaft vor den Toren von Ungarns Hauptstadt

RENNREPORT ZUM AUSFÜLLEN

Startaufstellung

Pole	2.
3.	4.
5.	6.
7.	8.
9.	10.
11.	12.
13.	14.
15.	16.
17.	18.
19.	20.
21.	22.

Pole-Zeit 1.__,___ Min.

Wetter bitte ankreuzen

Training

☐ ☐ ☐ ☐

Rennen

☐ ☐ ☐ ☐

Zieleinlauf

Fahrer	Punkte
1.	10
2.	6
3.	4
4.	3
5.	2
6.	1
7.	
8.	
9.	
10.	
11.	
12.	
13.	
14.	
15.	
16.	
17.	
18.	
19.	
20.	

WM-Stand nach 12 Läufen

Fahrer	Punkte
1.	
2.	
3.	
4.	
5.	
6.	
7.	
8.	
9.	
10.	
11.	
12.	
13.	
14.	
15.	
16.	
17.	
18.	
19.	
20.	

Notizen

Ausfälle

Fahrer/Runde/Ursache

Konstrukteurs-WM nach 12 Läufen

Team	Punkte
1.	
2.	
3.	
4.	
5.	
6.	
7.	
8.	
9.	

GROSSER PREIS VON BELGIEN

SPA-FRANCORCHAMPS

Der Kurs in den Ardennen zählt zu

Circuit de Spa-Francorchamps

Streckenlänge: 6,974 km, Distanz: 44 Runden = 306,856 km
Schnellste Runde 1995: David Coulthard (GB)
in 1.53,412 Min. (221,373 km/h)

Historie

Erster Grand Prix von Belgien 1950 in Spa
Sieger: Juan-Manuel Fangio (ARG), Alfa Romeo
Erster Grand Prix auf dem neuen Spa-Kurs 1983
Sieger: Alain Prost (F), Ferrari Turbo

Sieger der letzten 10 Rennen

1995	Michael Schumacher	Benetton-Renault
1994	Damon Hill	Williams-Renault
1993	Damon Hill	Williams-Renault
1992	Michael Schumacher	Benetton-Ford
1991	Ayrton Senna	McLaren-Honda
1990	Ayrton Senna	McLaren-Honda
1989	Ayrton Senna	McLaren-Honda
1988	Ayrton Senna	McLaren-Honda Turbo
1987	Alain Prost	McLaren-TAG-Porsche Turbo
1986	Nigel Mansell	Williams-Honda Turbo

Häufigste Sieger

5x Senna (85, 88-91); 4x Clark (62-65); 3x Fangio (50, 54, 55)

Großer Preis von Belgien 1995

27. August 1995, 11. WM-Lauf. Mäßig warm, regnerisch
90.000 Zuschauer
1. Reihe: Gerhard Berger (Pole), Jean Alesi
Michael Schumacher auf Startplatz 16

Zieleinlauf

1. Michael Schumacher	Benetton-Renault	1:36.47,875 Std.
2. Damon Hill	Williams-Renault	19,493 Sek. zur.
3. Martin Brundle	Ligier-Mugen-Honda	24,998 Sek. zur.
4. Heinz-H. Frentzen	Sauber-Ford	26,972 Sek. zur.
5. Mark Blundell	McLaren-Mercedes	33,772 Sek. zur.
6. Rubens Barrichello	Jordan-Peugeot	39,674 Sek. zur.

Weitere

7. Herbert (54,048 Sek. zurück), 8. Salo (54,548 Sek.), 9. Panis (1.06,170 Min.), 10. Lamy (1.19,789 Min.), 11. Boullion (1 Runde), 12. Inoue (1 Runde), 13. Diniz (2 Runden), 14. Moreno (2 Runden)

Ausfälle

Katayama (28 Runden, Unfall), Lavaggi (27, Getriebe), Badoer (23, Unfall), Berger (22, Elektronik), Irvine (21, Brand), Papis (20, Dreher), Montermini (18, Benzinmangel), Coulthard (13, Getriebe), Alesi (4, Aufhängung hinten), Häkkinen (1, Dreher)

Die Rennstrecke von Spa-Francorchamps ist einer der Klassiker des Formel-1-Kalenders. Schon vor dem 2. Weltkrieg wurden hier auf einem über 14 km langen Rundkurs öffentlicher Straßen Grand-Prix-Rennen ausgetragen.

Bis 1970 war die Strecke von Spa-Francorchamps fester Bestandteil jeder Formel-1-Saison. Die ständig schneller werdenden Rennwagen erreichten 1970 einen Rennschnitt von über 240 km/h. Dies war der höchste Durchschnittswert, der jemals während eines Formel-1-Rennens erreicht wurde. Danach wurde Spa aus Sicherheitsgründen ausgemustert und der Formel-1-Zirkus zog nach Zolder und Nivelles.

Die Verantwortlichen kürzten die klassische Strecke auf knapp sieben Kilometer, bewahrten dabei allerdings – anders als am Nürburgring – den Charakter der Strecke. 1983 kehrte die Formel 1 in die Ardennen zurück.

Für viele Fahrer ist Spa-Francorchamps die Lieblingsstrecke. Schnelle Kurven und lange Geraden mit guten Überholmöglichkeiten lassen die Piloten von Spa schwärmen. Und die Eau Rouge-Raidillon-Kombination ist eine der wenigen Mutkurven, die sämtliche Streckensicherungsmaßnahmen der vergangenen Jahre unbeschadet überstanden hat.

Die Fahrer stürzen sich die abschüssige Gerade im Bereich der alten Boxenanlage hinunter. Sie fahren mit hohem Tempo in eine steile Links-Recht-Links-Aufwärts-Kombination hinein, die die Autos im Kompressions-Punkt auf den Boden drückt und bei der die Fahrer am steilsten Stück nur in den Himmel schauen.

An dieser Stelle kann der Fan mit bloßem Auge die Unterschiede zwischen dem Leistungsvermögen der einzelnen Fahrer – und der Chassis – erkennnen. Wer läßt wie lange in Eau Rouge das Gas stehen? Fährt vielleicht sogar jemand

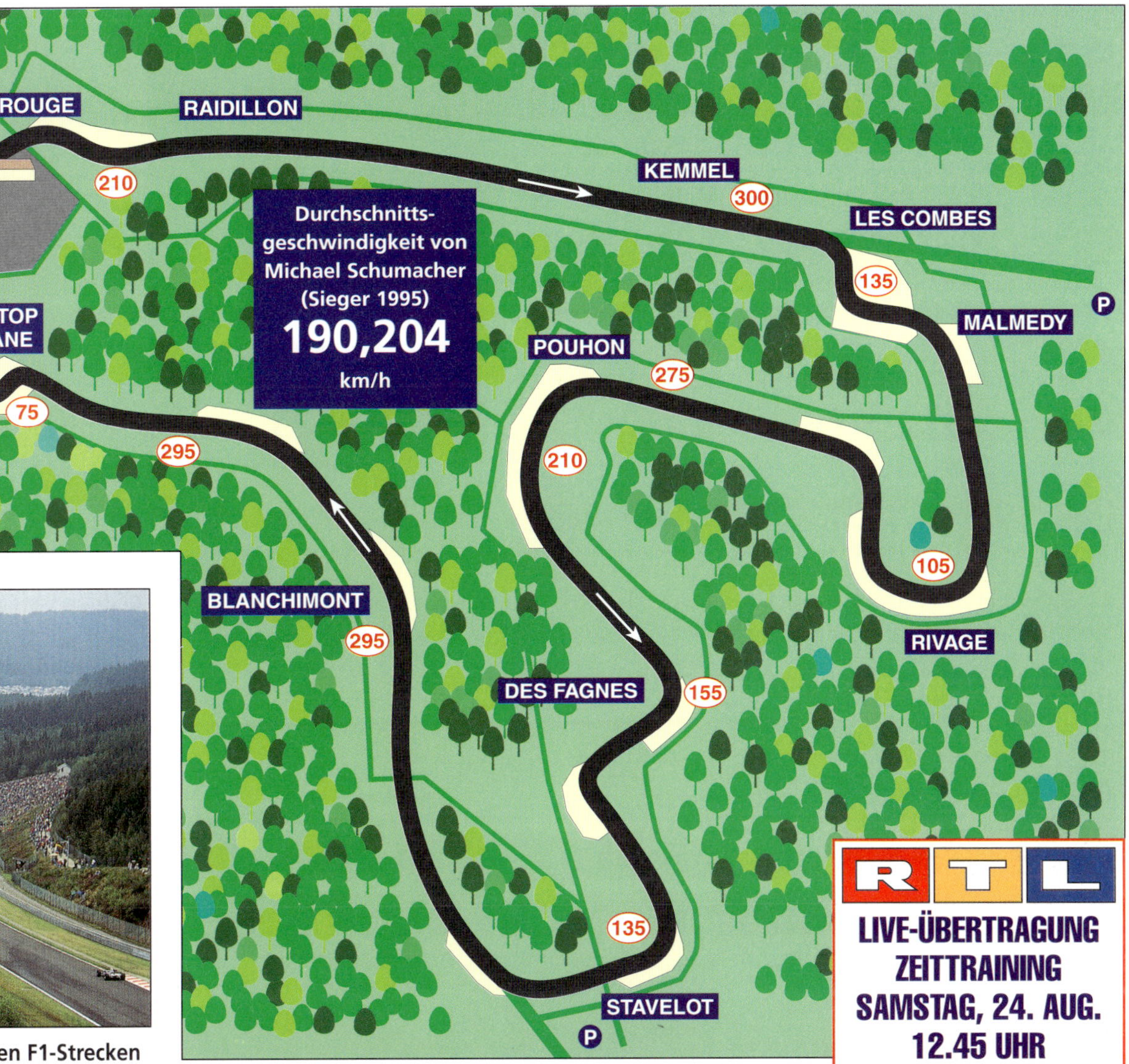

…n anspruchsvollsten F1-Strecken

RTL

LIVE-ÜBERTRAGUNG ZEITTRAINING
SAMSTAG, 24. AUG.
12.45 UHR

LIVE-ÜBERTRAGUNG RENNEN
SONNTAG, 25. AUG.
13.15 UHR

START: 14.00 UHR

Über dieses Duell sprach die ganze Formel-1-Szene: Schumacher wehrt sich auf Slicks vehement gegen den regenbereiften Hill

RENNREPORT ZUM AUSFÜLLEN

Startaufstellung

Pole ____
2. ____
3. ____
4. ____
5. ____
6. ____
7. ____
8. ____
9. ____
10. ____
11. ____
12. ____
13. ____
14. ____
15. ____
16. ____
17. ____
18. ____
19. ____
20. ____
21. ____
22. ____

Pole-Zeit _.__,___ Min.

Wetter bitte ankreuzen

Training

☐ ☐ ☐ ☐

Rennen

☐ ☐ ☐ ☐

Zieleinlauf

Fahrer	Punkte
1.	10
2.	6
3.	4
4.	3
5.	2
6.	1
7.	
8.	
9.	
10.	
11.	
12.	
13.	
14.	
15.	
16.	
17.	
18.	
19.	
20.	

WM-Stand nach 13 Läufen

Fahrer	Punkte
1.	
2.	
3.	
4.	
5.	
6.	
7.	
8.	
9.	
10.	
11.	
12.	
13.	
14.	
15.	
16.	
17.	
18.	
19.	
20.	

Notizen

Ausfälle

Fahrer/Runde/Ursache

Konstrukteurs-WM nach 13 Läufen

Team	Punkte
1.	
2.	
3.	
4.	
5.	
6.	
7.	
8.	
9.	

Die berüchtigte Eau Rouge. Nur die besten Piloten fahren sie im höchsten Gang – mit Vollgas

„flat out" durch die Kurve? Auf keiner anderen Grand-Prix-Strecke werden die Chassis- und Aerodynamik-Leistungen der Boliden so deutlich wie in Eau Rouge.

Für Michael Schumacher ist Spa etwas besonderes. Hier debütierte er 1991 auf Jordan, hier gewann er 1992 seinen ersten Grand Prix, hier wurde er 1994 nach seinem Sieg disqualifiziert und hier feierte er 1995 einen großartigen Sieg: Von Startposition 16 gestartet, fuhr der Deutsche bis aufs Siegertreppchen. Vielleicht holt er ja 1996 für Ferrari den ersten Sieg in den Ardennen seit 1966.

Ein nachdenklicher Jean Alesi mit seiner Freundin Kumiko Goto

Reisetips

Die Rennstrecke ist bei Fahrern wie bei Fans sehr beliebt. Allerdings ist das typische Ardennen-Wetter gefürchtet. Dauerregen und graue Tristesse können das Formel-1-Vergnügen erheblich schmälern. Entsprechende Kleidung sollte deshalb bei einem Besuch des Spa-Grand-Prix nicht fehlen.

Für viele deutsche Fans, die keine Tickets für Hockenheim ergattern konnten, ist Belgien zum Ausweich-Grand-Prix geworden. Die besten Zuschauerplätze bietet – natürlich – Eau Rouge, aber auch die Bergauf-Passage vor Les Combes sowie die Busstop-Schikane erfreuen sich wachsender Beliebtheit.

Neu – und teuer – ist seit 1995 die Tribüne gegenüber den Boxen, die zweierlei Spektakel bietet: Die Anfahrt zur superengen La Source-Haarnadel, sowie die Boxenstopps, die immer für eine Überraschung gut sind.

Kartenverkauf:
Intercommunale du Circuit de Spa-Francorchamps
Route du Circuit 55
4970 Francorchamps
Belgien
Tel. 0032-87-275138
Fax 0032-87-275296

Preise:
ca. 140 - 600 DM
Landeswährung: belg. Francs
100 FF = ca. 4,85 DM

Rennen 1995:

Zum ersten Mal mußte Michael Schumacher nach einem verkorksten Training aus der 16. Position starten. Doch auch sein Widersacher Hill stand nur auf Startplatz acht. Die Ferrari-Piloten, die das Rennen aus der ersten Startreihe aufnahmen, schienen einem ungefährdeten Sieg entgegenzufahren. Aber es kam alles anders.

Beim Start verhagelte zunächst Johnny Herbert die Rhapsody in rot. Der Brite übertölpelte sowohl Berger als auch Alesi. Danach lag Coulthard in Führung. Und im hinteren Feld holte Schumacher Platz um Platz auf. Als Hill in der 16. Runde an die Boxen fuhr, war Schumacher in Führung!

Danach wurde es chaotisch. Denn in der 21. Runde begann es leicht zu regnen. Hill wechselte auf Regenreifen, während Schumacher auf Slicks blieb. Schnell holte der Williams-Pilot auf den Deutschen auf, der sich allerdings mit Händen und Füßen gegen Hill wehrte. Als sich Hill doch noch vorbeigepreßt hatte, ließ der Regen nach und Hill wechselte zurück auf Slicks. Nur um aus der Box in einen weiteren Regenschauer zu fahren.

Sowohl Schumacher als auch Hill ließen nun wieder Regenreifen montieren, während die FIA aus unerfindlichen Gründen das Pace-Car auf die Piste schickte. Pechvogel Hill mußte noch einmal an die Box, um eine Zehn-Sekunden-Strafe abzusitzen, die er sich wegen zu schnellen Fahrens in der Boxengasse eingefangen hatte. Als sich Hill später auch noch drehte, war für ihn die Blamage perfekt. Schumacher feierte einen überlegenen Sieg in einem total verrückten Rennen, während Hill als klar geschlagener Zweiter auf dem Podium stand.

Starker Vierter wurde Sauber-Pilot Heinz-Harald Frentzen, der im Ziel nur noch zwei Sekunden Rückstand hinter dem drittplazierten Martin Brundle hatte.

Die Formel 1 stand noch im Bann des spannendsten Rennens des Jahres, als die FIA alle auf den Boden zurückholte: Michael Schumacher wurde von den Rennkommissaren wegen gefährlicher Fahrweise im Zweikampf mit Hill für ein Rennen gesperrt – auf Bewährung für vier Rennen. Eine Entscheidung, die den Gesprächsstoff über diesen denkwürdigen GP von Belgien 1995 noch einmal mehr als verdoppelte…

14. LAUF — 8. SEPTEMBER 1996

GROSSER PREIS VON ITALIEN

MONZA

Die Boxenanlage von Monza. Rec

Autodromo Nationale di Monza

Streckenlänge: 5.770 km, Distanz: 53 Runden = 305,810 km
Schnellste Runde 1995: Gerhard Berger (A) in 1.26,419 Min. (240,363 km/h)

Historie

Erster GP von Italien 1950 in Monza
Sieger: Dr. Giuseppe Farina (I), Alfa Romeo

Sieger der letzten 10 Rennen

1995	Johnny Herbert	Benetton-Renault
1994	Damon Hill	Williams-Renault
1993	Damon Hill	Williams-Renault
1992	Ayrton Senna	McLaren-Honda
1991	Nigel Mansell	Williams-Renault
1990	Ayrton Senna	McLaren-Honda
1989	Alain Prost	McLaren-Honda
1988	Gerhard Berger	Ferrari Turbo
1987	Nelson Piquet	Williams-Honda Turbo
1986	Nelson Piquet	Williams-Honda Turbo

Häufigste Sieger

4x Piquet (80, 83, 86, 87); 3x Fangio (53, 54, 55); 3x Moss (56, 57, 59); 3x Peterson (73, 74, 76); 3x Prost (81, 85, 89)

Großer Preis von Italien 1995

10. September 1995, 12. WM-Lauf. Leicht bewölkt, sehr warm
90.000 Zuschauer
1. Reihe: David Coulthard (Pole), Michael Schumacher

Zieleinlauf

1. Johnny Herbert	Benetton-Renault	1:18.27,916 Std.
2. Mika Häkkinen	McLaren-Mercedes	17,779 Sek. zur.
3. Heinz-H. Frentzen	Sauber-Ford	24,321 Sek. zur.
4. Mark Blundell	McLaren-Mercedes	28,223 Sek. zur.
5. Mika Salo	Tyrrell-Yamaha	1 Runde zur.
6. Jean-Ch. Boullion	Sauber-Ford	1 Runde zur.

Weitere

7. Papis (1 Runde zurück), 8. Inoue (1 Runde), 9. Diniz (3 Runden), 10. Katayama (6 Runden)

Ausfälle

Alesi (45 Runden, Aufhängung hinten rechts), Barrichello (43, Hydraulik), Irvine (40, Motor), Berger (32, Aufhängung vorne links), Badoer (26, Unfall), Schumacher (23, Unfall), Hill (23, Unfall), Panis (20, Dreher), Coulthard (13, Radlager), Brundle (10, Reifen), Lavaggi (6, Dreher), Lamy (0, Differential), Montermini (0, Nichtstarter), Moreno (0, Nichtstarter)

Der Große Preis von Italien ist der chaotischste aller Grand Prix. Hysterische und fanatische Zuschauer kennen nur ein einziges Objekt der Begierde: FERRARI. Alle anderen Teams und Piloten werden mit Mißachtung gestraft. Lediglich ehemalige, erfolgreiche Ferrari-Piloten werden in die Jubelchöre der Tifosi eingeschlossen.

Monza Anfang September ist trotz aller Hysterie auf den Rängen ein wehmütiges und geschichtsbeladenes Rennen. 1978 starb nach einem Startcrash der schwedische F1-Pilot Ronnie Peterson. Jochen Rindt verunglückte 1970 im Training und mußte posthum zum Weltmeister ernannt werden. Und 1961 starb der Deutsche Graf Berghe von Trips fast an der gleichen Stelle wie Rindt, als er mit seinem Ferrari in die Zuschauer kreiselte und 14 Fans tötete.

Seit Jahren streiten Umweltschützer und Formel-1-Sicherheitskommissionen um die Bäume, die notwendigen Auslaufzonen im Weg stehen. Schon manches Mal stand der GP von Italien kurz vor der Absage, bis dann von oberster Regierungsebene die Bewilligung zum Fällen einiger weiterer Schattenspender gegeben wurde und die Sicherheitszonen etwas mehr dem Standard heutiger Strecken angeglichen werden konnten.

Trotzdem bleibt Monza ein gefährlicher Hochgeschwindigkeitskurs. Ein paar gefällte Bäume und einige zurückversetzte

Hintergrund ist eine Steilkurve des alten GP-Kurses zu erkennen

In Monza fuhr Frentzen mit Platz 3 erstmals aufs Siegerpodest

RTL
LIVE-ÜBERTRAGUNG
ZEITTRAINING
SAMSTAG, 7. SEPT.
12.45 UHR

LIVE-ÜBERTRAGUNG
RENNEN
SONNTAG, 8. SEPT.
13.15 UHR
START: 14.00 UHR

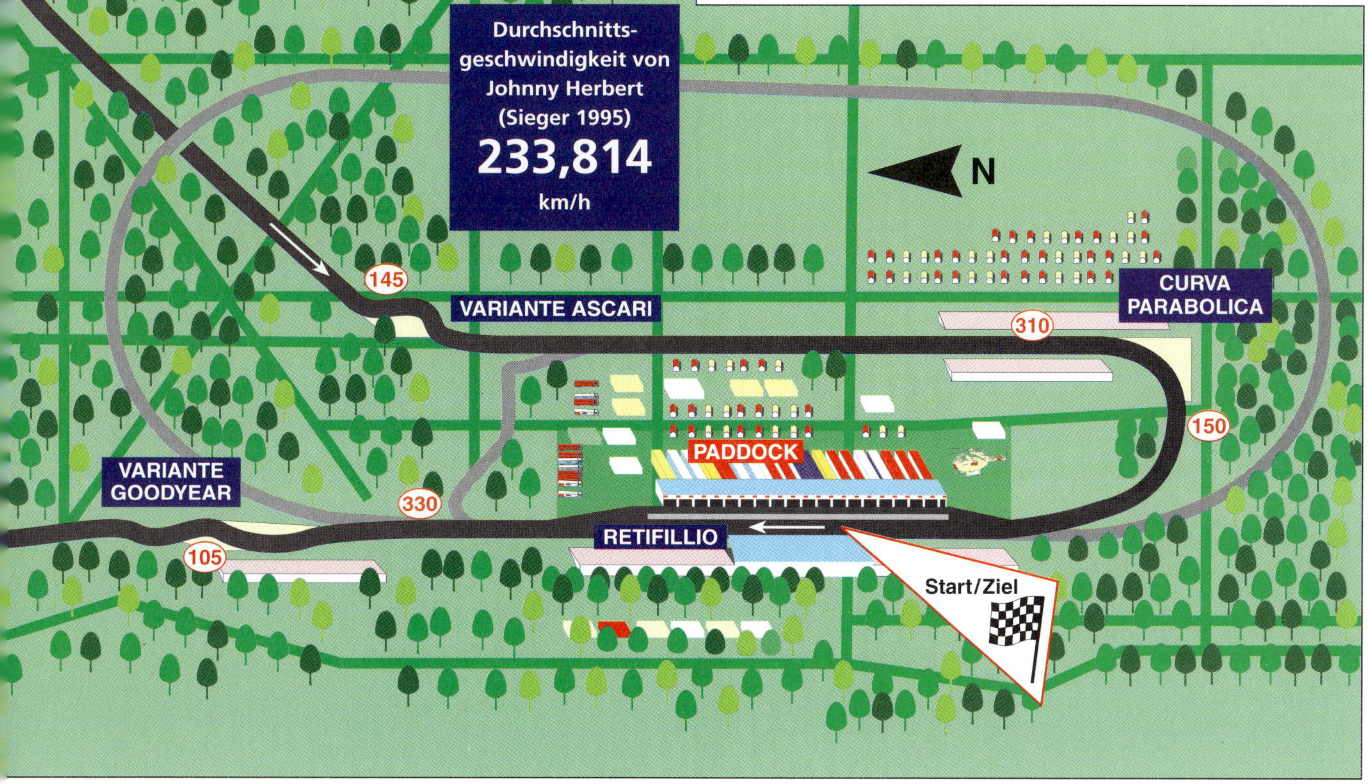

14. LAUF 8. SEPTEMBER 1996

RENNREPORT ZUM AUSFÜLLEN

Startaufstellung

Pole ____
2. ____
3. ____
4. ____
5. ____
6. ____
7. ____
8. ____
9. ____
10. ____
11. ____
12. ____
13. ____
14. ____
15. ____
16. ____
17. ____
18. ____
19. ____
20. ____
21. ____
22. ____

Pole-Zeit 1.__,___ Min.

Wetter bitte ankreuzen

Training

☐ ☐ ☐ ☐

Rennen

☐ ☐ ☐ ☐

Zieleinlauf

Fahrer	Punkte
1.	10
2.	6
3.	4
4.	3
5.	2
6.	1
7.	
8.	
9.	
10.	
11.	
12.	
13.	
14.	
15.	
16.	
17.	
18.	
19.	
20.	

WM-Stand nach 14 Läufen

Fahrer	Punkte
1.	
2.	
3.	
4.	
5.	
6.	
7.	
8.	
9.	
10.	
11.	
12.	
13.	
14.	
15.	
16.	
17.	
18.	
19.	
20.	

Notizen

Ausfälle

Fahrer/Runde/Ursache

Konstrukteurs-WM nach 14 Läufen

Team	Punkte
1.	
2.	
3.	
4.	
5.	
6.	
7.	
8.	
9.	

Mit Mühe hinderten Posten den erbosten Schumacher daran, gegen Hill handgreiflich zu werden

Leitplanken machen aus der Anlage, die schon 1927 eingeweiht wurde, keine den modernsten Sicherheitsanforderungen entsprechende Strecke. In Monza werden irgendwann größere Umbaumaßnahmen durchgeführt werden müssen, oder die Stadt wird den GP von Italien mittelfristig verlieren.

Das ist angesichts der Tradition dieses Ortes nach wie vor unvorstellbar. Denn Monza ist Formel-1-Geschichte pur. Wer die mittlerweile dem Verfall preisgegebenen Steilwandkurven betrachtet, erahnt, welche Höchstleistungen den Piloten in der Frühzeit der Formel-WM abverlangt wurden.

Rennen 1995

Pole-Mann Coulthard hatte sich schon in der Einführungsrunde in der Ascari-Schikane von der Bahn gedreht. Als nach dem Start mehrere Wagen in der gleichen Kurve von der Bahn flogen, wurde das Rennen abgebrochen und Coulthard durfte mit dem Ersatzwagen starten. 13 Runden führte der Schotte das Rennen nach dem Neustart an, dann drehte er sich wieder von der Piste.

Im weiteren Verlauf ähnelte der Große Preis von Italien 1995 stark dem England-GP des vergangenen Jahres. Wieder schoß Damon Hill seinen vor ihm liegenden Konkurrenten Schumacher ab. Und wieder war der Nutznießer der Hill-Aktion Schumachers Teamkollege Johnny Herbert.

Im Gegensatz zu Silverstone gehörte zu Herberts Sieg in Monza allerdings noch eine gehörige Portion Ferrari-Pech dazu. Nach dem Ausfall der Favoriten schienen die Roten zunächst einem ungefährdeten Doppelsieg entgegenzufahren. Bis Gerhard Berger beim Anbremsen der Roggia-Kurve von der Piste segelte. Die Onboard-Kamera seines vor ihm fahrenden Teamkollegen Alesi hatte sich gelöst und wie ein Projektil die Vorderradaufhängung des Berger-Ferrari zerschlagen.

Wenig später rollte auch Alesi mit schmorendem Radlager am Hinterrad an den Boxen aus. Danach war es ein Kinderspiel für die drei Erstplazierten Herbert, Häkkinen und Heinz-Harald Frentzen, der seinen Sauber zum ersten Mal auf Platz drei ins Ziel brachte und den bis dato größten Erfolg seiner Karriere feiern durfte.

Reisetips

Wer mit dem Auto oder dem Bus nach Monza reist, sollte nicht in den Parco di Monza, also in das Gebiet der Rennstrecke, einfahren. Hier sind zwar einige Parkplätze, aber nach dem Rennen ist man hoffnungslos eingekesselt. Der routinierte Monza-Pilger nimmt lieber einen Fußmarsch in Kauf.

Gute Sicht bieten die Tribünen der Variante Goodyear und in der Ascari-Schikane. In den vergangenen Jahren bot die Roggia-Kurve die meiste Action. Aber die Tribüne ist klein, und entsprechend gering ist die Chance, einen der begehrten Plätze zu ergattern.

Auch ein gültiges Sitzplatz-Ticket nützt wenig, wenn sich erstmal ein italienischer Fan auf dem reservierten Platz breit gemacht hat. Deshalb sollte man Sitzplätze möglichst früh besetzen.

Tip: Monza ist der ideale Ort für den preisgünstigen Erwerb von Rennwagenmodellen und anderer F1-Memorabilia! Die Ladengasse hinter dem Fahrerlager bietet dem Fan alles, was das Herz begehrt.

Kartenverkauf:
Autodromo Nazionale Monza
Signora Vigani Franca
20052 Monza
Italien
Tel. 0039-39-2482212
Fax 0039-39-2482407
oder
Tel. 0039-39-24821
Fax 0039-39-320324

Preise:
ca. 70 - 400 DM
Landeswährung: ital. Lire
1.000 Lit. = ca. 0,95 DM

Bei Gerhard Berger standen die Ferrari-Fans 1995 Schlange

Im Training testete Papis den Kies, im Rennen wurde er Siebter

15. LAUF **22. SEPTEMBER 1996**

GROSSER PREIS VON PORTUGAL

ESTORIL

Autodromo Fernanda Peres da Silva

Streckenlänge: 4,360 km, Distanz: 70 Runden = 305,200 km
Schnellste Runde 1995: David Coulthard (GB) in 1.23,220 Min. (188,608 km/h)

Historie

Erster Grand Prix von Portugal 1958 in Porto
Sieger: Stirling Moss (GB), Vanwall
Erster Grand Prix auf dieser Strecke 1984
Sieger: Alain Prost (F), McLaren-TAG-Porsche Turbo

Sieger der letzten 10 Rennen

1995	David Coulthard	Williams-Renault
1994	Damon Hill	Williams-Renault
1993	Michael Schumacher	Benetton Ford
1992	Nigel Mansell	Williams-Renault
1991	Riccardo Patrese	Williams-Renault
1990	Nigel Mansell	Ferrari
1989	Gerhard Berger	Ferrari
1988	Alain Prost	McLaren-Honda Turbo
1987	Alain Prost	McLaren-TAG-Porsche Turbo
1986	Nigel Mansell	Williams-Honda Turbo

Häufigste Sieger

3x Mansell (86, 90, 92); 3x Prost (84, 87, 88)

Großer Preis von Portugal 1994

24. September 1995, 13. WM-Lauf. Sonnig und heiß
60.000 Zuschauer
1. Reihe: David Coulthard (Pole), Damon Hill
Michael Schumacher auf Startplatz 3

Zieleinlauf

1. David Coulthard	Williams-Renault	1:41.52,145 Std.
2. Michael Schumacher	Benetton-Renault	7,248 Sek. zurück
3. Damon Hill	Williams-Renault	22,121 Sek. zur.
4. Gerhard Berger	Ferrari	1.24,879 Min. zur.
5. Jean Alesi	Ferrari	1.25,429 Min. zur.
6. Heinz-H. Frentzen	Sauber-Ford	1 Runde zur.

Weitere

7. Herbert (1 Runde zurück), 8. Brundle (1 Runde), 9. Blundell (1 Runde), 10. Irvine (1 Runde), 11. Barrichello (1 Runde), 12. Boullion (1 Runde), 13. Salo (2 Runden), 14. Badoer (3 Runden), 15. Inoue (3 Runden), 16. Diniz (5 Runden), 17. Moreno (7 Runden)

Ausfälle

Montermini (53 Runden, Getriebe), Häkkinen (44, Motor), Delétraz (14, Aufgabe), Panis (10, Dreher), Lamy (7, Getriebe), Papis (0, Getriebe), Katayama (0, Unfall)

Am westlichsten Zipfel der Iberischen Halbinsel findet Ende September traditionell das Europafinale der Formel-1-Weltmeisterschaft statt. 30 km westlich von Lissabon, im hügeligen Hinterland des alten, mondänen Badeortes Estoril, liegt das 4,36 km lange „Autodromo Fernanda Peres da Silva, Circuito do Estoril".

Estoril empfängt den Formel-1-Zirkus Ende September mit warmen Spätsommertagen und gleißendem Sonnenschein. Der vom Klima begünstigte Landstrich um Lissabon ist deshalb mittlerweile die beliebteste Winterteststrecke der Formel 1 geworden. Von Ende November bis Ende Februar dröhnen hier fast permanent die Formel-1-Motoren, wenn sich die Teams in Estoril auf die neue Saison vorbereiten.

Neben dem milden Klima bietet auch die Rennstrecke von Estoril alles, was das Formel-1-Testherz begehrt: Eine lange Start-Ziel-Gerade, auf der die Motorpower und das Topspeed-Verhalten auf dem Prüfstand stehen, schnelle Kurven, die gnadenlos jedes Chassisproblem aufdecken und langsame Passagen, in denen das Bremsverhalten und das Herausbeschleunigen am Kurvenausgang analysiert werden können.

Der Große Preis von Portugal wird seit 1984 in Estoril ausgetragen und wurde oftmals von Dramen und Sensationen begleitet. 1984 wurde Niki Lauda hier mit einem halben Punkt Vorsprung Weltmeister, 1985 feierte Ayrton Senna im strömenden Regen seinen ersten Formel-1-Sieg. 1988 drängte Senna seinen McLaren-Teamkollegen Prost bei 300 km/h gegen die Boxenmauer und legte damit den Grundstein zur jahrelangen Prost-Senna-Fehde. 1991 verlor Mansell nach einem Reifenwechsel ein Rad und die schon sicher geglaubte WM. Riccardo Patrese überschlug sich 1992 auf der Zielgeraden, weil Berger vor ihm ohne Vorwarnung in die Boxengasse abbog, und Katayamas Startcrash von 1995 haben wir alle noch in lebhafter Erinnerung.

Schlüsselstelle der Rennstrecke von Estoril sind die ul-

RTL
LIVE-ÜBERTRAGUNG
ZEITTRAINING
SAMSTAG, 21. SEPT.
12.45 UHR

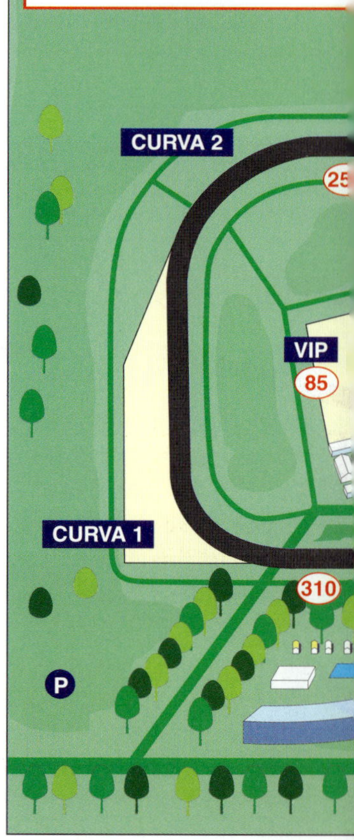

traschnellen Rechtskurven vor und nach der langen Start-Ziel-Geraden. In der Parabolica holen sich die Piloten den nötigen Schwung für die lange Gerade, an deren Ende man einen Überholversuch riskieren kann. Die folgende „Curva 1“ ist noch spektakulärer, weil die hier erzielten Kurvengeschwindigkeiten noch höher sind. Beide Kurven sind absolute Mutkurven, und es gibt nur wenige Stellen im Grand-Prix-Zirkus, wo der Formel-1-Fan mit bloßem Auge die Unterschiede zwischen guten und schlechten Fahrern, guten und schlechten Autos erkennen kann.

Interessant ist auch die 1994 eingebaute Schikane im Bereich der früheren Tanque-

Schrecksekunde: Beim Start überschlug sich Ukyo Katayama spektakulär, blieb aber unverletzt

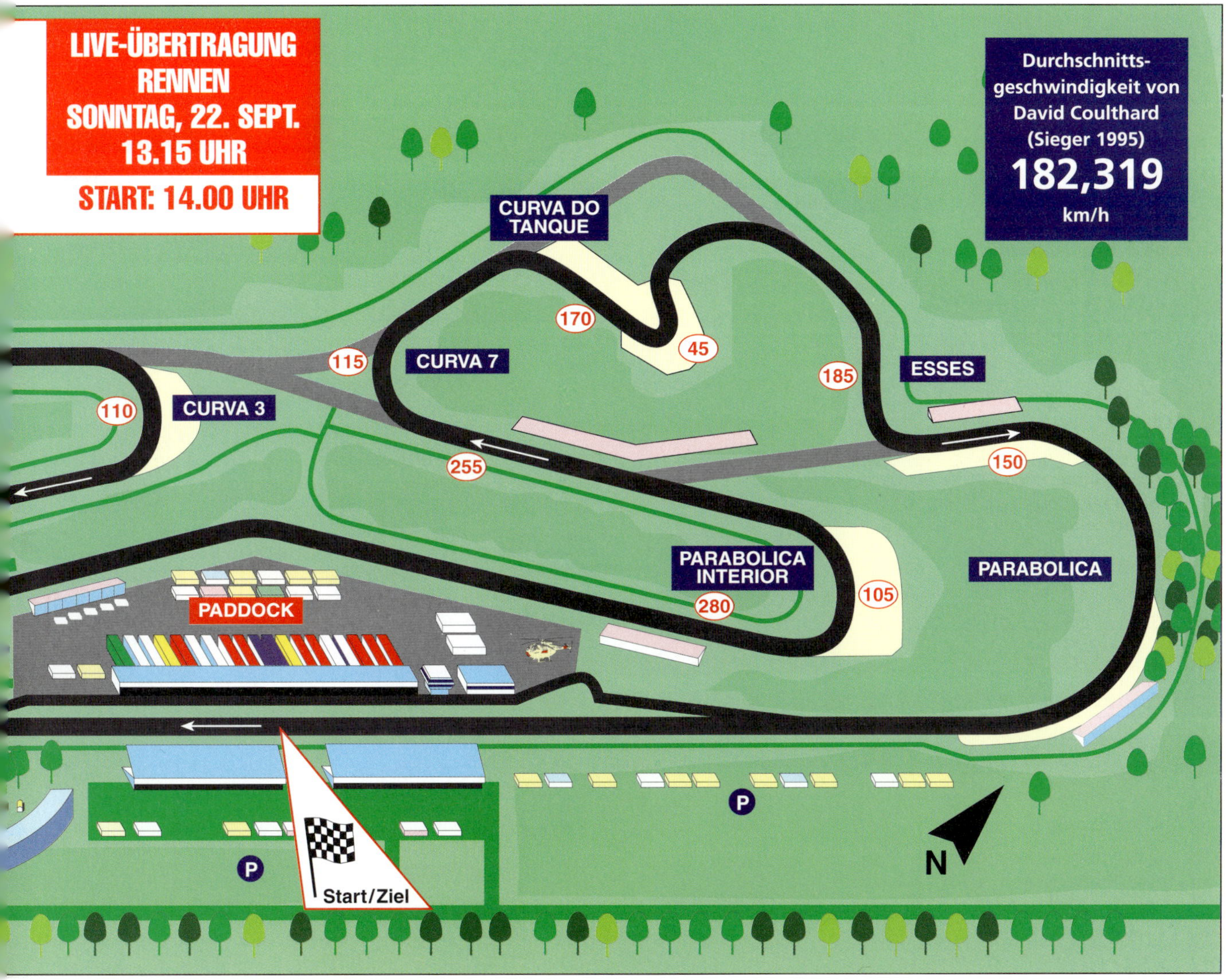

Kurve. Das von den Fahrern als unrhythmisch kritisierte Erste-Gang-Kurvengeschlängel bietet beim Anbremsen den Mutigen eine Überholchance. Davon konnte sich 1995 Damon Hill überzeugen, der von Michael Schumacher hier wie ein Fahrschüler ausgebremst wurde. Heinz-Harald Frentzen überholte an dieser Stelle während des Rennens sogar sechs Konkurrenten.

Rennen 1995:

Aufregung brachte der erste Start zum Großen Preis von Portugal 1995. Im hinteren Teil des Startfeldes wurden sich Ukyo Katayama und Luca Badoer nicht über die Vorfahrtsverhältnisse einig. Der japanische Tyrrell-Pilot überschlug sich mehrfach, bis er kopfüber in Höhe der Boxenausfahrt liegenblieb. Bis auf eine Nackenprellung überstand der Japaner diesen Crash unverletzt.

Pechvogel des Neustarts war der auf Startplatz fünf stehende Heinz-Harald Frentzen. Der Sauber des Mönchengladbachers sprang nicht an. Frentzen mußte das Rennen als Letzter aufnehmen. In Führung lag fast das ganze Rennen über David Coulthard, der seinen ersten Grand-Prix-Sieg feiern durfte.

Michael Schumacher wurde noch Zweiter, nachdem er seinen Konkurrenten Hill zehn Runden vor Schluß in der neuen Haarnadel-Kurve schulbuchmäßig ausgebremst hatte. Die Ferrari-Piloten standen sich gegenseitig im Weg und als Alesi seinen schnelleren Teamkollegen Berger trotz Boxenzeichens nicht vorbeiließ, wurde er von Teammanager Jean Todt zu 200.000 $ Strafe verdonnert.

Und Frentzen? Der avancierte zum Star des Rennens. Vom letzten Platz gestartet, benötigte der Sauber-Pilot genau 56 Runden, bis er den sechsten Platz erobert hatte.

'95: Rolling Stone Mick Jagger gönnte seinem Gehör F1-Sound

Sieger David Coulthard wurde von seinen Mechanikern gefeiert

Reisetips

Den Formel-1-Touristen erwarten in Estoril alle Annehmlichkeiten eines Ferienortes. Das malerische Fischerdorf Cascais bietet ausgezeichnete Restaurants, die Gegend verfügt über ausreichende Hotelkapazitäten und die Infrastruktur wurde dank großzügiger EU-Unterstützung in den vergangenen Jahren auf modernsten Stand gebracht. Lissabon lockt mit einer wunderbaren Altstadt und auch für das Nachtleben wird aureichend gesorgt: In-Diskotheken wie das Coconuts in Cascais haben während der Grand-Prix-Woche Hochkonjunktur und enttäuschen ihre Gäste nicht...

Den Zuschauern bietet die neue Tribüne am Ende der Start-Ziel-Geraden einen guten Überblick. Aber auch die zahllosen Stehplätze auf dem hügeligen Innengelände sind empfehlenswert. Hier sollte man aber schon im Training seinen Lieblingsplatz auskundschaften, denn am Sonntag sind die besten Plätze der Naturtribünen sehr begehrt. Geheimtip ist sicherlich das Gelände rechts oberhalb der neuen Schikane.

Kartenverkauf:
Automobile Club de Portugal
Rua Rosa Araújo, 24
1250 Lisboa
Portugal
Tel. 00351-1-3563931
oder 00351-1-7936899
Fax 00351-1-577708
oder 00351-1-7930597

Preise:
ca. 180 - 600 DM
Landeswährung: Escudos
100 Esc. = ca. 0,95 DM

Allein auf weiter Flur: Michael Schumacher verhinderte mit Platz 2 einen Williams-Doppelsieg

RENNREPORT ZUM AUSFÜLLEN

Startaufstellung

Pole	2.
3.	4.
5.	6.
7.	8.
9.	10.
11.	12.
13.	14.
15.	16.
17.	18.
19.	20.
21.	22.

Pole-Zeit 1.__,___ Min.

Wetter bitte ankreuzen

Training

☐ ☐ ☐ ☐

Rennen

☐ ☐ ☐ ☐

Zieleinlauf

Fahrer	Punkte
1.	10
2.	6
3.	4
4.	3
5.	2
6.	1
7.	
8.	
9.	
10.	
11.	
12.	
13.	
14.	
15.	
16.	
17.	
18.	
19.	
20.	

WM-Stand nach 15 Läufen

Fahrer	Punkte
1.	
2.	
3.	
4.	
5.	
6.	
7.	
8.	
9.	
10.	
11.	
12.	
13.	
14.	
15.	
16.	
17.	
18.	
19.	
20.	

Notizen

Ausfälle

Fahrer/Runde/Ursache

Konstrukteurs-WM nach 15 Läufen

Team	Punkte
1.	
2.	
3.	
4.	
5.	
6.	
7.	
8.	
9.	

GROSSER PREIS VON JAPAN

SUZUKA

Suzuka International Racing Course

Streckenlänge: 5,864 km, Distanz: 53 Runden = 310,792 km
Schnellste Runde 1995: Michael Schumacher (D) in 1.42,976 Min. (205,003 km/h)

Historie

Erster Grand Prix von Japan 1976 in Fuji
Sieger: Mario Andretti (USA), Lotus-Ford
Erster Grand Prix auf dieser Strecke 1987
Sieger Gerhard Berger (A), Ferrari Turbo

Sieger der letzten 10 Rennen

1995	Michael Schumacher	Benetton-Renault
1994	Damon Hill	Williams-Renault
1993	Ayrton Senna	McLaren Ford
1992	Riccardo Patrese	Williams-Renault
1991	Gerhard Berger	McLaren-Honda
1990	Nelson Piquet	Benetton Ford
1989	Alessandro Nannini	Benetton-Ford
1988	Ayrton Senna	McLaren-Honda Turbo
1987	Gerhard Berger	Ferrari Turbo
1977	James Hunt	McLaren-Ford

Häufigste Sieger

2x Berger (87, 91); 2x Senna (88, 93)

Großer Preis von Japan 1995

29. Oktober 1995, 16. WM-Lauf. Bedeckt, kurzzeitig Regen
160.000 Zuschauer
1. Reihe: Michael Schumacher (Pole), Jean Alesi

Zieleinlauf

1. Michael Schumacher	Benetton-Renault	1:36.52,930 Std.
2. Mika Häkkinen	McLaren-Mercedes	19,337 Sek. zur.
3. Johnny Herbert	Benetton-Renault	1.23,804 Min. zur.
4. Eddie Irvine	Jordan-Peugeot	1.42,136 Min. zur.
5. Olivier Panis	Ligier-Mugen-Honda	1 Runde zur.
6. Mika Salo	Tyrrell-Yamaha	1 Runde zur.

Weitere
7. Blundell (1 Runde zurück), 8. Frentzen (1 Runde), 9. Badoer (2 Runden), 10. Wendlinger (2 Runden), 11. Lamy (2 Runden), 12. Inoue (2 Runden)

Ausfälle
Hill (40 Runden, Dreher), Coulthard (39, Unfall), Diniz (32, Dreher), Alesi (24, Differential), Montermini (23, Dreher), Berger (16, Elektronik), Barrichello (15, Unfall), Katayama (12, Unfall), Gachot (6, Lagerschaden), Moreno (1, Getriebe), Morbidelli (0, Dreher)

Suzuka ist sicherlich der exotischste Veranstaltungsort des Formel-1-Kalenders. Rund 50 km südwestlich der Industriestadt Nagoya und ca. 500 km westlich von Tokio gelegen, findet hier seit 1987 der Große Preis von Japan statt.

Der als krumme Acht ausgelegte Kurs gilt als ausgesprochene Fahrerstrecke, die den Piloten alles abverlangt. Eine Reihe langgezogener Vierte-Gang-Kurven, in denen erhebliche Querbeschleunigungen auftreten, eine Haarnadel, sowie zwei lange Geraden, die genügend Anlauf zum Überholen bieten, machen den Suzuka International Racing Course zu einer der besten Formel-1-Rennstrecken. Dessen Besonderheit ist natürlich die durch eine Brückenkreuzung realisierte achtförmige Streckenführung.

Die Japaner sind über das Geschehen im Formel-Zirkus durch mehrere Wochenzeitschriften perfekt informiert und kennen jeden, der in der Königsklasse etwas zu sagen hat. Fahrer, Teamchefs, ja sogar bekanntere Mechaniker werden um Autogramme gebeten. Beim Anblick eines Fahrers oder bedeutenden Teammitgliedes vergißt der eher zurückhaltende Japaner sofort jegliche höfliche asiatische Kinderstube. „Sie springen dich von vorne an, anstatt wie europäische Fans von der Seite zu kommen", analysiert Johnny Herbert die japanische Fan-Kultur.

RTL
LIVE-ÜBERTRAGUNG ZEITTRAINING SAMSTAG, 12. OKT. 5.45 UHR
LIVE-ÜBERTRAGUNG RENNEN SONNTAG, 13. OKT. 5.45 UHR
START: 6.00 UHR
ORTSZEIT: 13.00 UHR

Suzuka im Oktober kann noch mit relativ mildem Wetter aufwarten, das aber sehr schnell in einen deprimierenden Landregen umschlagen kann. Denn die Gegend von Suzuka gilt als Regenloch. Hatten die Niederschläge von 1987 bis 1993 hauptsächlich die Trainingstage beeinflußt, war der Regenguß von 1994 so schlimm, daß das Rennen nach ein paar Runden unterbrochen werden mußte. Auch 1995 hatten die Regencapes Hochkonjunktur.

Suzuka hat schon viele dramatische Rennen gesehen und von 1987 bis 1991 die Entscheidung in der Formel-1-Weltmeisterschaft gebracht. Hier ge-

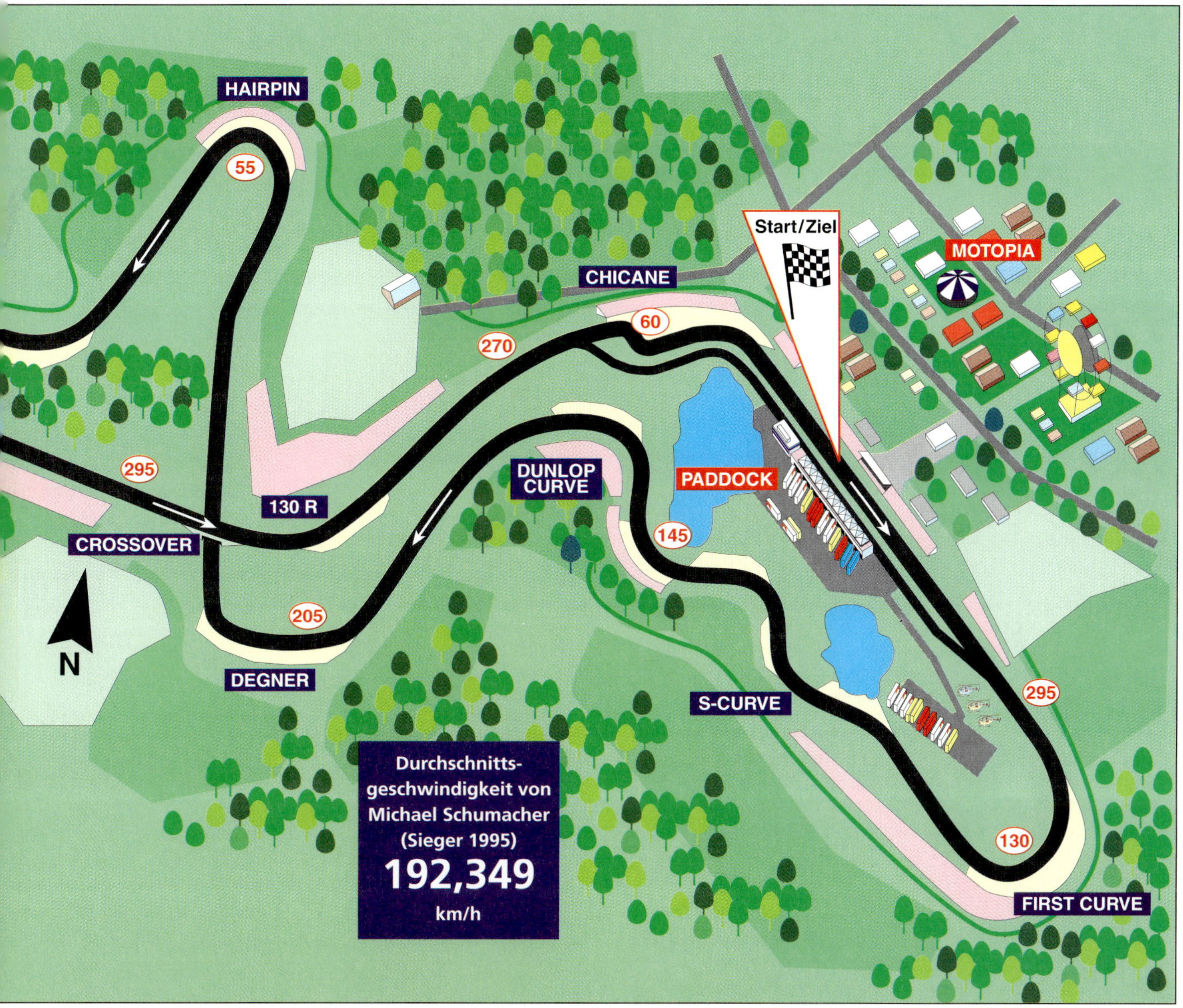

Olivier Panis und Mika Salo lieferten sich 1995 ein rundenlanges Duell um Platz 5. Der Ligier-Pilot hatte am Ende die Nase vorn

Barrichello, Blundell und Magnussen gönnten sich am Rande des Grand Prix japanische Kultur

Reisetips

Nur hartgesottenste Fans sollten nach Suzuka pilgern. Dort muß man sich auf einige landestypische Besonderheiten gefaßt machen. Die Eintrittskarten für das Rennen sind meist sehr schnell ausverkauft. Viele Zuschauer übernachten vor dem Rennen im Vergnügungspark, um sonntags schnell die besten Plätze besetzen zu können.

Wer sich davon nicht abhalten läßt, wird im japanischen Straßenverkehr mit Staus konfrontiert, die mit den harmlosen Verkehrsverdickungen in Deutschland nur wenig gemeinsam haben. Und wer den Zug nimmt, hat das Vergnügen, die Reise zusammengepfercht mit japanischen F1-Fans zu verbringen. Spätestens dann wird die Alternative verlockend sein, das Rennen Sonntag früh um 6.00 Uhr bei RTL anzuschauen.

Wer den Trip trotzdem wagt, sollte von Tokio kommend den Shinkansen-Expresszug nach Nagoya nehmen, von dort die Kintetsu-Line bis Shiroko-Station und sich dann mit dem Taxi (sündhaft teuer) nach Suzuka fahren lassen. Nagoya, Yokkaichi und Tsu bieten Hotelzimmer fast westlichen Standards (zu fernöstlichen Preisen...), die aber so klein sind, daß man seinen Koffer besser auf dem Hotelgang öffnet.

Die besten Plätze befinden sich im Bereich der Schikane vor Start und Ziel. Beeindruckend wegen ihrer Größe und Übersichtlichkeit sind die Tribünen im Bereich der ersten Kurve und den S-Kurven.

Kartenverkauf:
BESTELLUNG NUR PER POST ODER FAX!
Suzuka circuit ticket office
7992 Ino-cho, Suzuka
Mie, 510-88
Japan
Fax 0081-593-702408

Preise:
ca. 220 - 720 DM
Landeswährung: Yen
100 Yen = ca. 1,40 DM

wann Nelson Piquet 1987 seinen dritten Titel, als sein Teamkollege Nigel Mansell im Training rückwärts in die Leitplanke krachte und für das Rennen verletzt ausfiel. Hier sicherte sich Ayrton Senna alle drei Weltmeistertitel: 1988 nach toller Aufholjagd, 1990, nachdem er seinen Titel-Konkurrenten Prost abgeschossen hatte und 1991, als Nigel Mansell im Rennen hinter ihm liegend im Kiesbett landete. 1989 verlor der Brasilianer seinen Titel durch einen vieldiskutierten Unfall mit Alain Prost.

Heimvorteil genießen auf dem anspruchsvollen Kurs von Suzuka neben den japanischen Piloten auch Fahrer wie Mika Salo und Heinz-Harald Frentzen. Die haben ihre Lehrjahre in der japanischen Formel 3000 verbracht und kennen Suzuka wie ihre Westentasche. Jean Alesi dagegen macht sich seit letztem Jahr seine Gedanken. Während der Franzose in Europa einer der beliebtesten Formel-1-Piloten ist, spielt der Benetton-Star in Japan nur die zweite Geige: Die Autogrammsammler stürzen sich hauptsächlich auf Alesis Freundin Kumiko. Die at-

In Suzuka bot Mika Häkkinen seine stärkste Leistung der Saison 1995. Nach Monza landete er zum zweiten Mal auf Rang zwei

RENNREPORT ZUM AUSFÜLLEN

Startaufstellung

Pole ____	
	2. ____
3. ____	
	4. ____
5. ____	
	6. ____
7. ____	
	8. ____
9. ____	
	10. ____
11. ____	
	12. ____
13. ____	
	14. ____
15. ____	
	16. ____
17. ____	
	18. ____
19. ____	
	20. ____
21. ____	
	22. ____

Pole-Zeit 1.__,___ Min.

Zieleinlauf

Fahrer	Punkte
1.	10
2.	6
3.	4
4.	3
5.	2
6.	1
7.	
8.	
9.	
10.	
11.	
12.	
13.	
14.	

Ausfälle

Fahrer/Runde/Ursache

Notizen

Wetter bitte ankreuzen

Training

☐ ☐ ☐ ☐

Rennen

☐ ☐ ☐ ☐

Benetton-Teamchef Briatore…

… und die Boxencrew bejubelten überschwenglich den ersten Konstrukteurstitel des Rennstalls

traktive Japanerin ist in ihrem Heimatland ein Megastar…

Rennen 1995:

Im Gegensatz zu dem Monsunregen von 1994 war beim Start zum Großen Preis von Japan 1995 in Suzuka die Piste nur feucht. Trotzdem mußten die Fahrer das Rennen mit Regenreifen aufnehmen.

Schumacher ging vor Alesi und dem überraschend starken Häkkinen in Führung. Sowohl Berger als auch Alesi mußten jedoch wegen Frühstarts eine Zehn-Sekunden-Strafe an den Boxen absitzen. Alesi wechselte danach auf Slicks und fuhr bald schneller als die Spitze. In der nachfolgenden Reifenwechselorgie kämpfte sich Jean Alesi mit einer tollen Aufholjagd wieder zurück auf den zweiten Platz. Und er griff den führenden Schumacher an.

In der 25. Runde war die Show des Franzosen allerdings vorbei und Alesi stellte den Ferrari mit defektem Differential ab. Als es danach leicht zu regnen begann, ruinierten die Williams-Piloten Hill und Coulthard die letzten Hoffnungen ihres Chefs auf den Konstrukteurstitel 1995. Beide flogen in der rutschigen Spoon-Kurve von der Bahn und präsentierten den unter den Teams sehr begehrten Konstrukteurstitel dem Benetton-Rennstall. Michael Schumacher gratulierte seinem Teamchef Flavio Briatore schon während des Rennens per Funk. Johnny Herbert vervollständigte den Benetton-Triumph mit seinem dritten Platz.

Zweiter allerdings wurde McLaren-Pilot Mika Häkkinen. Der Finne, der sich zehn Tage zuvor noch einer Blinddarmoperation unterziehen mußte, freute sich zu Recht über seine starke Vorstellung: „Im Gegensatz zu Monza war dieser zweite Platz ehrlich und hart erkämpft.“

WELTMEISTERSCHAFT 1996

Endstand zum Ausfüllen

Fahrer	Team	Punkte
1.		
2.		
3.		
4.		
5.		
6.		
7.		
8.		
9.		
10.		
11.		
12.		
13.		
14.		
15.		
16.		
17.		
18.		
19.		
20.		

Konstrukteurs-WM zum Ausfüllen

Team	Punkte
1.	
2.	
3.	
4.	
5.	
6.	
7.	
8.	
9.	
10.	
11.	

racing tours

DER FORMEL 1-REISESPEZIALIST

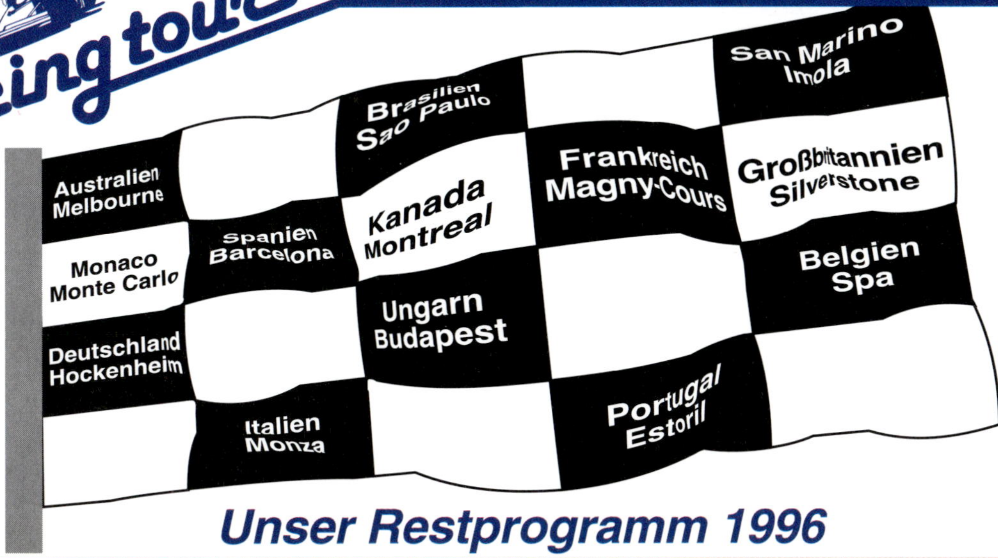

Unser Restprogramm 1996

GP Kanada/Montreal 16. Juni

Flugreisen mit Lufthansa und Canadian Airlines
5.-22.6.: Toronto-Niagarafälle-Killarney-Montreal-New York
5.-18.6.: Toronto-Niagarafälle-Killarney Lodge-Montreal
8.-22.6.: Toronto-Niagarafälle-Montreal-New York
8.-18.6.: Toronto-Niagarafälle-Montreal
12.-18.6.: Weekend in Montreal
12.-22.6.: Montreal-New York
Ab **DM 2.590,-** p.P./Ü/DZ inkl. Transfers und Tribünenkarte

GP Großbritannien/Silverstone 14. Juli

Flugreisen: Donnerstag oder Freitag bis Montag mit Lufthansa
oder British Airways von allen deutschen Großflughäfen. ****Hotels in London.
Ab **DM 1.498,-** p.P./ÜF/DZ inkl. Transfers u. Eintrittskarte.
Hotelarrangement (Eigenanreise): Donnerstag oder Freitag bis Montag. ****Hotel in London.
Ab **DM 1.058,-** p.P./ÜF/DZ inkl. Transfers u. Eintrittskarte.

GP Deutschland/Hockenheim 28. Juli

Hotelarrangement und Tagesbusreise: Restplätze aus ev. Stornierungen auf Anfrage.

GP Ungarn/Budapest 11. August

Flugreisen mit Lufthansa (von allen deutschen Großflughäfen) und Malev (nur ab Köln und Frankfurt/M.).
Busreisen (3 Varianten) ab Hannover, Kassel, Nürnberg und Passau sowie Dortmund, Essen, Köln, und Mannheim.
Hotelarrangement und Tribünenkartenvermittlung

GP Belgien/Francorchamps 25. August

Hotelarrangement (Steigenberger, Novotel und Ibis), Tagesbusreise u. Tribünenkartenvermittlung

GP Italien/Monza 8. September

Flugreise mit Lufthansa von allen deutschen Großflughäfen
Busreise (3 Varianten) ab Hannover, Dortmund, Essen, Köln, Mannheim, Karlsruhe und Basel.
Tribünenkartenvermittlung

GP Portugal/Estoril 22. September

Flugreise (4 Varianten) von allen deutschen Großflughäfen mit Linienmaschinen von Lufthansa und TAP-Air Portugal (Hotels in Lissabon und Estoril/Küste). Hotelarrangement mit eigener Anreise und Tribünenkartenvermittlung

Bitte sofort Detailinfo anfordern!

****

Vorschau 1997

GP Monaco/Monte Carlo 11. Mai

Flugreisen vom 7. oder 8. bis 12. Mai: Mit Lufthansa u. Air France von allen deutschen Großflughäfen ab/ über Frankfurt/M. und München. Wir haben folgende Hotels reserviert:
Monte Carlo/Cap d'Ail: Loews*****, Beach Plaza*****, Alexandra***; Ramada****.
Nizza: Negresco*****, Atlantic****, Splendid****, Holiday Inn****, Rochambeau****, Chatham****, Ibis** etc.
Alle Flugreisen inkl. aller Transfers (Flughafen/Rennstrecke), Reiseleitung und guter Tribünenkarte.
Hotelarrangements vom 7. oder 8. bis 11. oder 12. Mai: Wir haben Hotels in allen Kategorien für Sie reserviert: 2- bis 5-Sterne-Hotels in Monte Carlo/Cap d'Ail, Nizza, Cap 3000 etc. Alle Hotelarrangements inkl. Eintrittskarte und Transfer nach Monaco (Sonntag).
Busreisen vom 6., 7. oder 8. bis 12. oder 13. Mai: Wir haben für 1997 unser bisher umfangreichstes Programm für Busreisen aufgelegt. Abfahrten von Berlin, Hannover, Kassel, Dortmund, Essen, Köln, Mannheim, Karlsruhe, Basel etc. Hotels in Nizza, Cap 3000, St. Isidor, Cros de Cagnes, Villeneuve Loubet etc. Wir bieten Ihnen 6 verschiedene Varianten mit 2, 3, 4 oder 5 Übernachtungen. Alle Busreisen inkl. Eintrittskarte und aller Transfers.

Ab September 1996 Detailinfo anfordern!

RACING TOURS REISE GMBH • Schillerstr. 82 • D-45768 Marl • Tel.: (023 65) 1 20 01 • Fax (023 65) 1 84 02

Prüfend beäugt Heinz-Harald Frentzen die Heckpartie seines Sauber-Ford. Zu Saisonbeginn wird das Team durch zahlreiche Ausfälle

gebeutelt. Das neue Ford-V10-Triebwerk, in Wintertests recht zuverlässig, hat noch zu wenig Power. Auf die Spitze fehlen 70 PS

Die Rascasse in Monte Carlo anno 1955: Fangio und Moss lagen nach dem Start in Führung. Es gewann zwar ein Ferrari, doch Mercedes dominierte die Saison und siegte in sieben Rennen fünf Mal

DEUTSCHE AUTOS IN DER FORMEL 1

Immer haben deutsche Autobauer versucht, in der Königsklasse vorne mitzufahren. Drei Unternehmen ist es gelungen: BMW, Mercedes und Porsche. Über viele andere Projekte deutscher Enthusiasten hüllte man den Mantel des Schweigens. Achim Schlang bringt die Details ans Licht.

Vor dem Zweiten Weltkrieg geben die deutschen Teams von Mercedes und Auto-Union im Grand-Prix-Sport klar den Ton an. Es ist die Ära der Silberpfeile, in der Rennfahrer wie Rudolf Caracciola, Bernd Rosemeyer und Hermann Lang scheinbar nach Belieben siegen.

Die „Stunde Null" am 8. Mai 1945 erlaubt es, wieder ernsthaft über den Automobilsport nachzudenken, obwohl Armut und Trümmerlandschaften jede Realisierungsabsicht auf Jahre hin unmöglich erscheinen lassen. Was die Aktivitäten der großen Werke betrifft, sieht die Zukunft ohnehin nicht rosig aus: Die Besatzungsmächte verbieten den Deutschen zunächst den Bau von Automobilen aller Art.

Im Herbst 1946 ruft die Sportabteilung der FIA die „Formel 1" ins Leben. Zu einer der ersten Konstruktionen dieser Kategorie zählt ein Bolide, der mit einem zugedrückten Auge als deutsch bezeichnet werden darf. Es handelt sich um den Porsche 360. Dr. Ferdinand Porsche hatte sich nach Bekanntgabe der F1-Baubestimmungen schnell zurück an den Zeichentisch begeben und den 360er zumindest auf dem Papier konzipiert.

1948 erwirbt der Italiener Piero Dusio, Chef des Rennstalls Cisitalia, die Pläne und beginnt, die – damals hochmoderne – Konstruktion auf die Räder zu stellen. Es handelt sich um ein Rohrrahmen-Chassis mit einem liegenden Zwölfzylinder im Heck. Der Sprit wird in Seitentanks gebunkert. Das durch einen Doppel-Kompressor aufgepeppte 1,5-Liter-Aggregat gibt bei 10.500 U/min gut 450 PS ab – eine Leistung, die sich sehen lassen kann. Aber Dusio, der zuvor zahlreiche erfolgreiche Monoposti kleinerer Klassen produziert hatte, übernimmt sich finanziell mit der Realisierung der Porsche-Pläne: Dem Italiener geht das Geld aus, und der Porsche 360 gelangt nie zur Rennreife. So gerät die wegweisende Konstruktion in Vergessenheit. Der Siegeszug der Heck- und Mittelmotor-Boliden beginnt dadurch erst mit gut zehnjähriger Verspätung im Jahr 1959.

Mercedes – unterdessen ist der „alliierte Baustopp" längst aufgehoben – entscheidet sich Anfang der 50er Jahre für ein GP-Comeback. Die ursprünglichen Pläne zum Wiedereinstieg werden allerdings aus zwei Gründen vertagt: Die prinzipiell einsetzbaren Vorkriegs-Autos vom Typ W163 sind nicht mehr siegfähig, wie Testrennen in Südamerika beweisen. Und eine Neukonstruktion erscheint zunächst nicht ratsam, da die FIA schon für die Saison 1954 ein neues technisches Reglement ankündigt.

Mercedes kam, startete und siegte

Dann aber ist es endlich soweit: Mit dem Mercedes W196 der neuen 2,5-Liter-Formel, der allerdings erst Mitte 1954 debütiert, sind die Stuttgarter wieder mit von der Partie! Die Technik des neuen Silberpfeils beschämt die Konkurrenz: Dank Finessen wie desmodromischer Ventilsteuerung, Direkteinspritzung oder innenliegenden Bremsen ist er den Ferrari, Maserati und Lancia überlegen.

Zum Einstand am 4. Juli 1954 wird ein Doppelsieg gefeiert. Elf weitere Starts bringen acht Erfolge, darunter einen Vierfachsieg: Fangio vor Moss, Kling und Taruffi 1955 im britischen Aintree. Nach Saisonende 1955 macht Mercedes die Tore des Rennstalls dicht. Der Beweis, daß die Untertürkheimer die schnellsten Formel-1-Autos bauen können, ist erbracht, die Schwaben wenden sich anderen PR-Bereichen zu.

Sechs Jahre vergehen, bevor sich erneut ein deutscher Hersteller an die große Herausforderung Formel 1 wagt. Und wieder gehen die Aktivitäten von Stuttgart aus: 1961 betritt Porsche die GP-Bühne. Äußerlich fehlt dem rundlichen 1,5-Liter-Wägelchen Porsche 718 die Eleganz der Gegner aus England und Italien. Auch der Motor weicht von der „Norm" ab: Der Vierzylinder wird nicht mit Wasser, sondern durch den Fahrtwind gekühlt.

Nachdem von Porsche im Verlauf der 50er Jahre in anderen Sparten des Autorennsports zahlreiche Siege heimgefahren wurden, sind die Verantwortlichen vom Abschneiden in der F1 enttäuscht, obwohl dem Amerikaner Dan Gurney in Reims nur eine Zehntelsekunde zum Sieg fehlt.

1962 soll alles besser werden. Der Typ 718 wird durch den modern gestylten Porsche 804 abgelöst, für den Antrieb sorgt jetzt ein Achtzylinder. Den vor Jahresfrist in Frankreich so knapp verpaßten Sieg holt Dan Gurney jetzt nach:

Grüne Hölle Nürburgring: Hans Herrmann fährt 1961 auf dem Porsche 718 zwar die schnellsten Runden, fällt aber vorzeitig aus

1986 fuhr Benetton mit BMW-Power. Zweimal Pole und Bergers Sieg in Mexiko waren die Bilanz

Nelson Piquet wurde erster Turbo

Nicht ohne eine Portion Glück gewinnt der Amerikaner in Rouen.

Trotzdem wirft Porsche zum Jahresende 1962 das Handtuch. Nach Meinung von Motoren-Spezialisten ist dieser Schritt ein Fehler. Das Potential des Porsche-V8 – so die Experten – hätte den Zuffenhausenern spätestens ab 1964 eine Vormachtstellung verschafft. Der alte runde 718er wird von der Ecurie Maarsbergen, dem Team des niederländischen Privatiers Carel Godin de Beaufort, noch bis 1964 eingesetzt. Erst als der blonde Adelsmann auf der Nordschleife des Nürburgrings tödlich verunglückt, ist das erste F1-Porsche-Kapitel endgültig abgeschlossen.

Wenig beachtet riskiert 1963 der Braunschweiger Kurt Kuhnke ein F1-Engagement mit deutscher Technik: Gemeinsam mit Ernst Maring versucht er, Lotus-Rennwagen mit Borgward-Motoren einzusetzen. Bei einigen Nicht-WM-Läufen gelingt die Qualifikation. Die große Herausforderung, die Teilnahme am Großen Preis von Deutschland, wird aber nicht gemeistert.

Kaum erfolgreicher verläuft neun Jahre später das F1-Projekt des Caravan-Herstellers Günther Hennerici.

Colani-Konstruktion ein Flop

Bereits während der Planungsphase verläßt Konstrukteur Joseph Karasek die Eifelland Wohnwagen KG in Mayen. Um trotzdem starten zu können, wird ein March-Chassis vom Typ 721 gekauft.

Die Designer-Legende Luigi Colani nimmt sich des Boliden an und verpaßt ihm eine revolutionäre Verkleidung. Leider bedenkt Colani nicht, daß ein Motor Kühlung braucht. Weil er die entsprechenden Öffnungen in der futuristischen Außenhaut „vergaß“, überhitzt der Eifelland-March bereits bei

Niki Lauda holte 1984 fünf Siege und den WM-Titel für sich und McLaren-Porsche. Kollege Prost gewann sogar sieben WM-Läufe

Weltmeister. Auf seinem Brabham-BMW gewann er drei Rennen

Wenig erfolgreich: Christian Danner, ATS-Chef Günter Schmid

Piquet holte 83 den Titel, Manfred Winkelhock blieb auf ATS mit gleichem BMW-Motor punktlos

Testfahrten im winterlich kalten Hockenheim. Später sieht der Eifelland wieder wie ein March aus, bringt dem Piloten Rolf Stommelen allerdings wenig Freude. Noch vor Ende der Saison sperrt Hennerici aus finanziellen Gründen die Tore seines F1-Rennstalls zu.

Erst 1977 wagt sich wieder ein Deutscher an die Formel 1: Der Felgen-Produzent Günter Schmid übernimmt das Material des amerikanischen F1-Rennstalls Penske und setzt es unter eigener Regie ein. Finanziell

13.000 Mark pro Rennen

herrschen noch überschaubare Verhältnisse im GP-Sport: Schmid verpflichtet den Bayern Hans Stuck als Piloten seines Ein-Fahrer-Teams und verspricht ihm 13.000 DM pro GP plus 1.000 Märker für jeden gewonnenen WM-Punkt…

Aber Stuck tritt zunächst gar nicht für Schmids ATS-Team – nicht mit der 1963 aktiven gleichnamigen italienischen Scuderia zu verwechseln – an. Stattdessen unterschreibt Stuck noch vor seinem ersten Einsatz bei Bernie Ecclestone, um für dessen Team Brabham zu fahren. ATS nimmt den Franzosen Jean-Pierre Jarier unter Vertrag. Der wird gleich im ersten Rennen als Sechster abgewunken, doch dann tut sich bis zu Schmids erstem Rückzug Ende 1984 nicht mehr viel: Nur ganze acht weitere WM-Punkte kann das Team auf der Habenseite verbuchen!

Schmids Courage macht auch BMW Mut: Ab 1982 treten die Bayern als Motoren-Partner an. An der Seite von Brabham, Benetton, ATS und Arrows bestreiten die Münchner Autobauer insgesamt 91 Grand Prix, bevor das Formel-1-Projekt Ende 1987 gestoppt wird. Unter dem Namen Megatron wird das Triebwerk sogar noch während eines weiteren Jahres eingesetzt.

Der Erfolg des süddeutschen Vierzylinder-Turbos ist beeindruckend: 15 Pole-Positions, neun Siege und der Gewinn des WM-Titels 1983 gehen auf das bajuwarische Konto. Champion

WM-Titel mit BMW

Nelson Piquet auf Brabham-BMW ist der erste Weltmeister, der dank Turbo-Power triumphiert. In seinen besten Jahren – bevor der Leistung per Reglement durch ein Pop-off-Ventil ein Riegel vorgeschoben wird – gibt der BMW mehr als 1.250 (!) PS ab. Beim Qualifying zum Großen Preis von Italien in Monza 1986 torpediert Gerhard Berger seinen Benetton-BMW mit wahnsinnigen 351,220 km/h durch die Lichtschranke...

Neben BMW engagiert sich von August 1983 bis Ende 1987 auch Porsche wieder auf der GP-Bühne. An der Seite McLarens werden große Triumphe gefeiert: 25 Mal gewinnen die rotweißen Boliden aus Woking dank Porsches Turbo-Power, die offiziell unter dem Namen TAG firmiert. 1984 holt Niki Lauda für McLaren-Porsche den Titel – in den beiden darauffolgenden Jahren der Franzose Alain Prost. 1987 zieht sich Porsche zum zweiten Mal aus der Formel 1 zurück.

Bereits 1991 will Porsche noch einmal an die großen Erfolge der 80er anknüpfen. Aber der Zwölfzylinder wird vorschnell und entsprechend unausgereift eingesetzt – das Comeback gerät zur Bauchlandung. Nach nur vier Auftritten wird in Zuffenhausen zum Rückzug geblasen, und Chassis-Partner Arrows montiert die guten alten Cossies als Lückenbüßer.

Auch der zweite Einstieg des Felgenproduzenten Günter Schmid bringt nicht den gewünschten Erfolg: 1988 und 1989 versucht der eigenwillige Geschäftsmann mit seinem Rennstall Rial, das mit ATS Versäumte nachzuholen. Sechs WM-Punkte im Verlauf von zwei Rennjahren können sich vor dem Hintergrund des ATS-Desasters durchaus sehen lassen, aber jetzt hat Schmid endgültig die Nase voll. Später liebäugelt er zwar kurzfristig und halbherzig mit dem Kauf des Teams Tyrrell, läßt auf Anraten von Bernie Ecclestone jedoch die Finger von diesem

Chaotischer Felgen-König

Projekt. Der F1-Guru ist ohnehin nicht scharf auf weitere Auftritte des oft chaotisch dirigierenden Felgen-Königs. Im Scherz verspricht er, er lasse Schmid „einsperren", wenn der noch einmal als Team-Chef in den GP-Zirkus zurückkehren sollte...

Immerhin steht Schmid mit einem vierten Platz, den Christian Danner auf Rial-Ford 1989 in Phoenix heimfährt, in den Formel-1-Geschichtsbüchern.

So weit vorn kommt ein Zakspeed nie ins Ziel. Zakspeed-Boß Erich Zakowski wählt allerdings auch den schwersten aller Wege, um den Traum von Formel-1-Erfolgen zu verwirklichen. Der im Eifel-Dörfchen Niederzissen angesiedelte Rennstall wagt sich 1985 mit Chassis und Motor eigener Produktion an die PS-Front.

Das 86er Zakspeed-Team: Huub Rothengatter (l.) und Jonathan Palmer konnten für Teamchef Zakowski keinen WM-Zähler holen

Nicht mehr als zwei magere WM-Punkte werden gewonnen, die der aktuelle Jordan-Pilot Martin Brundle 1987 mit einer riesigen Portion Glück in Imola erobert. Als Ende 1988 die Turbo-Motoren verboten werden, fehlt Zakspeed die Finanzkraft, einen hauseigenen Saugmotor zu bauen. Zwangsläufig sieht sich Zakowski nach einem „Verbündeten“ um. Er einigt sich mit

Glückloser Bernd Schneider

Yamaha. Aber die Japaner engagieren sich nur halbherzig: Zweimal gelingt es dem Saarländer Bernd Schneider 1989, seinen Zakspeed-Yamaha für einen Formel-1-Lauf zu qualifizieren. Das Ziel sieht er in beiden Fällen nicht, und nach dem Rückzug des Hauptsponsors muß Zakspeed Anfang 1990 aufgeben.

Nach den Jahrzehnten des technischen Engagements der Deutschen, das unterm Strich immerhin 44 Siege bringt, setzt zu Beginn der 90er Jahre dank Michael Schumacher und später Heinz-Harald Frentzen eine Phase deutscher Piloten ein. Auf diesem Sektor hatte das Land der Silberpfeile seit Einführung der Fahrer-WM zuvor nur in Ausnahmefällen geglänzt.

Dann aber erwacht auch wieder der Ehrgeiz germanischer Ingenieurskunst. Nach scheinbar endlosem Hickhack entschließt sich Mercedes 1993 zum Aufpolieren des inzwischen verblaßten Glanzes. Zuerst – etwas verschämt und ohne richtig Flagge zu zeigen – kehrt der Stern an der Seite des früheren Gruppe-C-Partners Sauber zurück. Anders als Mitte der 50er Jahre vertrauen die Untertürkheimer jetzt allerdings nicht mehr den Technikern des eigenen Hauses: Der in England ansässige schweizer Motoren-Spezialist Mario Illien wird mit dem Projekt beauftragt. Als die „Ehe“ mit Sauber nicht die gewünschten Resultate bringt, wechselt Mercedes den Partner und kämpft seit dem Vorjahr an der Seite des einstigen Super-Teams McLaren. Auf die Wende zum Guten wird trotz dieses Schachzugs bisher vergeblich gewartet.

BMW-Comeback

Sie gingen mit der Geheimhaltung der britischen Posträuber ans Werk, aber die ehrgeizigen Pläne gelangten trotzdem an die Öffentlichkeit. Im Herbst 1995 sind bei BMW hinter verschlossenen Türen die Weichen in Richtung Formel-1-Comeback gestellt worden.

Der bayerische Schlachtplan hat es in sich: Die Münchner wollen mit eigenem Motor und eigenem Chassis zurück in die Königsklasse des automobilen Motorsports. Die Techniker stehen in den Startlöchern und schlagen los, sobald der Finanzvorstand grünes Licht gibt.

Was das Chassis betrifft, wird sich BMW möglicherweise mit einem etablierten Formel-1-Team (Sauber?) zusammentun. Per Scheck könnte man sich das Recht erkaufen, den Boliden mit dem weltberühmten blau-weißen Emblem zu zieren.

Die Bayern und ihre Freunde sollten den Champagner allerdings noch nicht entkorken: Vor Jahren wurde ein 3,5-Liter-Saugmotor bereits wieder eingemottet, bevor die Vorstandsherren endgültig mit den Köpfen nickten…

Mit einem 12-Zylinder im Arrows wollte Porsche 1991 an alte Erfolge anknüpfen – hoffnungslos

Mercedes-Triumphirat: Motorenbauer Illien, Vorstände Werner und Hubbert, Sportchef Haug

TEURES SPIELZEUG FORMEL 1

Das gesamte Material eines Teams befindet sich bei Überseereis

Mit großen Erwartungen betreten neue Teams die Grand-Prix-Bühne. Nach einem, maximal zwei Lehrjahren will man den Anschluß an die Mittelklasse geschafft haben. Doch spätestens bei der Suche nach zahlungskräftigen Sponsoren werden die Newcomer mit den Härten und Schwierigkeiten des Formel-1-Business konfrontiert. Daß auch etablierte Teams hart kalkulieren müssen, zeigt ein Blick in die Kassenbücher der Rennställe.

Die Anzahl der gescheiterten Teams ist groß. Pacific, Simtek, Larrousse, Lotus, Brabham, Coloni, Andrea Moda... Immer wieder zogen sich Formel-1-Rennställe zurück. Das geschah nicht, weil die Verantwortlichen die Freude am GP-Sport verloren hatten. Es geschah ausschließlich, weil die laufenden Kosten nicht mehr beglichen werden konnten. Im F1-Business läßt sich einerseits das ganz große Geld verdienen, andererseits lauern die Gerichtsvollzieher immer und überall.

Weltweit zwei Rennwagen 16 Mal pro Saison einsetzen – die Aufgabenstellung ist klar definiert. Wieviel Geld benötigt ein Team, um dieses Pensum zu leisten? Nach oben, das ist keine Frage, gibt es – Ähnlichkeiten mit der berühmten Richter-Skala sind zufällig – keinerlei Begrenzung. Das bedeutet allerdings nicht, daß sich Erfolge kaufen lassen. Neben der Höhe des Budgets ist nämlich dessen Aufteilung von größter Wichtigkeit: Ebenso, wie man am falschen Ende sparen kann, sind Fehlinvestitionen möglich: Das Geld wird unkontrolliert zum Fenster hinausgeworfen.

Während die gut betuchten Branchen-Riesen bis zu 145 Millionen Mark pro Rennjahr verbraten, müssen die Bettelmönche am hinteren Ende des Startfeldes Ausgaben in Höhe von mindestens 26 Millionen einkalkulieren. Voraussetzung ist dabei natürlich, daß unverzichtbare Elemente wie das Werk, Transporter und Motorhome bereits im Firmenbesitz sind...

Wenn darüber hinaus ein Motorenpartner gefunden wird, der zum Nulltarif liefert, und ebenso freundliche Partner für Sprit, Reifen und Telemetrie zur Seite stehen, bleiben immer noch jene 26 Millionen.

Grob setzt sich das Minimum aus fünf wichtigen Ein-

Fünf wichtige Einzelposten

zelposten zusammen: Den Bau der Rennwagen (ca. zwölf Millionen); Gehälter für Personal (ca. neun Millionen); Frachtkosten (ca. 1,5 Millionen); Flugtickets

Gehälter in der Formel 1

Beruf	Gehalt
Werksmechaniker	2.400
Rennmechaniker	4.200
Technischer Zeichner	4.200
Renningenieur	10.000
Pressesprecher	10.500
Chefingenieur	16.500
Technischer Direktor	25.000 – 45.000
Pilot (Rookie)	75.000
Pilot (mit Erfahrung)	150.000 – 220.000

Bei den Gehältern handelt es sich um den Bruttolohn in einem Mittelklasse-Team. Eventuelle Prämien wurden nicht berücksichtigt. Ein Top-Team zahlt zwischen 50 und 90 Prozent mehr.

in großen Kisten. Die FOCA übernimmt nur einen Teil der Transportkosten. Für jedes zusätzliche Kilo zahlen die Rennställe 40 Mark

und Übernachtung (ca. eine Million) sowie ein Minimum für die Weiterentwicklung (ca. 2,5 Millionen).

Ein solches Budget ist zu wenig zum Leben und zuviel, um zu sterben. Wer halbwegs mithalten will, braucht weitere drei Millionen für ein Testprogramm. Auch die Verpflichtung etablierter Piloten schlägt zu Buche. Wer nicht auf die Inoues dieser Welt zurückgreift – deren Fahrkunst hält sich in Grenzen, dafür bringen sie die Dollars persönlicher Sponsoren als Mitgift ins Team – der sollte für das Salär zweier Chauffeure mindestens weitere zehn Millionen Mark bereithalten. Daß sich allerdings Männer vom Kaliber eines Michael Schumacher für das Abholen solcher Beträge nicht den Wecker stellen würden, ist ein offenes Geheimnis.

Wie sehr die laufenden Kosten drücken, macht ein Blick auf die Telefonrechnungen deutlich: Für diese Form der Kommunikation gab eines der 1995er-Teams knapp 70.000 Mark aus, weitere 45.000 verschwanden auf den Konten von Kurier-Diensten. Da wundert es nicht, daß einer der finanziell weniger gesegneten Ställe keine müde Mark mehr übrig hatte, um im für gut zehn Millionen gebauten Windkanal für „Durchzug“ zu sorgen: Die Stromrechnung hätte nicht bezahlt werden können.

Wenn den Top-Teams Mega-Summen durch die Finger gleiten, dann sind hierfür die Faktoren Qualität und Luxus verantwortlich. Schnell lassen sich auf diese Weise die Ausgaben verdoppeln und verdreifachen. Natürlich kostet der Technische Direktor der Scuderia Ferrari, John Barnard, pro Monat ein paar Mark mehr als ein Gabriele Tredozi, der diesen Job bei Minardi wahrnimmt. Ein vergleichbares Gehaltsgefälle existiert ebenso für die unteren Chargen. Auch die Gesamtzahl der Angestellten macht sich finanziell bemerkbar. Benetton, Ferrari, Williams und McLaren beschäftigen unterm Strich mehr als 200 Lohnabhängige. Teams wie Tyrrell, Jordan oder Ligier kommen mit 50 Prozent eines solchen großen PS-Orchesters aus.

Ein Flugticket der ersten Klasse ist wesentlich teurer ist als eins der „Cattle-Class". Während sich aber Kosten

Unfallkosten sind nicht kalkulierbar

dieser Art sehr genau kalkulieren lassen, schlagen Unfall-Reparaturen bzw. der Bau von Ersatz-Autos unberechenbar zu Buche. Prallt ein Bolide rückwärts in die Leitplanken, sind bei entsprechendem Tempo ein neuer Heckflügel für 18.000 Mark, ein Getriebe für gut 100.000 Mark sowie ein neuer Unterboden für 15.000 Mark fällig. Erfolgt der Aufprall seitlich – erneut irreparable Zerstörung vorausgesetzt – gehen ein Seitenkasten für knapp 3.000 Mark, zwei Kühler für 7.000 Mark und Aufhängungsteile für mindestens

OHNE BLAUEN DUNST LÄUFT NICHTS

Die Zigarettenindustrie ist der Motor der Formel 1

Eine Marke betreibt Formel-1-Sponsoring schon aus Tradition und ist aus dem Kreis der Top Ten nicht mehr wegzudenken: Marlboro aus dem Hause Philip Morris. 1972 tauchte die Zigarettenmarke erstmals als Geldgeber für das BRM-Team im Formel-1-Zirkus auf. Zwei Jahre später kam ein Deal mit McLaren zustande, der bis heute anhält.

Marlboros Durchhaltevermögen ist schon mehrmals belohnt worden. Neun Fahrer- und sieben Konstrukteurs-Weltmeistertitel mit McLaren, drei Fahrer-Titel mit Ferrari. Die Firma ist zufrieden mit dem Werbeeinsatz. Direkter Erfolg des immensen finanziellen Einsatzes in Form von mehr verkauften Tabakwaren ist allerdings nicht meßbar.

Wie wichtig für die Firmen die Anzahl der Übertragungsminuten im Fernsehen ist, sieht man am finnischen HiFi-Hersteller Nokia. Der Schriftzug prangte 1995 in der bisher einzigen F1-Saison auf den Tyrrell. Vizepräsident Seppo Härkönen entschied sich zu Beginn der Saison 96 gegen die Vertragsverlängerung. Die Zahl der Fernsehminuten fiel geringer aus als erhofft.

Auch Bitburger wird man in der neuen Saison auf den Autos vermissen. Die Eifeler Brauerei wollte ihrem Weltmeister gern zu Ferrari folgen. Doch der Traum erfüllte sich nicht: Ferrari-Hauptsponsor Philip Morris hat mit Miller Beer ebenfalls Gerstensaft im Konzernangebot. Die Werbeaufschrift fehlt zwar noch in der Formel 1, aber was nicht ist, könnte vielleicht noch werden.

Traurig für die Bierbrauer, denn im Gegensatz zu den Tabakkonzernen verzeichneten sie zwischen Oktober 1994 und Saisonende 1995 ein Verkaufsplus von über fünf Prozent.

Zahlen, die sicher auch gerne ein anderes Getränk haben möchte: Red Bull. Die Österreicher unter der Herrschaft von Dietrich Matteschitz griffen Anfang letzter Saison beim Sauber-Team zu, als Mercedes ausstieg. Die Marke mit den Flügeln machte aber Nägel mit Köpfen: „Wir sind lieber Eigentümer, als Sponsor", erklärt ein Firmensprecher. Seither gehören den Getränkeherstellern nicht nur die Seitenkästen der Sauber-Wagen, sondern ein Teil des Rennstalls. „Wir erhoffen einen größeren Bekanntheitsgrad der Marke", sagt ein Sprecher. „Einen perfekteren Weg, Red Bull in Umlauf zu bringen, gibt es nicht."

Das Gleiche findet auch Saburo Tomioka, Produktmanager für Mild Seven bei Japan Tobacco. Die Vertreter der Firma waren stets mit einem breiten Lächeln an den Rennstrekken zu sehen, wenn Schumacher an den Start ging. Wie es in diesem Jahr wird, bleibt abzuwarten, obwohl man mit Jean Alesi sicher mehrere Go-Steine in den japanischen Brettern hat. Alesis Freundin ist japanischer Showstar. Außerdem umrahmt das Mild-Seven-Logo noch die Cockpits der Tyrrells, und in einem davon sitzt wie gehabt Ukyo Katayama. Über den Fortgang des Sponsorings hüllt man sich in Tokyo jedoch in Schweigen.

Anders dagegen Hauptsponsor Rothmans. Die Briten haben gerade verkündet, daß sie ganz sicher bis 1997 bei Frank Williams bleiben werden. Rothmans' früheres Engagement war nicht von Glück gekrönt. 1977 sponsorten sie den erfolglosen March 76 IB, gefahren von Ian Scheckter und Brian Henton. Nach einer fünfjährigen Pause erneut ein Versuch mit March. 1994 dann, im ersten Jahr des dritten Anlaufs, verunglückte Star-Pilot Ayrton Senna tödlich. Immerhin holte Damon Hill zweimal den Vize-Titel.

Gewohntes Bild: Der Marlboro-Schriftzug ziert seit 22 Jahren die McLaren

Tabakkonzern Reynolds zog sich dagegen Ende 93 aus der Formel 1 zurück – und damit verschwand von Schumachers Wagen das charakteristische Gelb der Marke Camel. Der Deutsche holte seine beiden Titel in hellblau, Camels Langzeitstrategie verpuffte aufgrund einer Managemententscheidung.

Bezeichnend ist, daß die Tabakkonzerne am meisten Geld in den GP-Zirkus stecken. Sie haben mit der Formel 1 eine der wenigen Möglichkeiten, weltweit auf den Bildschirmen zu erscheinen – auch wenn in den Ländern sonst Tabakwerbung verboten ist.

Die Beweggründe anderer Sponsoren – wie den Mineralölkonzernen oder den Motorenlieferanten – sind klar: Neben dem erhofften Image befinden sie sich in der eigenen Branche, ein finanzielles Engagement ist Ehrensache.

Zum Fuhrpark gehört standardmäßig ein Motorhome, bis unters Dach ausgerüstet mit High-Tech

Zum teuren Equipment der Teams gehören auch Computer mit spezieller, teameigener Software

Alles in Handarbeit: Teile wie Auspuffkrümmer sind im Fachhandel leider nicht zu bekommen

weitere 14.000 Mark flöten...

Bei Spitzenpiloten, so sinnierte vor Jahren der Chef eines Mittelklasse-Teams, dürfe man im Geiste vom hohen Gehalt die eingesparten Reparaturkosten abziehen. Dann seien die schließlich gar nicht so teuer..."

Die Transportkosten sind genau vorherbestimmbar. Allgemein herrscht der Glaube, die Spitzen-Rennställe bekämen bei Übersee-Reisen

Teams erhalten FOCA-Zuschuß

ihr Material zum Null-Tarif an- und abgeliefert. Das stimmt nicht. Tatsächlich erhalten die zehn besten Teams der beiden zurückliegenden Halbjahre seitens der Konstrukteurs-Vereinigung FOCA einen gewaltigen Zuschuß: Für je zwei Chassis und zusätzlich fünf Tonnen Material muß kein Pfennig dazubezahlt werden. Aber mit diesem Kontingent kommt ein Renn-Team à la Benetton nicht über die Runden. In jedem Fall wird ein drittes Chassis benötigt und mindestens weitere zehn Tonnen Ersatzteile, Werkzeug, Computer etc.! Damit bleibt bei Frachtkosten in Höhe von 40 Mark pro Kilogramm – bei Extremreisen wie dem Australien-Trip im März – ein hübsches Sümmchen aus eigener Tasche zu decken. Fast alle Fluggesellschaften würden den Transport für einen geringeren Kilo-Preis übernehmen, doch aus verschiedenen Gründen schließt sich der komplette Troß dem teuren FOCA-Sammeltransport an. FOCA-Ladungen haben grundsätzlich am Zoll keinerlei Probleme. Einzelabfertigungen bereiten hingegen Kopfschmerzen.

Natürlich ist das Gros der Veranstaltungen auf dem Landweg – von der für die Briten unumgänglichen Kanalfähre abgesehen – per Truck zu erreichen. Aber auch die Straßen-Kilometer reißen Löcher in die Portemonnaies: Eine Viertel-Million verschlingt der Einsatz der buntlackierten Monster-Trucks allemal.

Um Ausgaben in diesen Größenordnungen finanzieren zu können, müssen auch die Einnahmen sprudeln. Die Budgets werden aus zwei, seltener aus drei Töpfen gespeist. Zum einen wird die sportliche Leistung direkt honoriert. Sprich: Wer im Qualifying und im Rennen gut abschneidet, der kassiert.

Getriebe schlagen mit 100.000 Mark pro Stück zu Buche. Sie werden von den Teams gefertigt

Flügel und Verkleidungen sind extrem teure Ersatzteile. Sie gehen bei Crashs meistens zu Bruch

Preisgelder sind großes Geheimnis

Das Geld stammt aus dem Geldbeutel der FOCA, die wiederum pro „Gastspiel" den jeweiligen Veranstalter zur Kasse bittet. Wie sich die Preisgelder zusammensetzen, zählt zu den großen Geheimnissen von FOCA-Chef Bernie Ecclestone. Sicher ist nur, daß niemand leer ausgeht. Auch wer ein 80-Runden-Rennen über 61 Umläufe anführt und dann ausfällt, bekommt einen ordentlichen Batzen, schließlich sorgte er während Dreiviertel des GP für die Show.

Aber das Preisgeld allein reicht nicht aus. Sponsoren kommen für den weitaus größeren Anteil auf. Sie kaufen sich Werbeflächen auf den Boliden, den Trucks, den Team-Uniformen und den Overalls der Piloten. Mit der Qualität – der Wahrscheinlichkeit, auf Fotos oder im TV gezeigt zu werden – der gemieteten Zone, steigt ihr Preis. Firmen benutzen dieses Medium gern, um ihren Bekanntheitsgrad und ihr Image aufzupolieren. Fernsehübertragungen in mehr als 120 Länder dieser Erde und TV-Zuschauer, deren Zahl sogar das weltweite Publikum bei Olympischen Spielen und der Fußball-WM in den Schatten stellt, sind natürlich ein verlockendes Angebot.

Aber verschenken möchten diese Firmen keinen einzigen Dollar. Jeder Sponsor beschäftigt Spezialisten, die mit der Stoppuhr vor dem Fernseher sitzen und Sende-Sekunden des hauseigenen Schriftzugs addieren. Auch die Anzahl veröffentlichter Fotos und die Nennung des Sponsor-Namens in Zeitungsartikeln werden penibel verfolgt. Derartige Protokolle werden von Mäzenen, die hin und wieder für einen ihrer Lieblinge ein Milliönchen aus dem Privatvermögen abzweigen, natürlich nicht geführt. Aber diese großzügige Spezies ist im Begriff, den Weg des Brontosaurus zu gehen – sie stirbt aus. **AS**

Die Großen der Formel 1: Ferrari-Rennleiter Jean Todt, F1-Guru Bernie Ecclestone, Frank Williams, Benetton-Boß Flavio Briatore

Bildnachweis

Lukas T. Gorys
Titel (5), Rücktitel (5), 2/3 (11), 4, 4/5, 8/9, 10/11, 12, 13 ol/or, 14 (3), 18, 19 (2), 20, 20/21, 22 (2), 23 (6), 24 (2), 26/27 (2), 28 (2), 29 (6), 30 (2), 32/33, 33, 34 (2), 35 (6), 36 o, 38, 40 (2), 41 (6), 42 u, 44, 44/45, 46 (2), 47 (6), 48/49, 50 (2), 51 (6), 52, 52/53, 54 (2), 55 (6), 56 (2), 58/59 o, 60 (2), 61 (6), 62, 62/63, 64 (2), 65 (6), 66/67 (2), 68 (5), 69 (5), 70/71, 72 (2), 73 (6), 74 (2), 75 u, 76 (2), 77 ol/ul, 78 (3), 79 (3), 80 (2), 81 r/2.vr/l, 83 m/u, 86, 87 o, 89 o, 91 u, 92/93, 93 (2), 94 (2), 95 l, 96/97, 98 (3), 99, 100 ur/ul, 101 or/mr/ml/u, 102 (4), 103 (5), 108/109, 110, 110/111, 113 l/m, 114 u, 115, 116, 117, 118/119, 120, 121 o, 122 (3), 123, 124/125, 125 (2), 126, 126/127, 127 (2), 128, 129, 132 u, 136 u, 145 ol/r, 149 or, 156 o, 164 u, 166/167, 170/171, 176 u, 189 u, 190, 192/193, 194, 195 (3), 196 (2), 202/203, 206/207, 208, Nachsatz

Sutton Motorsport Images
Titel ol, Vorsatz, 75 o, 82/83, 83 o, 84, 85 m/u, 87 u, 88 (2), 89 u, 90, 101 ol, 121 u, 131, 132 o/m, 134/135, 136 or/ol, 138/139, 139, 140 (2), 145 ul, 147 (2), 149 l/ur, 151, 152 (3), 155 (2), 156 u, 158, 160 (3), 162/163, 163, 164 o/m, 167, 169 (2), 171, 173 (3), 175, 176 o/m, 179, 180 (2), 181 (2), 187, 189 or, 191 u, 197, 198/199, 199, 200 (2), 201 (2)

AFP
112 o

Benetton/Steven Tee
101 m

dpa
Rücktitel 2. von oben, 112 u

Ferrari
77 om/or

Frank W. Hempel
7

Burkhard Kasan
81 2.vl

Ferdi und Bodo Kräling
6, 13 u, 15, 16, 36 u, 38/39, 42 o, 48, 58/59 u, 71, 85 o, 100 o, 111, 113 r, 114 o/m, 188 (2), 188/189, 191 o

Hartmut Lehbrink
91 o

MADS
143

Mercedes
186

Minardi
69 ul

Renault
77 ur

Zimbo
95 r

JACKIE STEWART – DIE LEGENDE KEHRT ZURÜCK

Er zählt zu den ganz Großen im Formel-1-Rennsport. Drei Weltmeistertitel gehen zwischen 1969 und 1973 auf sein Konto. Stewart war der erste Rennfahrer, der sich professionell vermarktete. Er ist dadurch zu einem reichen Mann geworden. Jetzt hat er als Teamchef sein Comeback in der Formel 1 angekündigt. 1997 will er mit Partner Ford sofort zur Spitze durchmarschieren.

Herbst 1973. Am 6. Oktober findet in Watkins Glen das Abschlußtraining für den 15. und letzten Lauf der Formel-1-Saison statt. Sensationen werden nicht erwartet, steht der Champion mit dem Schotten Jackie Stewart doch bereits seit dem Großen Preis von Italien in Monza fest. Aber gleich aus zwei Gründen wird es ein unvergessenes Wochenende.

An jenem 6. Oktober verunglückt der Tyrrell-Pilot François Cevert tödlich. Der blaue Bolide des Franzosen überschlägt sich und rutscht – die Räder oben – bis zum Stillstand über die Leitplanken. Cevert, der strahlende Jüngling mit den leuchtendsten Augen, die die Formel 1 je sah, zieht sich unvorstellbar grausame Verletzungen zu und stirbt auf der Stelle.

24 Stunden darauf verzichten die Rennfahrer Chris Amon und Jackie Stewart aus Gründen der Pietät auf den Start und wenig später verkündet der schottische Tyrrell-Pilot mit seinem unverkennbaren Fistelstimmchen: „As from today, I'm not longer a racing-driver." – Von heute an bin ich kein

Der Große Preis von Holland war das erste von drei Rennen, die der

Ehefrau Helen und die Söhne Mark und Paul waren bei den Rennen des Schotten meist dabei

Schotte 1968 gewann. Am Saisonende belegte er Platz zwei hinter Doppelweltmeister Graham Hill

Rennfahrer mehr. Ausschlaggebend für Stewarts Rücktritt ist nicht der Unfall des Freundes und Team-Kollegen. Bereits Monate zuvor hatte der Spitzen-Pilot seinen Boß Ken Tyrrell darüber informiert, daß dieser 1974 nicht mehr mit seinen Diensten rechnen könne, weil er die Karriere beendet.

Seiner Frau Helen schenkt der Schotte ein einmaliges Schmuckstück, das die Formel-1-Erfolge symbolisch darstellt: Eine Kette aus 99 Perlen steht für die 99 Grand Prix, 27 Brillanten für die Siege und drei Diamanten für seine WM-Titel. Das kostbare Geschmeide reißt kein großes Loch in Stewarts Portemonnaie. Zehn Jahre Formel-1-Sport haben sein Guthaben von ursprünglich 1.500 Britischen Pfund zu einem kleinen Vermögen anwachsen lassen.

Mit 27 GP-Siegen hat Stewart die alte Rekordmarke seines Landsmanns Jim Clark um zwei Erfolge übertroffen. Als er abtritt, ist er auf dem Höhepunkt seiner Karriere. „Am liebsten", sagt er, „wäre ich jetzt nur für meine Familie da. Aber das wird schwierig sein, denn ich habe noch bei verschiedenen Firmen Verpflichtungen. Ich war zu lange im Rennsport, um mich jetzt total zurückziehen zu können." Wie wahr!

Rücktritt auf dem Karriere-Höhepunkt

Tatsächlich kann sich der Mann, der seine F1-Rennen für die Teams BRM, Matra, March und Tyrrell bestritt, anschließend zu keinem Zeitpunkt „total zurückziehen". Mit den Firmen Ford und Goodyear eng verbunden, ist Stewart nach wie vor ein vertrautes Gesicht der

Stewart blieb der Formel 1 treu. 1978 trafen er und Sohn Paul Ken Tyrrell beim Monaco-GP

Die Partner von 1972 sind auch 97 Partner: Ford, Goodyear, elf

GP-Szene. Auch als „Frührentner" bleibt er immer auf Ballhöhe des Geschehens. Sein Rat ist stets gefragt – bei Piloten, Technikern, Teamchefs, und Sponsoren.

Weil dieser Job „zu gefährlich ist", will Stewart, der vor seiner PS-Karriere einer der besten Tontauben-Schützen seines Landes war, nicht, daß seine Söhne Paul und Mark Rennfahrer werden. „Wenn sie eine Sportlerkarriere anstreben, sollen sie Golf spielen. Da ist die Verletzungsgefahr geringer und außerdem wird mehr verdient." Obwohl er zu Beginn der 60er Jahre mit wenig Geld auskommen mußte – „Schlimm war's nicht, Helen ist eine sparsame Hausfrau." – bedeuten Dollar, Franc und Yen dem Schotten sehr viel. Einer seiner Jugendfreunde witzelte vor Jahren: „Einmal stand Jackie auf einer Leiter, um die Dachrinne zu streichen. Plötzlich fiel ihm ein Penny aus der Tasche. Jackie war noch vor der Münze am Boden und fing sie auf..."

Mark erfüllt den Wunsch des Vaters insofern, als er sich den Sturzhelm nicht aufsetzt. Paul hingegen versucht sich am Lenkrad und bringt es immerhin bis in die Formel 3000, bevor er sich im November 1993 vom aktiven Sport zurückzieht. Bereits 1988 hat er den Rennstall „Paul Stewart Racing" gegründet. Nacheinander engagiert sich das Team erfolgreich in den Formeln Vauxhall, 3 und 3000 – der nächste Schritt ist zu diesem Zeitpunkt bereits vorprogrammiert.

Hinter verschlossenen Türen setzt Jackie Stewart im Verlauf des Jahres 1995 den entscheidenden Plan in die Tat um: Den Aufstieg in die Formel 1! Im Dezember ist das Projekt so weit gereift, daß erste Gerüchte umherschwirren. Es liegt etwas Sensationelles in der Luft, Ford ist daran beteiligt. Die Insider lassen die Telefondrähte glühen. Noch bevor am 4. Januar 1996 das Geheimnis offiziell gelüftet wird, ist es keines mehr. Zwischen Weihnachten und Sylvester pfeifen es die Spatzen

Schock für Peter Sauber

von den Dächern: Jackie Stewart wirft ab 1997 Williams, Ferrari und Co. den Fehdehandschuh vor die Goodyear-Walzen.

Als Stewart und Ford ihr Schweigen in Detroit brechen, zuckt im fernen Hinwil Peter Sauber zusammen. Ford liefert dem Einsteiger-Team die besten Versionen jenes Zehnzylinders, der bei Sauber gerade die erste Saison absolviert. Der Schweizer muß sich fragen, ob er 1997 als Partner von Ford noch gewünscht wird. Der Teamchef fällt ebenso aus allen

Wolken, wie die Motorsport-Verantwortlichen bei Ford. Jackie Stewart hatte den Deal auf allerhöchster Konzernebene hinter dem Rücken der hauseigenen Sportler eingefädelt. Während eines Golfspiels mit den Obersten der Oberen kehrte Stewart, der seine drei WM-Titel und 25 seiner Grand-Prix-Siege mit Ford-Power heimfuhr, exzellent den Diplomaten heraus und machte Nägel mit Köpfen!

Stewarts Bilanz

Gefahrene GPs: 99
Pole-Positions: 17
GP-Siege: 27
Gesamt-Punkte: 360
Titel: 1969, 71, 73

Jahr	Team	Platz	Punkte
1965	BRM	3	34
1966	BRM	7	14
1967	BRM	9	10
1968	Matra-Ford	2	36
1969	Matra-Ford	1	63
1970	March-Ford	5	25
1971	Tyrrell-Ford	1	62
1972	Tyrrell-Ford	2	45
1973	Tyrrell-Ford	1	71

Fords Motorsport-Stratege Peter Gillitzer will zu Saisonbeginn nicht ausschließen, daß seine Company 1997 mit Stewart Grand Prix und Sauber zwei Teams mit den V10-Aggregaten beliefern könnte. Aber sicher ist

Stewart/Ford ist eine Liebeshochzeit

die Zweigleisigkeit nicht, sicher ist nur, daß Stewart bedient wird. Peter Sauber muß jetzt ständig den Finger prüfend im Wind halten und sich gegebenenfalls nach einem neuen Partner für 1997 und danach umsehen. Nie darf er vergessen: Stewart/Ford ist eine wirkliche Liebeshochzeit – seine eigene Verbindung mit dem Motorenhersteller nur eine Vernunftehe...

Während sich Peter Sauber den Kopf über die Zukunft zerbricht, plant Stewart sein Debüt als Teamchef. In Milton Keynes, unweit der Piste von Silverstone, liegt die Basis des Rennstalls. Dorthin sollen jetzt die Millionen fließen, die Stewart organisieren muß. Mit einer Empfehlungsmappe – mit dem Karo der Stewart'schen Clan-Farben als Schmuckrand – unterm Arm ist der Schotte zur Zeit auf Welt-Tournee. Er, der Perfektionist, will alles hundertprozentig machen und nichts dem Zufall überlassen.

Damit es 1997 nicht die eine oder andere Panne gibt, muß noch viel getan werden. Bisher gelang lediglich die Verpflichtung von Designer Alan Jenkins. Der arbeitet zur Zeit noch bei Arrows und will im Sommer die Pferde wechseln. Weit hat er es nicht zu seinem neuen Arbeitgeber: Arrows „wohnt" in Milton Keynes ein paar Häuser weiter.

Wer die Autos fahren wird, steht hingegen noch nicht fest. Stewart: „Jim Clark tat damals viel für Lotus. Ich glaube, bei Tyrrell etwas bewegt zu haben. Jetzt wird Michael Schumacher Ferrari verändern – ich meine, Schumacher wäre der richtige Pilot." Parallel träumt der Schotte von Heinz-Harald Frentzen, dessen enge Bindung an Ford bekannt ist... AS

Waren ein starkes Formel-3000-Team: Jackie und Paul Stewart, Allan McNish, David Coulthard

Ford-Chef Albert Caspers, Paul und Jackie Stewart verkünden das ehrgeizige Formel-1-Projekt

Kein anderer Grand-Prix-Neuling ging je so perfekt vorbereitet in seine erste Formel-1-Saison wie der Kanadier Jacques Villeneuve.

Der IndyCar-Champion von 1995 spulte über 9.000 Testkilometer im Williams ab. Dazu wurden Starts und Boxenstopps geprobt

Die Champions

1950
1. Giuseppe Farina (I), Alfa Romeo, 30 P.
2. Juan-Manuel Fangio (RA), Alfa Romeo, 27 P.
3. Luigi Fagioli (I), Alfa Romeo, 24 P.

1951
1. Juan-Manuel Fangio (RA), Alfa Romeo, 31 P.
2. Alberto Ascari (I) Ferrari, 25 P.
3. José Froilan Gonzales (RA), Ferrari, 24 P.

1952
1. Alberto Ascari (I), Ferrari, 36 P.
2. Giuseppe Farina (I), Ferrari, 25 P.
3. Piero Taruffi (I), Ferrari, 22 P.

1953
1. Alberto Ascari (I), Ferrari, 34,5 P.
2. Juan-Manuel Fangio (RA), Maserati, 28 P.
3. Giuseppe Farina (I), Ferrari, 26 P.

1954
1. Juan-Manuel Fangio (RA), Maserati/ Mercedes, 42 P.
2. José Froilan Gonzales (RA), Ferrari, 25 P.
3. Mike Hawthorn (GB), Ferrari, 24,5 P.

1955
1. Juan-Manuel Fangio (RA), Mercedes, 40 P.
2. Stirling Moss (GB), Mercedes, 23 P.
3. Eugenio Castellotti (I), Lancia/Ferrari, 12 P.

1956
1. Juan-Manuel Fangio (RA), Ferrari, 30 P.
2. Stirling Moss (GB), Maserati, 27 P.
3. Peter Collins (GB), Ferrari, 25 P.

1957
1. Juan-Manuel Fangio (RA), Maserati, 40 P.
2. Stirling Moss (GB), Vanwall, 25 P.
3. Luigi Musso (I), Ferrari, 16 P.

1958
1. Mike Hawthorn (GB), Ferrari, 42 P.
2. Stirling Moss (GB), Cooper-Climax/ Vanwall, 41 P.
3. Tony Brooks (GB), Vanwall, 24 P.

1959
1. Jack Brabham (AUS), Cooper-Climax, 31 P.
2. Tony Brooks (GB), Ferrari, 27 P.
3. Stirling Moss (GB), Cooper-Climax, 25,5 P.

1960
1. Jack Brabham (AUS), Cooper-Climax, 43 P.
2. Bruce McLaren (NZ), Cooper-Climax, 34 P.
3. Stirling Moss (GB), Lotus-Climax, 19 P.

1961
1. Phil Hill (USA), Ferrari, 34 P.
2. Wolfgang Graf Berghe von Trips (D), Ferrari, 33 P.
3. Stirling Moss (GB), Lotus-Climax, 21 P.

1962
1. Graham Hill (GB), BRM, 42 P.
2. Jim Clark (GB), Lotus-Climax, 30 P.
3. Bruce McLaren (NZ), Cooper-Climax, 27 P.

1963
1. Jim Clark (GB), Lotus-Climax, 54 P.
2. Graham Hill (GB), BRM, 29 P.
Richie Ginther (USA), BRM, 29 P.

1964
1. John Surtees (GB), Ferrari, 40 P.
2. Graham Hill (GB), BRM, 39 P.
3. Jim Clark (GB), Lotus-Climax, 32 P.

1965
1. Jim Clark (GB), Lotus-Climax, 54 P.
2. Graham Hill (GB), BRM, 40 P.
3. Jackie Stewart (GB), BRM, 33 P.

1966
1. Jack Brabham (AUS), Brabham-Repco, 42 P.
2. John Surtees (GB), Ferrari/ Cooper-Maserati, 28 P.
3. Jochen Rindt (A), Cooper-Maserati, 22 P.

1967
1. Denis Hulme (NZ), Brabham-Repco, 51 P.
2. Jack Brabham (AUS), Brabham-Repco, 46 P.
3. Jim Clark (GB), Lotus-Cosworth, 41 P.

1968
1. Graham Hill (GB), Lotus-Cosworth, 48 P.
2. Jackie Stewart (GB), Matra-Cosworth, 36 P.
3. Denis Hulme (NZ), McLaren-Cosworth, 33 P.

1969
1. Jackie Stewart (GB) Matra-Cosworth, 63 P.
2. Jacky Ickx (B), Brabham-Cosworth, 37 P.
3. Bruce McLaren (NZ), McLaren-Cosworth, 26 P.

1970
1. Jochen Rindt (A), Lotus-Cosworth, 45 P.
2. Jacky Ickx (B), Ferrari, 40 P.
3. Clay Regazzoni (CH), Ferrari, 33 P.

1971
1. Jackie Stewart (GB), Tyrrell-Cosworth, 62 P.
2. Ronnie Peterson (S), March-Cosworth, 33 P.
3. François Cevert (F), Tyrrell-Cosworth, 26 P.

1972
1. Emerson Fittipaldi (BRA), Lotus-Cosworth, 61 P.
2. Jackie Stewart (GB), Tyrrell-Cosworth, 45 P.
3. Denis Hulme (NZ), McLaren-Cosworth, 39 P.

1973
1. Jackie Stewart (GB), Tyrrell-Cosworth, 71 P.
2. Emerson Fittipaldi (BRA), Lotus-Cosworth, 55 P.
3. Ronnie Peterson (S), Lotus-Cosworth, 52 P.

1974
1. Emerson Fittipaldi (BRA), McLaren-Cosworth, 55 P.
2. Clay Regazzoni (CH), Ferrari, 52 P.
3. Jody Scheckter (ZA), Tyrrell-Cosworth, 45 P.

1975
1. Niki Lauda (A), Ferrari, 64,5 P.
2. Emerson Fittipaldi (BRA), McLaren-Cosworth, 45 P.
3. Carlos Reutemann (RA), Brabham-Cosworth, 37 P.

1976
1. James Hunt (GB), McLaren-Cosworth, 69 P.
2. Niki Lauda (A), Ferrari, 68 P.
3. Jody Scheckter (ZA), Tyrrell-Cosworth, 49 P.

1977
1. Niki Lauda (A), Ferrari, 72 P.
2. Jody Scheckter (ZA), Wolf-Cosworth, 55 P.
3. Mario Andretti (USA), Lotus-Cosworth, 47 P.

1978
1. Mario Andretti (USA), Lotus-Cosworth, 64 P.
2. Ronnie Peterson (S), Lotus-Cosworth, 51 P.
3. Carlos Reutemann (RA), Ferrari, 48 P.

1979
1. Jody Scheckter (ZA), Ferrari, 51 P.
2. Gilles Villeneuve (CDN), Ferrari, 47 P.
3. Alan Jones (AUS), Williams-Cosworth, 40 P.

1980
1. Alan Jones (AUS), Williams-Cosworth, 67 P.
2. Nelson Piquet (BRA), Brabham-Cosworth, 54 P.
3. Carlos Reutemann (RA), Williams-Cosworth, 42 P.

1981
1. Nelson Piquet (BRA), Brabham-Cosworth, 50 P.
2. Carlos Reutemann (RA), Williams-Cosworth, 49 P.
3. Alan Jones (AUS), Williams-Cosworth, 46 P.

1982
1. Keke Rosberg (SF), Williams-Cosworth, 44 P.
2. Didier Pironi (F), Ferrari Turbo, 39 P.
John Watson (GB), McLaren-Cosworth, 39 P.

1983
1. Nelson Piquet (BRA), Brabham-BMW Turbo, 59 P.
2. Alain Prost (F), Renault Turbo, 57 P.
3. René Arnoux (F), Ferrari Turbo, 49 P.

1984
1. Niki Lauda (A), McLaren TAG-Porsche, 72 P.
2. Alain Prost (F), McLaren TAG-Porsche, 71,5 P.
3. Elio De Angelis (I), Lotus-Renault T., 34 P.

1985
1. Alain Prost (F), McLaren TAG-Porsche, 73 P.
2. Michele Alboreto (I), Ferrari, 53 P.
3. Keke Rosberg (SF), Williams-Honda, 40 P.

1986
1. Alain Prost (F), McLaren TAG-Porsche, 72 P.
2. Nigel Mansell (GB), Williams-Honda Turbo, 70 P.
3. Nelson Piquet (BRA), Williams-Honda Turbo, 69 P.

1987
1. Nelson Piquet (BRA), Williams-Honda Turbo, 73 P.
2. Nigel Mansell (GB), Williams-Honda Turbo, 61 P.
3. Ayrton Senna (BRA), Lotus-Honda Turbo, 57 P.

1988
1. Ayrton Senna (BRA), McLaren-Honda Turbo, 90 P.
2. Alain Prost (F), McLaren-Honda Turbo, 87 P.
3. Gerhard Berger (A), Ferrari Turbo, 41 P.

1989
1. Alain Prost (F), McLaren-Honda, 76 P.
2. Ayrton Senna (BRA), McLaren-Honda, 60 P.
3. Riccardo Patrese (I), Williams-Renault, 40 P.

1990
1. Ayrton Senna (BRA), McLaren-Honda, 78 P.
2. Alain Prost (F), Ferrari, 71 P.
3. Nelson Piquet (BRA), Benetton-Ford, 43 P.

1991
1. Ayrton Senna (BRA), McLaren-Honda, 96 P.
2. Nigel Mansell (GB), Williams-Renault, 72 P.
3. Riccardo Patrese (I), Williams-Renault, 53 P.

1992
1. Nigel Mansell (GB), Williams-Renault, 108 P.
2. Riccardo Patrese (I), Williams-Renault, 56 P.
3. Michael Schumacher (D), Benetton-Ford, 53 P.

1993
1. Alain Prost (F), Williams-Renault, 99 P.
2. Ayrton Senna (BRA), McLaren-Ford, 73 P.
3. Damon Hill (GB), Williams-Renault, 69 P.

1994
1. Michael Schumacher (D), Benetton-Ford, 92 P.
2. Damon Hill (GB), Williams-Renault, 91 P.
3. Gerhard Berger (A), Ferrari, 41 P.

1995
1. Michael Schumacher (D), Benetton-Renault, 102 P.
2. Damon Hill (GB), Williams-Renault, 69 P.
3. David Coulthard (GB), Williams-Renault, 49 P.

Die Multi-Weltmeister

5 Titel
Juan-Manuel Fangio (RA)
1951, 54, 55, 56, 57
4 Titel
Alain Prost (F)
1985, 86, 89, 93
3 Titel
Ayrton Senna (BRA)
1988, 90, 91
Nelson Piquet (BRA)
1981, 83, 87
Niki Lauda (A)
1975, 77, 84
Jackie Stewart (GB)
1969, 71, 73
Jack Brabham (AUS)
1959, 60, 66

Die Konstrukteurs-Weltmeister (seit 1958)

8 Titel
Ferrari: 1961, 64, 75, 76, 77, 79, 82, 83
7 Titel
Lotus: 1963, 65, 68, 70, 72, 73, 78
McLaren: 1974, 84, 85, 88, 89, 90, 91
Williams: 1980, 81, 86, 87, 92, 93, 94
2 Titel
Cooper: 1959, 60
Brabham: 1966, 67
1 Titel
Vanwall: 1958
BRM: 1962
Matra: 1969
Tyrrell: 1971
Benetton: 1995

Die Teams der Weltmeister

9 Titel
Ferrari: 1952, 53, 56, 58, 61, 64, 75, 77, 79
McLaren: 1974, 76, 84, 85, 86, 88, 89, 90, 91
6 Titel
Lotus: 1963, 65, 68, 70, 72, 78
5 Titel
Williams: 1980, 82, 87, 92, 93
4 Titel
Brabham: 1966, 67, 81, 83
2 Titel
Alfa Romeo: 1950, 51
Mercedes: 1954, 55
Maserati: 1954, 57
Cooper: 1959, 60
Tyrrell: 1971, 73
Benetton: 1994, 95
1 Titel
BRM: 1962
Matra: 1969

Die erfolgreichsten Teams 1950-1995

1. Ferrari	105
2. McLaren	104
3. Williams	83
4. Lotus	79
5. Brabham	35
6. Benetton	26
7. Tyrrell	23
8. BRM	17
9. Cooper	16
10. Renault	15
11. Alfa Romeo	10
12. Maserati	9
Matra	9
Mercedes	9
Vanwall	9
16. Ligier	8
17. March	3
Wolf	3
19. Honda	2
20. Eagle	1
Hesketh	1
Penske	1
Porsche	1
Shadow	1

Die Fahrer mit den meisten GP-Siegen

1. Alain Prost (F)	51
2. Ayrton Senna (BRA)	41
3. Nigel Mansell (GB)	31
4. Jackie Stewart (GB)	27
5. Jim Clark (GB)	25
Niki Lauda (A)	25
7. J.-M. Fangio (ARG)	24
8. Nelson Piquet (BRA)	23
9. Michael Schumacher (D)	19
10. Stirling Moss (GB)	16
11. Jack Brabham (AUS)	14
E. Fittipaldi (BRA)	14
Graham Hill (GB)	14
14. Alberto Ascari (I)	13
Damon Hill (GB)	13
16. C. Reutemann (ARG)	12
Alain Jones (AUS)	12
Mario Andretti (USA)	12
19. James Hunt (GB)	10
Ronnie Peterson (S)	10
Jody Scheckter (ZA)	10
22. Gerhard Berger (A)	9
23. Dennis Hulme (NZ)	8
Jacky Ickx (B)	8
25. René Arnoux (F)	7

Die fleißigsten Fahrer (Anzahl der GPs)

1. Riccardo Patrese (I)	256
2. Andrea de Cesaris (I)	208
3. Nelson Piquet (BRA)	204
4. Alain Prost (F)	199
5. Michele Alboreto (I)	194
6. Nigel Mansell (GB)	187
7. Gerhard Berger (A)	180
8. Graham Hill (GB)	176
Jacques Laffite (F)	176
10. Niki Lauda (A)	171
11. Thierry Boutsen (B)	163
12. Ayrton Senna (BRA)	161
⋮	⋮
35. J. Mass (D)	105
57. H.-J. Stuck (D)	74
63. M. Schumacher (D)	69
122. H.H. Frentzen (D)	32

Die Fahrer mit den meisten Punkten

1. Prost	798,5
2. Senna	614
3. Piquet	485,5
4. Mansell	482
5. Lauda	420,5
6. Stewart	360
7. Berger	337
8. Reutemann	310
9. Schumacher	303
10. G. Hill	289
⋮	⋮
55. Mass	71
68. Berghe v. Trips	56
84. Stuck	29

Internationale WM-Titel-Hitparade

Großbritannien	11
Brasilien	8
Argentinien	5
Australien	4
Frankreich	4
Österreich	4
Italien	3
Deutschland	2
USA	2
Finnland	1
Neuseeland	1
Südafrika	1

Alle statistischen Angaben auf diesen Seiten entsprechen dem Stand vor Beginn der Weltmeisterschaft 1996

Die jüngsten GP-Sieger

Name	Jahre	Tage
Troy Ruttman	22	80
Bruce McLaren	22	104
Jacky Ickx	22	188
Michael Schumacher	23	240
Emerson Fittipaldi	23	296
Mike Hawthorn	24	86
Jody Scheckter	24	131
Elio de Angelis	24	148
David Coulthard	24	181
Peter Collins	24	208
Ayrton Senna	25	31
Niki Lauda	25	65
Tony Brooks	25	145
Michele Alboreto	25	276

Die meisten Pole-Positions

1. Ayrton Senna	65
2. Jim Clark	33
Alain Prost	33
4. Nigel Mansell	32
5. Juan-Manuel Fangio	28
6. Niki Lauda	24
Nelson Piquet	24
7. Mario Andretti	18
Rene Arnoux	18
9. Jackie Stewart	17
10. Stirling Moss	16
⋮	⋮
20. Jochen Rindt	10
Michael Schumacher	10
49. W. Graf Berghe v. Trips	1

Siege der Motoren (ohne Indianapolis)

1. Ford	174
2. Ferrari	105
3. Renault	74
4. Honda	71
5. Climax	40
6. Porsche	26
7. BRM	18
8. Alfa Romeo	12
9. Maserati	11
10. BMW	9
Mercedes	9
Vanwall	9
11. Repco	8
12. Matra	3
13. Weslake	1

Interlagos: Nach dem Zieleinlauf müssen wie bei allen Rennen die Wagen im Parc Fermé – einem abgetrennten Teil der Boxengasse –

abgestellt werden. Dort haben nur FIA-Funktionäre Zutritt, Team-Mitglieder oder Mechaniker dürfen die Boliden nicht mal anfassen

McLaren-Doppelpack: Im zweiten Jahr ihrer Zusammenarbeit will die deutsch-englische Verbindung endlich Siege präsentieren

Das Buch für zukünftige Formel-1-Weltmeister
176 Seiten, ca. 150 Farbfotos
Mit über 120 Adressen von Indoor- und Outdoor-Kartbahnen
ISBN 3-613-30321-3
DM/Sfr 39,80; ÖS 295,–
Überall wo es Bücher gibt